加快建设现代市场体系

王微 王青 等著

中国发展出版社
CHINA DEVELOPMENT PRESS

图书在版编目（CIP）数据

加快建设现代市场体系/ 王微等著 . —北京：中国发展出版社，2019. 11

ISBN 978 - 7 - 5177 - 1066 - 0

Ⅰ. ①加… Ⅱ. ①王… Ⅲ. ①中国经济—社会主义市场体系—研究 Ⅳ. ①F123. 9

中国版本图书馆 CIP 数据核字（2019）第 246181 号

书　　　名：加快建设现代市场体系
著作责任者：王 微　王 青　等
出 版 发 行：中国发展出版社
联 系 地 址：北京市西城区裕民东路 3 号 9 层　100029
标 准 书 号：ISBN 978 - 7 - 5177 - 1066 - 0
经　销　者：各地新华书店
印　刷　者：河北鑫兆源印刷有限公司
开　　　本：710mm × 1000mm　1/16
印　　　张：20. 25
字　　　数：245 千字
版　　　次：2019 年 12 月第 1 版
印　　　次：2019 年 12 月第 1 次印刷
定　　　价：78. 00 元

联 系 电 话：（010）68990642　68990692
购 书 热 线：（010）68990682　68990686
网 络 订 购：http：//zgfzcbs. tmall. com//
网 购 电 话：（010）68990639　88333349
本 社 网 址：http：//www. develpress. com. cn
电 子 邮 件：271799043@ qq. com

DRC

2019

国务院发展研究中心研究丛书

编 委 会

“加快建设现代市场体系”
课题组

课题顾问：

马建堂　国务院发展研究中心　党组书记、副主任　研究员
李　伟　国务院发展研究中心　原主任、党组副书记　研究员
王安顺　国务院发展研究中心　副主任、党组成员
刘世锦　国务院发展研究中心　原副主任　研究员
吴敬琏　国务院发展研究中心　市场所名誉所长　研究员

课题负责人：

王　微　国务院发展研究中心市场经济研究所　所长　研究员
王　青　国务院发展研究中心市场经济研究所　副所长　研究员

课题组成员：

任兴洲　国务院发展研究中心市场经济研究所　原所长　研究员
邓郁松　国务院发展研究中心市场经济研究所　副所长　研究员
廖英敏　国务院发展研究中心市场经济研究所　研究员
刘卫民　国务院发展研究中心人事局　研究员
邵　挺　国务院发展研究中心市场经济研究所　研究员
漆云兰　国务院发展研究中心市场经济研究所　研究员
赵　勇　国务院发展研究中心市场经济研究所　副研究员
李汉卿　国务院发展研究中心市场经济研究所　副研究员

王　念　国务院发展研究中心市场经济研究所　助理研究员

邓志雄　国务院国资委产权局　原局长　教授级高级工程师

莫　荣　中国劳动和社会保障科学研究院　副院长　研究员

陈　云　中国劳动和社会保障科学研究院　就业创业研究室副主任

何亚斌　中国产权协会　首席研究员

张英杰　中国诚信信用管理股份有限公司　副总裁、研究院院长

雷庆西　中国技术市场协会　副秘书长、常务理事

管晓明　中国人民银行研究局金融市场处　副研究员

尚　珂　北京物资学院法学院　院长　教授

黄雨婷　北京物资学院经济学院　讲师

课题联络人：

王立坤　国务院发展研究中心市场经济研究所　副研究员

总　序

践行高端智库初心使命
推动中国经济长期稳定发展

马建堂

2019年是中华人民共和国成立70周年。这70年，是中国共产党领导中国人民艰苦奋斗、不懈努力的70年，是创造经济快速增长奇迹和社会长期稳定奇迹的70年，是经济社会面貌发生翻天覆地变化的70年。70年来，我国国民经济综合实力实现由弱到强、由小到大的历史性巨变，对世界经济增长的贡献大幅提升，国际地位和影响力显著提高；70年来，我国从一个积贫积弱的落后农业国，发展成为世界第二经济大国和第一制造大国，经济结构不断优化，经济发展质量效益不断提升；70年来，我国基础产业和基础设施快速发展，城镇化水平快速推进，为经济社会持续发展、为人民幸福奠定了坚实的基础设施支撑和保障；70年来，我国科学技术体系不断完善，各级各类教育全面发展，卫生健康事业不断进步，社会主义文化繁荣发展；70年来，民生不断改善，就业持续扩大，居民收入不断增加，社会保障基本实现全覆盖，人民生活从温饱不足正在走向全面小康。

抚今追昔、饮水思源，我国经济社会之所以能够发生如此巨大、如此深刻、如此震撼的历史性变化，归根结底是中国共产党的正确领导，归根结底是中国共产党带领中国人民走上了改革开放之路，走上了全面小康之路，走上了民族复兴之路。

党的十九大报告指出，我国经济已由高速增长阶段转向高质量发展阶段，正处在转变发展方式、优化经济结构、转换增长动力的攻关期。2020年全面建成小康社会、实现第一个百年奋斗目标之后，我们将要乘势而上，开启全面建设社会主义现代化国家新征程，向第二个百年奋斗目标进军。在前进的新征程上，必然会面临一些新的挑战和困难，但更要看到，我国经济发展的基本面是好的、我国的制度是优越的、我们党的领导是坚强有力的，中国发展仍然处于并将长期处于重要战略机遇期，发展的动能和潜力仍然巨大，完全有条件、有能力保持长期稳定增长，并实现高质量发展。

中国的发展潜力来自雄厚的物质基础和完备的产业体系。经济发展的基础是劳动力、土地、技术、资本、管理、数据等生产要素及其有效组合，这些要素及其组合的演变形成推动经济发展的内在机制。新中国成立70年、改革开放40多年特别是党的十八大以来，我国积累了雄厚的物质基础，建立了完备的产业体系，劳动力、资金、基础设施等生产要素都具有充裕的储备和较高的质量，社会主义市场经济体制又能有效地把这些要素调动和组织起来，从而为经济持续增长打下坚实基础，不断形成和释放出巨大的潜力。

中国的发展潜力来自巨大的市场规模和需求扩张空间。一方面，我国的市场规模巨大、内部结构复杂，有利于形成形态更高级、分工更复杂、结构更合理的经济体系。另一方面，我国经济发展尚不平衡，城乡、区域发展差距仍然较大，必须加快解决发展不平衡不充分的问题。推动平衡发展，意味着巨大的社会总需求和经济结构优化，这无疑将激发出强劲的发展动能。

中国的发展潜力来自新一轮科技革命的推动和新动能的快速成长。近年来，我国大力实施创新驱动发展战略，科技投入持续增加，在生命科学、绿色能源开发、农业生产、信息技术等许多领域的关键环节和核心技术上取得重大突破，有的已经达到世界领先水平。同时，我国新产业、新业态、新商业模式等“三新”经济加快成长，更好地满足了人民日益增长的美好生活需要，也为经济长期发展注入了强大内生动力。我们完全能够抓住全球新科技革命的机遇，为经济增长赋予全新的动能。

中国的发展潜力来自不断创新完善的宏观调控体系。党的十八大以来，我们党不断加强和改进对经济工作的集中统一领导，在宏观经济政策方面提出了高质量发展这个“总纲”，形成了以新发展理念为指导、以供给侧结构性改革为主线的政策框架，形成了稳中求进工作总基调。在科学的宏观调控下，近年来是我国经济增长稳定、波动最小的时期，同世界其他大国经济运行状况形成鲜明对比。今后一个时期，宏观经济政策将更加注重强化高质量发展的目标引领，突出统筹兼顾、综合平衡，在区间调控的基础上加强定向调控、相机调控、精准调控，能够更好地为我国经济发展保驾护航。

中国的发展潜力来自高水平对外开放和推动构建人类命运共同体。近几年来，面对国际经济环境复杂严峻、少数国家逆流而动的形势和背景，我们保持战略定力、增强发展信心，在国际竞争中拓展发展新空间、推进自主发展。同时，坚定不移奉行互利共赢的开放战略，全方位扩大并推动更高水平对外开放。我们还继续发挥负责任大国作用，积极参与国际经贸规则制定，主动提供国际公共产品，为全球治理体系改革和建设贡献中国智慧、中国方案。这些努力，既有利于世界各国共同发展，也有利于增强我国的国际规则制定权，为经济发展争取更大空间。

综上，中国经济发展有巨大的潜力，有独特的优势。而贯穿各个方面始终的最为根本性的因素，是中国共产党的坚强领导。我们应对当前世界百年未有之大变局、保持中国经济长期平稳健康运行、释放经济发展巨大潜力，最大优势仍然是党的领导。党的十八大以来，我们党形成了以习近平同志为核心的党中央的坚强领导，产生了习近平新时代中国特色社会主义思想这一新时代伟大实践的行动指南，全面从严治党让党变得更加坚强有力，这是我们有效应对一切风险挑战的根本保障。只要我们保持战略定力，坚持办好自己的事，就一定能够克服前进道路上的一切困难挑战，抵达中华民族伟大复兴的光辉彼岸。

国务院发展研究中心是党领导下的国家高端智库，必须按照习近平总书记的要求，把党的初心和使命铭刻于心、践之于行，自觉担负起党中央、国务院赋予的神圣职责，在以往成就基础上接续奋斗。过去30多年来，国务院发展研究中心在事关改革开放和现代化建设的重大方向、目标及战略举措方面，完成了若干具有重要价值和重大影响的研究成果，提出了大量切实可行的政策建议，为推动中国经济社会发展作出了贡献。今后，国务院发展研究中心要继续坚持为党咨政、为国建言、为民服务，不断为党中央、国务院提供高质量高水平的政策建议和咨询意见，这是我们义不容辞的责任。

2018年以来，国务院发展研究中心自觉坚持以习近平新时代中国特色社会主义思想为指导，紧紧围绕党的十九大作出的一系列重大决策部署，深入扎实地开展调查研究，形成了一批政策价值较高、社会影响较大的研究成果。这套“国务院发展研究中心研究丛书2019”就是部分代表性成果的集中展现。丛书共包括14部著作，其中，《高质量发展的目标要求和战略重点》《波澜壮阔40年——我国改革开放40年回顾、总结与展望》2部著作是国务院发展研究中心重大研究课题报告；《新时代关于区域协调发展的再思考》《走城乡融合发展之路》《平台经济的发展与规制研究》等9部著作是各研究部（所）的重点研究课题报告；另3部著作是专项、招标课题报告。

“国务院发展研究中心研究丛书”自2010年首次面世以来，已经连续出版了整整十年。十年来，丛书累计出书143种（148册），成为我国智库业界的知名出版物，受到社会各界读者，特别是中央和地方各级领导同志以及政策咨询研究机构工作人员的高度关注和广泛好评。在此，我谨代表国务院发展研究中心和丛书编委会，向广大读者表示真诚的感谢，也希望丛书继续得到领导、专家、读者们的关心、指导和帮助，促使我们在今后决策咨询等工作中取得更大进步，为实现“两个一百年”奋斗目标、实现中华民族伟大复兴的中国梦贡献更多智慧和力量。

2019年11月

（作者为国务院发展研究中心党组书记、研究员）

目　录

内容摘要 …………………………………………………………… 001

主报告

加快建设现代市场体系 ………………………………………………… 1

1　市场体系发展的成效与现状 …………………………………………… 2

2　当前我国现代市场体系建设存在的主要问题 ………………………… 9

3　我国建设现代市场体系的重大背景 …………………………………… 14

4　完善现代市场体系的基本思路 ………………………………………… 18

5　完善现代市场体系的主要任务与改革方向 …………………………… 20

专题报告一

我国市场体系建立与发展历程 ………………………………………… 34

1　启动改革与探索培育阶段（1978～1991 年） ……………………… 34

2　加快改革和快速成长阶段（1992～2001 年） ……………………… 38

3　开放促改革与加快创新阶段（2001～2012 年） …………………… 41

4　深化改革和开启高质量发展阶段（2013 年以来） ………………… 46

专题报告二

我国商品批发市场体系发展与改革 …………………………………… 48

1　商品批发市场体系发展现状与面临的突出问题 ……………………… 48

2　新时期商品批发市场转型创新发展的方向和趋势 …………………… 55

3　促进商品批发市场转型创新发展的政策建议 ………………………… 63

专题报告三

我国消费品市场发展与改革 …………………………………… 65

1　我国消费品市场发展现状与主要特征 ………………………………… 65

2　存在的问题与挑战 …………………………………………………… 68

3　消费品市场体系发展展望 …………………………………………… 70

4　未来改革的思路和政策建议 ………………………………………… 71

专题报告四

我国期货市场的发展与改革 …………………………………… 74

1　我国期货市场发展特征及其作用 ……………………………………… 74

2　当前期货市场存在的问题和不足 ……………………………………… 82

3　促进期货市场高质量发展的思路与建议 ……………………………… 84

专题报告五

我国电子商务市场创新发展与政策 ……………………………… 89

1　电子商务发展的现状 ………………………………………………… 89

2　电子商务发展趋势 …………………………………………………… 99

3　电子商务发展面临的问题 …………………………………………… 102

4　新时代促进电子商务创新发展的思路与建议 ………………………… 106

专题报告六

我国劳动力市场体系的发展与改革 ……………………………… 110

1　新时代劳动力市场建设的新趋势与新要求 …………………………… 111

2　进一步完善劳动力市场体系建设的政策建议 ………………………… 121

专题报告七

我国金融市场体系的发展与改革 ………………………………… 126

1　我国金融市场体系发展现状与主要特征 ……………………………… 126

2　当前我国金融市场体系存在的问题 …………………………………… 134

3　推动我国金融市场体系改革的政策建议 ……………………………… 136

专题报告八

我国产权市场的发展与改革 …… 142
1 我国产权市场发展的现状与主要特征 …… 142
2 新时代产权市场发展面临的问题和挑战 …… 152
3 促进产权市场发展的思路与建议 …… 154

专题报告九

我国技术市场的发展与改革 …… 158
1 我国技术市场发展现状与特征 …… 158
2 我国技术市场发展存在的深层问题 …… 173
3 促进技术市场创新发展的政策建议 …… 177

专题报告十

我国土地市场发展与改革 …… 183
1 改革开放以来我国土地市场发展历程 …… 183
2 当前面临的主要问题或矛盾 …… 195
3 未来改革的思路与政策建议 …… 199

专题报告十一

我国房地产市场体系建设与改革展望 …… 203
1 房地产市场发展的背景、改革历程与主要经验 …… 203
2 房地产市场发展面临的主要问题和矛盾 …… 209
3 房地产市场中长期发展趋势与房地产市场体系建设目标 …… 211
4 新时代房地产市场体系的改革建议 …… 216

专题报告十二

我国价格形成机制改革与完善 …… 221
1 我国价格改革的主要进展与成效 …… 221
2 新时代对深化价格改革的内在要求 …… 227
3 进一步深化价格改革的方向、目标和主要任务 …… 231

专题报告十三

我国市场竞争机制的形成与改革 …………………………… 237
1 竞争机制的形成与主要作用 ………………………………… 237
2 完善竞争机制面临的问题和挑战 …………………………… 245
3 完善竞争机制的思路与政策建议 …………………………… 249

专题报告十四

我国信用体系建设与改革方向 ……………………………… 256
1 社会信用体系建设的进展 …………………………………… 256
2 社会信用体系建设面临的主要问题 ………………………… 265
3 社会信用体系的建设思路与政策建议 ……………………… 268

专题报告十五

我国经济鉴证服务体系的发展与改革………………………… 275
1 经济鉴证类服务体系的发展现状与特征 …………………… 275
2 我国经济鉴证类服务体系发展存在的突出问题 …………… 280
3 我国经济鉴证类专业服务体系发展思路与改革建议 ……… 286

专题报告十六

我国市场经济法律体系建设 ………………………………… 291
1 我国市场经济法律体系建设历程与主要进展 ……………… 291
2 我国社会主义市场经济法律制度建设面临的主要问题 …… 300
3 我国市场经济法律体系建设的方向 ………………………… 302

内容摘要

当前，我国经济社会发展正处在从高速发展向高质量发展转变的关键阶段，我国经济发展的内外环境发生深刻变化。生产力布局调整、新一轮技术革命、消费新变革、国家构建全面开放新格局等，都为完善现代市场体系提供了难得的发展机遇。但与此同时，现代市场体系建设仍然面临突出的老问题或新矛盾，迫切需要实现创新突破。

立足当前历史方位、主要矛盾和发展目标，党的十九大对经济发展做出了新的总体部署，将完善现代市场体系作为建设现代化经济体系的一项重大改革和发展任务，这也是进一步激发市场活力、促进创新创业、加快形成新动能、实现高质量发展的有效途径。为此，要紧扣经济高质量发展、深入推进供给侧结构性改革的逻辑和主线，围绕市场体系发展的新要求和新趋势，推进市场体系建设和改革突破。

一是以产权和要素市场为重点，进一步消除市场体系发展短板。深化金融市场改革，构建统一平衡的劳动力市场，建立统一平等的土地市场，提升产权市场服务经济的功能，形成技术市场支撑经济创新发展的体制机制。

二是加快现代市场机制建设，使市场在资源配置中起决定性作用。以重要商品和服务为重点，进一步完善价格形成机制；以完善市场竞争规则为重点，优化市场竞争格局和发展基础。同时完善信用机制，形成守信激励和失信惩戒机制。

三是促进市场结构调整，提升市场体系现代化水平。推进供给侧结构性改革，促进“互联网+”“大数据+”和“智能+”，引导互联网平台经济有序规范发展。优化区域和城乡市场结构，加快形成多层次的消费中心建设，加快大宗商品和期货市场创新发展，提升我国在重要商品的国际资源配置能力。

四是破除地方保护和市场壁垒，加快建设全国统一大市场。改革财税、政绩考核等制度，消除体制机制障碍。注重发挥市场和技术力量对统一市场构建的积极作用，促进新商业模式新业态发展、区域经济一体化、内外贸一体化和企业跨区域兼并重组。

五是推动形成全面开放新格局，有序提升市场开放水平。继续完善市场准入负面清单制度和外商投资准入负面清单制度，建立公平、透明、规范的准入规范。推进“一带一路”建设，完善贸易监管制度，提升贸易便利化水平。

六是建立现代市场治理体系，改善优化市场秩序。落实公平竞争审查制度，注重市场监管的公平透明和对称中性。以分类监管和大数据平台建设为方向，构建市场多元共治体系，切实保护消费者合法权益，构建与新技术新业态新模式发展相适应的监管方式。

七是进一步完善法规体系，加快标准体系建设。加快现代市场体系基础性法律法规的制修订。强化基础性、通用性和安全性国家标准体系，除农产品等特殊商品外，逐步清理地方标准。

主报告

加快建设现代市场体系

在改革开放波澜壮阔的辉煌历程中，我国实现了从计划经济体制向社会主义市场经济体制的巨大变革。作为社会主义市场经济体制的重要组成部分和有效运转基础，市场体系的建设和发展，经历了从无到有、从小到大、从发育到成熟、从封闭到开放的一系列历史转变，推动了市场机制在商品和要素配置中从发挥补充作用、基础性作用到决定性作用的逐步升级，现代市场体系初步形成。市场体系的建立与发展，不仅有力地促进了商品的有序流通和要素的合理配置，而且对促进我国经济持续快速发展、经济结构不断优化调整、人民生活和消费水平稳步提高以及更好融入全球市场，都发挥了极为重要的作用。

所谓现代市场体系，是指市场在资源配置中起决定性作用，并建立在法治基础上的统一开放、竞争有序的市场体系，即实现市场准入畅通、市场开放有序、市场竞争充分、市场秩序规范，企业自主经营公平竞争、消费者自由选择自主消费、商品和要素自由流动平等交换的市场体系。现代市场体系一般具备以下特征：一是范围的统一性，市场边界与一国（地区）或多国（地区）的边界高度一致，内部无壁垒，市场无分割。二是市场的开放性，市场体系内部相互开放、紧密联系，市场准入以及商品和要素流动没有限制和封锁，与全球市场顺畅连通。三是规则的一致性，具有明确和统一的市场运行规则、监管制度和法规标准体系。四是竞争的公平性，各类市场主体能自主决策、自主经营、自负盈亏，具有平等获得生产要素和资源的权利和机会，并平等地参与市场竞争。

随着我国经济转向高质量发展阶段，围绕现代市场经济的发展要求与趋势，加快完善现代市场体系，成为我国形成强大国内市场、构建现代化经济体系、全面深化改革的重要内容和方向。按照党的十九大精神和部署，建设现代市场体系必须以完善产权制度和让市场机制在商品和要素配置中发挥决定性作用为重点，进一步深化改革和扩大开放，特别是要素市场的改革开放，构建体系健全、功能多样、层次分明、内外联通、高效运行、设施现代的市场体系，实现产权有效激励、商品要素自由流动、价格反应灵活、竞争公平有序、企业优胜劣汰，推动我国从市场大国向市场强国迈进。

1 市场体系发展的成效与现状

改革开放40年来，我国市场体系建设取得巨大成就。市场发展水平大幅提升，多样化、多层次的市场体系日益丰富，市场化程度显著提高，对外开放程度不断扩大，市场管理方式日益规范化、法治化。市场体系对我国经济的持续健康发展和社会主义市场经济体制的不断完善发挥了巨大的基础、支撑和引领作用。

1.1 发展水平大幅提升，市场供给极大丰富

商品市场规模位居全球前列。从1978年到2017年，我国社会消费品零售总额从0.16万亿元增长到36.6万亿元，增长228.75倍（见

图 1）。外贸进出口总额也从 1979 年的 109 亿美元增加到 2017 年的 4.1 万亿美元，已连续多年稳居全球货物贸易总额第一位。改革初期我国市场上有不到 12 万种商品，目前仅义乌小商品市场就有 180 万种不同规格和品种的商品，占联合国贸发组织工业品品种品类的 90% 以上。在贸发组织统计的 525 个主要工业品品种中，我国有 225 个产能排在世界第一位，到 20 世纪 90 年代末，我国市场供求格局实现了从供不应求向供过于求、再到供求动态平衡的根本性转变（见图 2）。

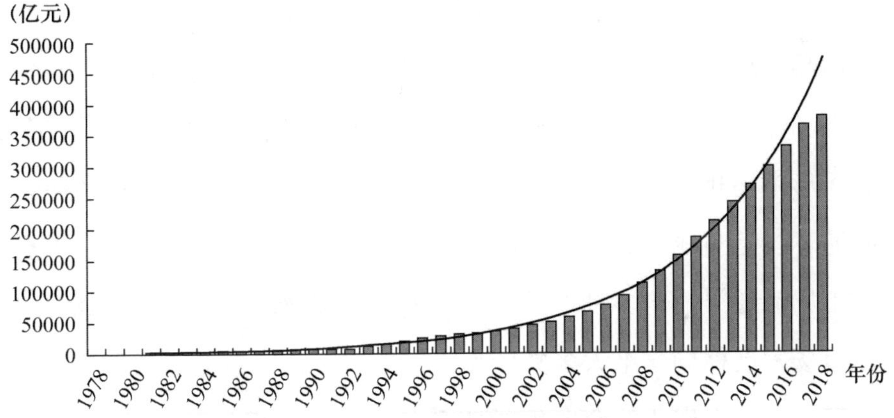

图 1　1978～2018 年我国社会消费品零售总额

资料来源：国家统计局。

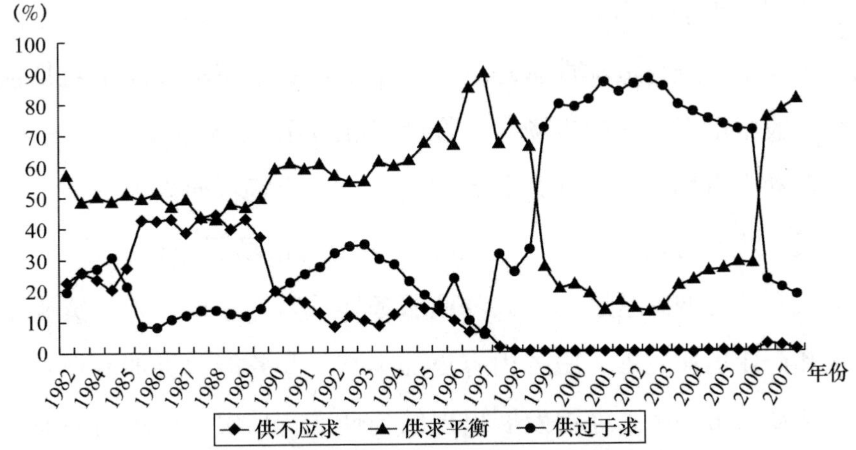

图 2　1982～2007 年我国消费品市场供求结构变化趋势

要素市场规模快速扩大。2017 年金融机构本外币各项贷款余额达 125. 6 万亿元，较 1978 年增长了 664. 4 倍。截至 2017 年末，股市总市值约 57 万亿元，居世界第二位。2017 年国内各类债券发行额达 13. 6 万亿元，成为仅次于美国、日本的全球第三大债券市场。国内保险业总资产和净资产分别达到 16. 7 万亿元和 1. 9 万亿元，成为全球第二大保险市场。

1. 2 市场结构加快调整，多样化多层次市场体系日益形成

商品市场体系日趋丰富和完善，商品市场数量不断增加，市场覆盖范围和领域日趋宽泛，已经形成涵盖生产资料和生活资料、有形市场和无形市场相结合、期货市场和现货市场相互补充、批发和零售相互联通、线上与线下融合互动的商品市场体系；形成了多种经济成分、多种市场流通渠道、多种经营方式并存，新业态、新模式不断涌现的商品市场发展格局。绝大多数商品已经形成了跨区域的流通网络。

多层次、多样化的金融市场体系基本形成。货币市场形成了包括贷款市场、票据市场、动产融资市场以及同业拆借市场、银行间债券市场与回购市场在内的市场体系，成为企业资金融通、各类型金融机构资金调剂、进行流动性管理的重要场所。资本市场形成了包括债券市场、股票市场、产权市场、风险投资市场等多样化的资本市场体系。

劳动力市场从早期开办劳务市场和人才市场，向人力资源市场整合发展。从政府包办就业服务向各类劳动力市场服务机构蓬勃发展，覆盖城乡、延伸到基层的公共就业服务体系基本形成，人力资源服务机构和产业迅速发展，服务内容更加丰富、服务能力更加专业化。此外，劳动力市场也随经济发展出现结构性变化，农村劳动力向非农业和城市转移，第二产业和第三产业人员比例不断上升，第一产业人员

占比显著下降，新就业形态蓬勃发展（见图3）。

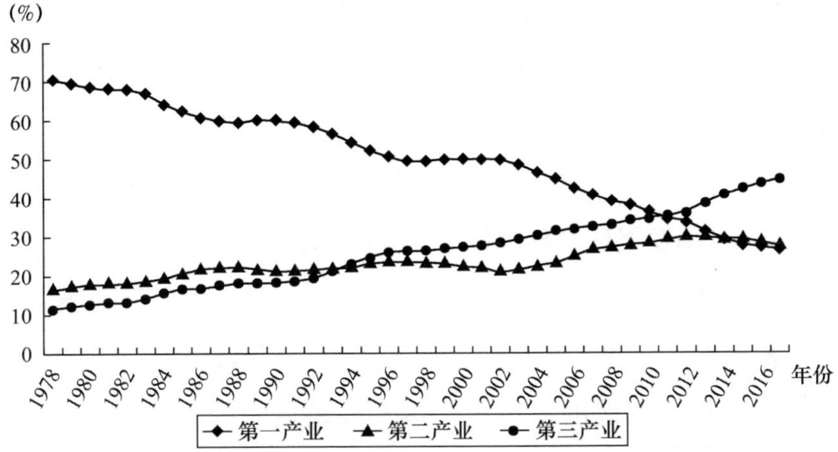

图3　1978～2017年我国就业人员产业占比变化情况

资料来源：国家统计局。

技术市场从无到有，实现了较快发展。技术成果由计划开发、无偿拨款和使用、禁止交易转变为可以像商品一样进行自由交换；科技管理由计划项目管理体制转变为市场导向的研发机制；科研投入由单一的国家财政投入转变为政府引导、市场配置的科研投入方式。各类知识产权、高新技术领域交易额持续快速增长。技术市场的提供者也由高校和科研院所逐步转移至企业，内生创新动力不断增强。

1.3　市场一体化发展加快，全国统一市场基本形成

区域市场一体化协同发展加快。区域市场之间发展差距有所减少，中部与西部地区流通业法人企业数明显增加，东部流通企业加快进入中西部地区市场。区域之间的发展协调机制逐步完善，长三角、珠三角、京津冀和中部六省、东北地区、成渝地区等在区域协同、协调发展方面已经有了广泛的实践。统一市场基本形成，根植于计划经济的市场分割、地方保护等现象得到较大改善。全国性批发市场、连

锁经营、电子商务、物流配送等现代流通方式的发展，极大地促进了各种商品在全国范围内的自由流动和充分竞争。劳动力、资金、技术等要素资源，也基本实现了全国统一市场，可在全国范围内实现自由流动与配置。

1.4 市场发展环境日趋规范，支撑服务体系加快完善

由宪法及宪法相关法、民商法、行政法、经济法、社会法、刑法、诉讼与非诉讼程序法 7 个法律部门和法律、行政法规、地方性法规 3 个层次法律规范构成的与市场体系发展相适应的法律法规体系基本形成。

市场体系标准化建设不断推进，基础标准和管理标准比例超过 50%[①]；物流标准化、农产品流通标准化等试点示范成效显著。

信用体系建设取得长足进展。伴随市场体系的建立和不断发展，信用体系建设也得到快速推进，形成了包括公共信用体系、企业信用体系和个人信用体系在内的社会信用体系。

专业服务体系发展迅速。40 年来，包括法律、会计审计、公证、资产评估、市场信息服务等在内多样化服务行业得到迅速发展，基本形成了市场化为主导的专业服务体系，在服务市场体系运行、维护市场秩序、促进公平竞争等方面发挥了不可或缺的作用。

政府监管体制改革逐步深化，极大地减少了政府对市场活动的干预。2014 年以来，我国启动了商事制度改革，全面实施市场准入负面清单制度，大力推动“放管服”改革，加快了政府转变职能的部分，从行政审批、直接干预转向事中事后监管。竞争机制的作用范围和领

① 《商务部流通发展司负责人解读国内贸易流通标准化建设“十三五”规划》，http：//ltfzs.mofcom.gov.cn/article/swfg/swfgbl/201702/20170202515153.shtml。

域不断扩大，市场化程度大幅提升（见图4）。

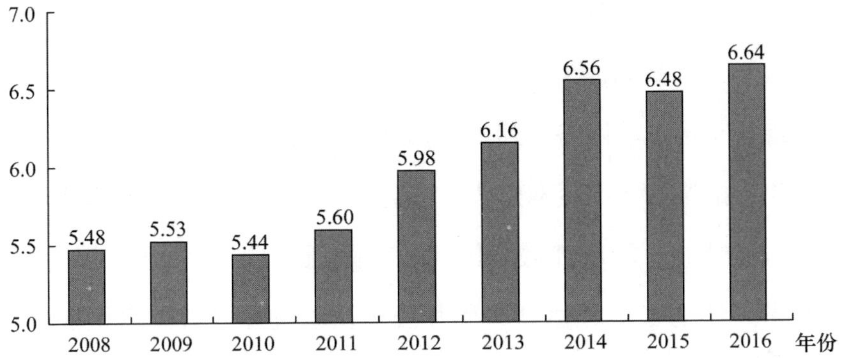

图4　2008～2016年我国市场化总指数变化趋势

资料来源：王小鲁、樊纲、余静文：《我国分省份市场化指数报告（2016）》，社会科学文献出版社2017年版。

1.5　对外开放水平不断提升，市场体系国际化程度大幅提高

全方位、多层次、宽领域的市场体系对外开放格局基本形成。外资企业持续快速进入我国市场。外资企业数量大幅度增加，成为促进市场体系发展的重要参与者。市场主体“走出去”步伐加快，到2016年非金融类对外直接投资流量已达到1701亿美元，排在美国、英国之后，居列全球投资母国第三位。商品市场体系不断向国际市场延伸，跨境要素市场合作加深，全球要素配置能力不断增强。推动市场双向开放，促进国内国际市场互联互通。以资本市场为例，2014年以来，相继开启“沪港通”“深港通”“债券通”“沪伦通”，相关制度安排稳步推进，内地与香港证券投资基金跨境发行销售机制推出，资本项目可兑换实现新突破。

1.6　创新驱动日趋显现，现代化程度不断提高

新一轮科技革命，在信息、交通、能源、材料、生物等领域实现了

许多重大突破，为我国市场体系创新发展注入了强大创新动力。基础设施现代化水平不断提升，我国已基本形成了以铁路、公路为骨干，以普通国道和省道为基础，与民航、水路和管道共同组成的连接东西、贯穿南北的综合交通运输网络。到2014年底，“五纵七横”12条主要由高等级公路组成的国道主干线网建成，覆盖了全国特大城市的所有人口和大城市93%的人口；2018年底全国高速公路通车总里程已达到14.3万公里，其中高铁运营里程达到2.9万公里，居世界之首。通讯业发展迅猛，宽带、互联网等基础设施高速推进。2018年底全国互联网宽带接入端口数量达到8.86亿个，互联网国际出口带宽增速显著，为市场体系高效运转、商品和要素自由流动、商业模式创新提供了有力支撑。信息化水平全面提升，截至2018年6月，我国互联网用户数量已达到8.02亿人，移动电话用户总数达15亿户，普及率分别达到58%和110%。企业计算机、POS系统、管理软件等现代信息技术应用不断加快，应用范围从财务管理、交易管理转向电子商务、流程再造、供应链管理等方面。新型商业模式和流通方式加快发展，特别是电子商务的普及和平台经济的形成发展，日益成为市场及流通创新的重要表现（见图5）。

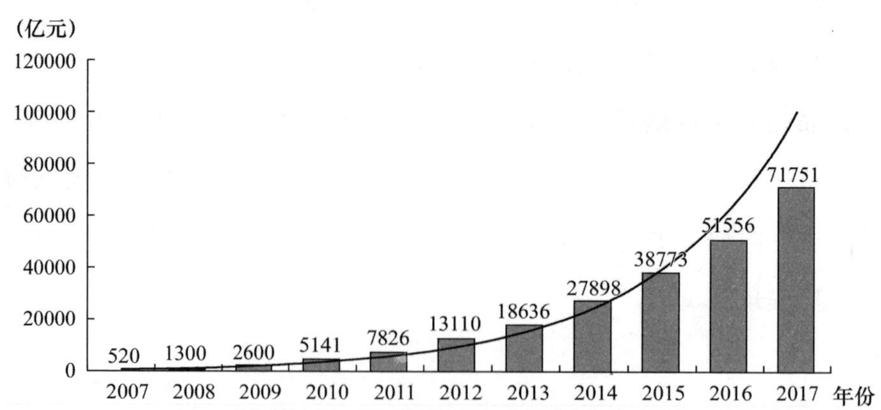

图5　2007～2017年我国网络零售市场交易规模

资料来源：2007～2017年《中国电子商务市场数据检测报告》。

2　当前我国现代市场体系建设存在的主要问题

2.1　市场发展不平衡、不充分对加快现代市场体系建设形成制约

一方面，要素市场和部分重要服务领域的市场化程度依然较低。相对于商品市场，我国要素市场和重要服务业的改革起步相对较晚，在不同时期、不同领域的改革力度和进展也不均衡。在价格形成方面，市场机制决定价格的商品及服务比重，已从改革开放初期的3%提升到97%。而多个要素和部分重要服务价格仍存在政府定价或对价格形成的干预。例如，金融市场目前仍然在很大程度上存在“利率双轨制”，极大地影响了要素资源的合理配置和经济运行效率的提升。

另一方面，市场体系发展不平衡问题相对突出。在商品市场方面，不仅存在着经济发达地区和欠发达地区市场体系建设不均衡、城市与农村商品市场发展差距不断扩大的问题，而且面对人民群众对美好生活向往和消费升级的需求，出现了低端无效供给过剩与中高端有效供给不足并存的供求结构性矛盾。从商品市场的组织形式看，也存在实行现场、现金、现货等对手交易模式的传统商品批发市场与采用资源整合和数字化驱动模式的新型市场之间的不均衡，还存在期货市场发达、现货市场发展滞后的不平衡。要素市场方面，在金融市场上，直接融资市场与间接融资市场发展不协调的状况仍未得到根本改变，过度依赖银行体系的融资结构，既导致金融风险过度向银行体系集聚，也降低了资源配置的效率，难以有效满足市场主体多元化融资需求。供给端金融工具不丰富、产品结构单一的现象与实体经济的金融服务多样化、个性化的需求存在不平衡。在土地市场上，供地结构不合理，土地主要用于保障经济社会的生产性需求和基础设施性需求，城市的

生活生态用地特别是住房用地的供应比重长期偏低。在劳动力市场上，供需不匹配的问题日益突出，对高技能产业工人、高端复合型人才的巨大需求无法得到满足；高校毕业学生就业形势依然严峻，企业招工难和学生就业难现象并存。此外，要素之间的深层次互动不足。面对新一轮科技革命和产业变革，创新对技术、资本、人才要素的融合更加依赖，技术市场与其他要素市场的互动亟须加强。产权市场的发展也深度依赖交易生态链上的商业银行、信托、保险、基金、资产管理等金融机构的支持。

2.2 市场主体创新能力和竞争能力整体不强

无论是商品还是要素领域，我国市场主体整体上仍然存在创新能力和市场竞争力不强的问题。从商品市场来看，市场主体仍以中小微企业为主导，组织化程度低、集中度不高，缺乏资本、技术、人才和大数据，竞争能力偏弱，创新能力不强。此外，在期货市场上，期货交易所、期货公司、期货投资者国际化程度不高，导致我国期货市场在大宗商品的国际定价方面能力依然偏弱，也缺乏相应的海外辐射能力和国际竞争力。从要素市场看，这一情况更为明显。例如在金融市场上，尽管央企、国企占据市场主导地位，但是在金融产品、盈利能力、服务水平和创新能力等方面，与全球知名金融企业相比仍有较大差距。在技术市场上，技术服务机构小、散、弱的现象仍然存在，专业化负责成果披露、专利申请、成果评价、技术交易、商务谈判等全流程技术转移服务的机构仍然较少。当前制度下，高校院所职务科技成果完全按照国有资产进行管理并要求实现保值增值，成果转化后的利益分配不能对技术创造者产生有效激励，限制了研究人员的积极性。

2.3 统一开放、竞争有序的市场体系建设仍待推进

信用体系建设滞后。当前，我国政府失信问题依然不同程度存在。联合惩戒工作机制还不完善，部分地方政府担心影响企业的生存或造成失业，惩戒力度不足。与此同时，我国公民的社会诚信意识仍有待加强。

要素市场分割问题远未解决。例如在土地市场上，城乡土地二元分割特征依然明显。国有建设用地配置中仍有相当大比重土地以行政划拨和协议形式出让，国有土地有偿出让市场空间偏小；同时，城乡土地市场尚未一体化，农村集体建设用地和宅基地的商品化、资本化滞后，不利于城乡生产要素优化配置，也不利于提高城市化发展质量。再如在劳动力市场上，户籍管理制度使得外来就业人员、农民工在就业准入、社会保障、子女教育、医疗等方面难以享受与城市居民相同的政策保障，造成地区之间、城乡之间劳动力市场分割。

各种形式的地方保护主义和区域贸易壁垒依然存在。一些地方政府通过采取设立纳税主体要求、地方法规标准、采购招标条款等形式，对外地企业、产品和服务设置歧视性市场准入限制和市场壁垒，给予本地企业保护和政策支持。此外，各地为了促进经济发展和招商引资，为本地企业或在本地注册企业提供各类政府补贴、隐性担保，为本地企业提供更低成本的资金和土地等。统一公平、公开透明的全国市场体系还有待进一步推进。

2.4 市场治理体系和能力的现代化水平有待提高

法律法规和标准体系不完善，市场法治化水平有待提升。一方面，现有法律法规体系还存在不完善、不健全等问题，市场秩序混乱问题依然存在，相关行业的进一步发展受到限制。例如，随着经济发展及

市场竞争中不断出现新情况、新特点，《反不正当竞争法》《反垄断法》《专利法》《广告法》《知识产权法》以及《商业秘密保护法》等与市场竞争相关的法律条款已有所不足，需增强法律法规的适用性和统一性。又如，《期货法》虽多次起草，但仍未能出台，上位法的缺失，使得期货市场法律层级不够，限制了期货业的进一步发展。目前，国家层面尚没有一部全面设定技术市场各类主体在技术转移中的权利、义务和责任，并调整其相互关系的法律法规，造成高校、科研院所要承担成果转化引起的国有资产流失的风险，科研人员参与成果转化的动力不足。另一方面，随着新业态、新商业模式的迅猛发展，市场体系发展也出现了一些新问题，相关立法和制度规范建设滞后。如在消费服务、数字经济发展初期，本着“放水养鱼”的原则，国家和监管部门对数字经济发展给予相对宽松的政策环境。但随着市场规模、企业主体和社会影响的不断扩张和强化，知识产权保护不力、市场集中度过高、信息安全保护缺失、不当竞争行为频现、信用体系建设滞后等问题或矛盾逐步暴露和凸显，但目前缺乏有效的法规和标准体系作为规范和监管依据。

监管理念和监管方式有待创新。商品和服务领域仍然是以条块为主的监管体系，过多依赖行政手段，重审批、轻监管的情况依然存在，产业政策更多体现为支持特定行业、技术、企业为主的选择性政策，在监管中引入大数据、社会共治等新手段和新理念步伐偏慢。在近年来迅速发展的电子商务市场中，监管滞后问题凸显，相关部门未能及时对很多新生业态的价格和竞争行为进行规范。要素市场方面，例如在金融市场，相关法律法规制修订和金融监管改革滞后于金融市场发展和金融产品与服务创新，加大了系统性风险防范和处置的难度。在产权市场上，国有资产交易监督领域缺乏上位法支撑，导致业务规则把握尺度不一、无序竞争等问题突出。此外，由于监管能力和手段的创新不足，跨区域联合执法和多部门联合执法机制不完善，消费者保护和消费安全监管力度弱等，已经成为市场有序发展和创新发展所面临的突出问题和难点问题。

2.5　对内对外开放水平仍有较大提升空间

整体而言，我国市场体系在对内对外开放、与国际市场接轨程度等方面，仍有较大提升空间。特别是要素市场，民营和外资企业还面临许多制度或隐形障碍，对丰富要素供给、提升要素配置效率产生不利影响。例如金融市场上，双向开放虽然迈出积极步伐，但外资和民营资本进入金融行业的门槛依然偏高，在参与机构、金融产品与服务创新、经营理念、市场功能、相关制度建设等方面与发达国家成熟金融市场仍存在较大差距。

在商品市场方面，国内外市场之间的联通水平有待进一步提升。特别是在商品进口方面，由于我国进口关税、进口环节增值税和消费税相对偏高，国内市场主体缺乏与国际市场的联系和合作，造成国际进口渠道不畅、中高端消费品国内销售价格高昂，不仅造成大量消费外流，而且不利于国内制造业加快转型升级。

全面开放后与世界规则的全面接轨对完善竞争机制提出了挑战。新的发展阶段，我国将全面扩大开放，不断放宽对外资在农业、制造业和服务业等各个领域的市场准入限制，加快市场竞争规则与国际接轨，塑造更加优良的市场竞争环境。但是，这一过程离不开政府治理体系的完善和政府治理能力的提高，而这又涉及深层次的政府管理体制的根本性变革。同时，全面对外开放意味着国内企业更多地走向全球，但是国内相关竞争法规不可避免地要与相关国家发生摩擦和冲突，需要全面推动国内相关竞争规则和法律体系等与国际全面接轨，这又涉及一系列相关法律法规的修订与完善。

3 我国建设现代市场体系的重大背景

经过改革开放40年的持续发展，我国市场体系已取得长足发展，为建设现代市场体系奠定了较好的基础。随着我国经济转向高质量发展阶段，我国经济发展的内外环境已发生深刻变化，加快建设和完善现代市场体系，更好地服务和促进高质量发展，既面临难得的新发展机遇，也面临十分严峻的外部挑战。

3.1 高质量发展为现代市场体系建设开启新征程

随着我国经济从高速增长转向高质量发展，正处在转变发展方式、优化经济结构、转换增长动力的关键时期，对建设现代市场体系的要求更为迫切。历史地看，发达国家现代市场体系的形成与高质量发展密切相关。一方面，高质量发展需要更好地发挥市场机制的决定性作用，更加有效地整合和利用商品和要素资源，以提升经济增长的质量与效率；另一方面，只有更加完善的市场体系、现代化的市场功能、不断创新的商业模式，才能促进供求结构的快速调整、产业结构的优化升级和创新产品的市场转化，从而实现高质量发展。因此，进入高质量发展阶段，将为我国开启现代市场体系建设的历史机遇，为市场机制作用的升级、体系结构和功能的现代化、资源要素配置方式的创新，提供全新的发展空间和实现途径。

3.2 新一轮技术革命为建设现代市场体系提供巨大创新动力

以大数据、云计算、人工智能、区块链等为代表的新兴技术蓬勃发展和深度应用，极大推动消费创新，并深刻改变了居民消费方式乃至生活方式，同时也为建设现代市场体系提供了全新的技术手段和实现路径。新技术和商业模式的快速发展，将在相当程度上改变传统市场体系的发展格局和路径，我国有望在创新驱动现代市场体系建设方面走在世界前列。

3.3　消费变革为市场体系现代化提供坚实的市场基础

当前，我国正处在新一轮消费变革的关键阶段，在消费结构、消费方式、消费人群、消费市场格局等方面出现了不同以往的深刻变化，消费正在成为驱动经济增长、实现高质量发展的主要动力。其突出特点有三点。一是居民中高端商品及服务消费成为消费结构升级的新亮点。2017 年我国人均 GDP 突破 8800 美元，达到中高收入水平，居民消费总体由“有没有”向“好不好”转变，更加注重品牌和品质，对中高端商品的需求快速增长。二是服务消费需求快速扩张，增速明显高于商品消费增速，占整个消费支出的比重已经上升到 42%，并有望在未来 5 年突破 50%，成为消费增长的新来源。三是消费群体快速分化，其中中等收入群体规模持续扩大，2017 年已达 4.3 亿人，成为全球中等收入群体人数最多的国家①，将成为支撑和引领我国乃至全球消费市场扩张和升级的中坚力量。更为重要的是，“80 后”“90 后”“00 后”等新生代消费群体加快崛起，对消费品及服务市场发展提出

---

①　中等收入群体是指一个国家中生活较为宽裕、收入达到一定水平的人群。目前，对中等收入群体的判断标准并不一致，使用较多的是 Homi Kharas（2010 年）提出的“家庭人均每天支出 10～100 美元”的标准，该标准的下限是 2 个贫困线最低的发达国家（葡萄牙、意大利）的平均贫困线，上限为最富裕的发达国家（卢森堡）收入中位数的 2 倍，由此排除了低收入发达国家中的穷人和高收入发达国家中的富人。测算数据参见 Brookings 学会的 Development，Aid and Governance Indicators：Middle Class database。

新要求，将成为驱动消费创新的主要动力。中高端消费和服务消费需求的快速扩张，以及消费群体分化形成的多样化新需求，将推动市场主体、商业模式、体系结构和竞争格局等全方位的升级和创新，而且也会倒逼市场规则、竞争制度、监管体系等方面的改革和创新，进而引发并加速现代市场体系建设和完善的进程。

3.4 基础设施现代化为加快现代市场体系建设提供保障

从全球来看，当前世界范围内出现新一轮基础设施建设高潮，不仅极大提升全球市场互联互通水平，也将推动基础设施数字化、智能化、绿色化发展。从国内看，随着工业化、城镇化、信息化的持续推进，我国产业结构正在加速调整和升级，生产力布局和城镇布局也将进入新一轮调整期，将带动交通、能源、通讯和互联网、电力等基础设施布局调整和技术升级。例如，未来我国不仅要推动综合交通运输网络加快形成，而且更加需要推动航空、高铁、快递等基础设施升级，为高新技术、高附加价值、高时效商品的流通提供支撑。基础设施的现代化将极大促进商品和要素在更大范围内实现更高效率的流通和配置，为现代市场体系的建设和发展提供有力支撑。

3.5 构建全面开放新格局为现代市场体系建设开辟更为广阔的发展空间

党的十九大明确提出要推动形成全面开放新格局，强调要以“一带一路”建设为重点，坚持“引进来”和“走出去”并重，形成陆海内外联动、东西双向互济的开放格局。要拓展对外贸易，培育贸易新业态、新模式，推进贸易强国建设。要实行高水平的贸易和投资自由化、便利化政策，全面实行准入前国民待遇加负面清单管理制度，大幅度放宽市场准入，扩大服务业对外开放，保护外商投资合法权益。要优化区域开放布局，加大西部开放力度。要赋予自由贸易试验区更大改革自主权，探索建设自由贸易港。还要创新对外投资方式，促进国际产能合作，形成面向全球的贸易、投融资、生产、服务网络，加快培育国际经济合作和竞争新优势。全面开放新格局加快形成无疑将推动我国加速融入全球市场，通过开放市场和加强国际合作，进一步优化国内市场商品和要素供给，更好利用全球要素和资源支撑高质量发展，在更高水平上实现国内外市场一体化发展；通过对接全球市场规则提升国内市场规范化、法治化营商环境，提高我国在全球市场体系中的话语权和竞争力，促进我国从市场大国加快走向市场强国。

3.6　全球市场格局变化对现代市场体系建设带来多重挑战

近年来，国际贸易和世界经济环境日趋复杂，贸易保护主义有所抬头，大国之间、地区之间的贸易摩擦不断，对全球经济贸易发展带来新的不确定性，全球经济治理也将进入新一轮改革阶段。这些变化都将对我国进一步拓展全球发展空间、整合国际市场要素及资源、加大市场体系的开放力度和更好融入全球市场体系产生不利影响，进而对建设和完善现代市场体系形成挑战甚至阻碍。此外，从当前全球市场格局来看，发达经济体在中高端商品及要素市场中居于主导地位，具有较强的整合和配置资源能力，而部分发展中国家在全球中低端商品及要素中的地位和作用日益提升，我国传统商品及市场主体的全球化竞争日益激烈。如果不能借助技术创新、深化改革和加大开放等途径，加快推进建设现代市场体系进程，对于持续提升我国市场体系国际化、现代化水平，持续提高我国产品和服务的国际竞争能力和发展空间，以及合理利用整合全球市场资源等，都将形成严峻挑战。

4 完善现代市场体系的基本思路

4.1 主要目标

根据我国经济社会发展进入新时代的历史方位、主要矛盾和发展目标，党的十九大对经济发展做出了新的总体部署，明确提出建设现代化经济体系，并将加快建设统一开放、竞争有序的市场体系作为其中一项重大改革和发展任务。

统一开放、竞争有序的市场体系，是实现市场准入畅通、市场开放有序、市场竞争充分、市场秩序规范，加快形成企业自主经营公平竞争、消费者自由选择自主消费、商品和要素自由流动平等交换的现代市场体系。这是建设现代化经济体系的关键基础和重要支柱，也是进一步激发市场活力、促进创新创业、加快形成新动能、实现从高速增长向高质量发展的有效途径。

按照党的十九大精神和部署，建设现代市场体系必须以完善产权制度和让市场机制在商品和要素配置中发挥决定性作用为重点，进一步深化改革和扩大开放，特别是要素市场的改革开放，构建体系健全、功能多样、层次分明、内外联通、高效运行、设施现代的市场体系，实现产权有效激励、商品要素自由流动、价格反应灵活、竞争公平有序、企业优胜劣汰，推动我国从市场大国向市场强国迈进。

4.2 基本原则

在开放过程中，我国在市场体系建立和发展上积累了丰富的改革经验和政策实践，可为新时代完善现代市场体系和实现高质量发展提供借鉴。更为重要的是，要按照党的十九大的部署，面向现代化经济体系建设的要求，正确把握和处理好政府与市场、改革与创新、对内对外开放等关键问题，更好地推进现代市场体系建设。

4.2.1　始终坚持市场化改革方向，让市场在资源配置中发挥决定性作用

作为社会主义市场经济体制的重要组成部分和有效运转基础，市场体系对发挥市场机制作用、实现资源有效配置不可或缺。“使市场在资源配置中起决定性作用和更好发挥政府作用”，是我党在正确总结改革开放经验、把握市场经济发展规律的基础上，对政府与市场关系认识的新突破，也为完善市场体系提供了行动指南和实现路径。因此，加快完善现代市场体系，必须正确处理好政府与市场的关系，让市场在资源配置中发挥决定性作用，让政府在保障公平竞争、弥补市场失灵、加强市场监管、维护市场秩序等方面更好地发挥作用。

4.2.2　坚持循序渐进的改革策略，在创新探索中推动现代市场体系的完善

我国市场体系的建立和发展是在渐进改革、逐步开放的过程中逐渐形成，而非一蹴而就。我国政府采取先消费品后生产资料、先商品后要素、先对内开放后对外开放的渐进式改革开放策略，逐步推进相关体制机制改革，放开市场准入，激发市场活力，逐渐完善竞争机制、价格机制、信用激励机制等，并采取“摸着石头过河”，对重大改革措施采取“先局部试点再全面推广”的做法。在循序渐进的改革过程中，我国市场体系实现了从探索培育、不断壮大，进而规范有序、持续健康发展的转变。

4.2.3　坚持处理好改革与发展的关系，形成以“增量”促“存量”改革

从增量改革到整体推进，是我国改革的基本经验之一。以生产资

料价格改革为例，在20世纪80年代中期，开始探索“双轨制”改革方式，企业计划内商品（存量）仍然按计划价格销售；而计划外产品（增量）允许以市场价格自行销售。“增量”改革带来的震动较小，考虑了社会承受能力和社会的稳定。但也撕开了生产资料价格改革的口子，刺激了企业生产积极性，推动了经济发展，缓解了供求矛盾，进而推进或倒逼“存量”加快改革。

4.2.4 坚持以开放促改革，实现改革与开放联动

市场体系建立和发展首先开端于对内改革，包括取消商品和要素市场对市场主体所有制的限制，激发市场的发展活力，促进市场自身的发育和发展；在市场体系发展取得一定成效的基础之上，主动、稳妥、有序地实施对外开放，有利于吸引外资企业进入、增强国内市场的竞争，形成对国内市场主体的良性倒逼机制，促使其提升经营管理水平，加快向现代企业转型创新，促进市场体系发展水平更快提升。市场体系的不断发展和完善，为进一步扩大开放提供坚实的市场基础。

4.2.5 坚持更好发挥政府作用，持续转变和优化政府职能

40年来，我国政府通过变体制、活机制、立法规、定标准、强服务，给市场体系的建立和完善营造了良好环境。尤其是党的十八大以来，政府大力推动简政放权和“大众创业、万众创新”，通过“放水养鱼”，进一步激发了各类商品和要素市场的创新活力，大量前所未有的新业态、新模式不断涌现，极大促进了市场体系的现代化。市场体系建立和发展离不开政府的服务、引导与监管，深化政府职能转变是促进现代市场体系建设和高质量发展的重要保障。

5 完善现代市场体系的主要任务与改革方向

按照党的十九大精神和部署，建设现代市场体系必须以完善产权

制度和让市场机制在商品和要素配置中发挥决定性作用为重点，进一步深化改革和扩大开放，特别是要素市场的改革开放，构建体系健全、功能多样、层次分明、内外联通、高效运行、设施现代的市场体系，实现产权有效激励、商品要素自由流动、价格反应灵活、竞争公平有序、企业优胜劣汰，推动我国从市场大国向市场强国迈进。

5.1　以要素市场为重点，加快消除市场体系短板

5.1.1　深化金融市场改革开放

持续推进国内多层次资本市场建设，不断丰富金融市场层次。以构建符合国情的现代金融市场体系为目标，加快推进金融体制改革。不断完善货币市场功能，大力发展债券市场、股票市场、保险市场、基金市场、期货市场，兼顾场内市场和场外市场的发展，进一步提高直接融资特别是股权融资比重，不断改善投融资结构，满足不同类型市场参与主体多样化投融资需求。以打造规范、透明、开放、有活力、有韧性的资本市场为目标，不断提高上市公司质量，完善交易和信息披露制度，加强对交易的全程监管，引导更多中长期资金进入资本市场。发挥好多层次资本市场在分散风险、提高资源配置效率、降低社会融资成本和杠杆率、维护金融稳定、提高货币政策传导效果、促进经济健康发展等方面的作用。

加快金融市场产品和服务创新，不断丰富资本市场品种体系。坚持以市场需求为导向，积极开发个性化、差异化、定制化金融产品。稳步发展国债期货、利率互换等利率衍生产品，拓展国债担保品功能，增加国债交易需求。扩大绿色债券、社会效益债券、项目收益债券及其他创新品种发行规模，为国家重点领域和重点项目建设提供资金支持。发展可转换债、可交换债等股债结合产品和并购重组债、可续期

债券、永续债等债券品种，鼓励中小企业债务融资工具创新发展，加大民营企业债券融资支持工具试点。研究设立民营企业股权融资支持工具，丰富外汇市场交易产品，增加外汇期权产品类型，满足市场主体投融资交易和防范风险的需求。

发挥市场价格信号在优化金融要素配置中的决定性作用。加快培育市场化金融资产价格形成机制，培育市场基准利率和收益率曲线，健全市场化利率形成机制，深化人民币汇率形成机制改革，推进新股发行市场化定价。

5.1.2 构建统一平衡的劳动力市场

坚持实施就业优先战略，建立劳动力市场政策与经济社会发展战略相互调适机制，实现劳动力市场改革与其他要素改革协同推进。促进人力资源市场规范化发展，建立健全人力资源市场法规体系、市场监管体系，持续推进人力资源服务机构诚信体系建设，加强人力资源服务标准化建设。

加快建立更加统一、公平的劳动力市场。进一步打破长期以来形成的户籍、地域、行业等劳动力市场分割；破除体制内外的编制、人事、收入、社保和福利壁垒；加快完善社会保障体系，提高养老、医疗等社会保险统筹层次，完善养老保险关系转移接续和医疗保险异地结算体系，提高社会保障的制度公平性和服务便捷性；逐步缩小行业、地区和部门之间的收入差距，消除各种各样的就业歧视，促进劳动力市场统一公平发展。

5.1.3 建立统一平等的土地市场

改变城乡土地权利二元、市场进入不平等、价格扭曲和增值收益分配不公的格局，以权利平等、放开准入、公平分享为重点，深化土地制度改革，促进土地利用方式和经济发展方式转变。在规划和用途管制下，允许农村集体土地与国有土地平等进入非农用地市场，形成权利平等、规则统一的公开交易平台，建立统一土地市场下的价格体系。改革土地出让制度和用地模式，合理确定城市土地用于建设与农民留用比例。建立土地价值评估体系。强化土地利用总体规划实施刚性，依法落实用途管制。加强土地权属管理，建立统一地籍管理体系。建立与现代社会发展相适应的土地财产税制度。对土地开征财产税，既符合国际经验，也具备征收条件，同时也为改革土地财政提供现实基础。

5.1.4　提升产权市场服务经济的功能

继续推进产权市场的市场化改革，明确产权市场的资本市场功能定位，坚守非标准化资本市场的立场，积极加强与证券市场的互动和衔接，加快向完善的资本市场转型升级。

加快产权市场立法工作，明确产权市场的概念、限定条件、运行规范、功能定位及主管部门，明确相关各方的法律责任。加快实现全国范围内信息披露、交易制度、交易系统、过程监测的统一。

转变监管模式，建立“一部门牵头、多部门参与、业务分类指导、部门联合检查”的复合监管模式，推进全国产权市场协调发展、有序竞争，提升行业规范和信息透明度。

加快产权市场开放，借鉴国内外资本市场和相关机构的先进经验和做法，加快推进产权市场国际化发展，探索与国外交易平台和相关机构合作与交流。

5.1.5　形成技术市场支撑经济创新发展的体制机制

强化市场导向，逐步形成促进和规范技术市场和技术转移发展的法律体系。持续开展科技成果所有权改革的探索，尽快研究制定国有技术类无形资产管理办法，开展高校技术转移管理职能改革试点。逐步弱化部门和机构对技术成果定价的干预，通过活跃交易、增加供需和保障公平，回归技术市场对技术要素的定价功能。

探索社会资本与财政经费联合支持，知识产权共享、风险利益共担、以企业为主体的协同创新机制。加快培养高素质的技术市场管理和技术转移人才，包括高级技术经理人、技术许可高级管理人等国际化技术转移人才。

积极探索技术市场与资本市场的协调发展，创造并丰富与技术转移规律和科技创新规律、特点相适应的金融产品和多样性的投融资手段，建立并完善技术产权交易制度和风险投资制度。

5.2 加快现代市场机制建设，充分使市场在资源配置中起决定性作用

5.2.1 进一步深化重要商品和服务的价格形成机制改革

深化垄断行业价格改革。按照“管住中间、放开两头”的思路，坚持稳步放开竞争性领域和环节价格、科学管理政府定价相结合的原则，推进重要商品和垄断行业价格改革。建立健全以“准许成本 + 合理收益”为核心、约束与激励相结合的网络型自然垄断环节定价制度。

加快完善公用事业和公共服务价格机制。建立健全公用事业和公益性服务财政投入与价格调整相协调机制，促进政府和社会资本合作；全面实行居民用水用电用气阶梯价格制度，推行供热按用热量计价收费制度；分类管理教育、文化、养老、殡葬等服务价格；积极稳妥推进医疗服务价格改革，合理调整医疗服务价格，确保医疗机构发展可持续、群众负担不增加。

创新和完善生态环保价格机制。坚持市场化的改革取向，完善生

态补偿价格和收费机制，积极推进排污权有偿使用和交易试点工作，扎实推进农业水价综合改革，统筹运用税收、收费及相关服务价格政策，建立能够反映生态环境成本的价格形成机制，利用价格杠杆促进生态环境的保护。

稳步推进农产品价格改革，在确保国家粮食安全的基础上，改革“价补合一”的收储政策，调整改进“黄箱”支持政策，逐步扩大“绿箱”支持政策实施规模和范围，加强农产品成本调查和价格监测，为政府制定农产品价格、农业补贴等政策提供决策支撑。

推进电力、成品油、非居民用天然气等竞争性领域和环节价格市场化改革，建立主要由市场决定能源价格的机制。有序放开上网电价和公益性以外的销售电价，扩大市场形成发电、售电价格的范围，加快推进电力市场交易；择机放开成品油价格，适时放开天然气源价格和销售价格。逐步形成反映市场供求的合理价格，引导资源优化配置。

加快构建具备国际竞争力的期货市场。在大宗商品交易中，鼓励实体企业和贸易企业、期货公司等围绕期货价格提供多样化的定价方式，如销售期周均价、现货月均价、到货后数月内定价、基差点价（期货价格 + 升贴水）等，以满足实体企业的个性化需求，降低其生产经营中的价格波动风险。促进期货与现货市场协调发展，优化我国大宗商品市场国际资源配置能力和定价影响力。加快期货市场建设，做精做深现有品种，加快推出新的期货品种，鼓励“保险 + 期货”“期货 + 订单”等业务创新，拓展期货市场的广度和深度。加快引入境外投资者参与，扩大境内外交割库布局，鼓励期货经营机构国际化发展和合作。积极服务“一带一路”建设，并努力增强我国期货价格的影响力。

转变价格管理方式，加强政府定价管理。进一步缩小政府定价的范围，将政府定价范围主要限定在重要公用事业、公益性服务、网络型自然垄断环节，实施定价目录管理。进一步规范定价程序，定价机制由定标准向定规则转变，由事前审批向事中、事后监管转变，主动接受社会监督，有效约束政府定价行为。严格行政事业性收费管理，清理规范经营服务性收费，建立收费清单制度和具体监管办法，减轻实体经济收费负担。

5.2.2 进一步完善市场竞争机制

进一步放宽市场准入，促进公平竞争。在全面实施市场准入负面清单制度的基础上，大幅放宽市场准入，推动“非禁即入”普遍落实，提高准入规则透明度，重点关注服务业准入和对外开放等问题。

破除垄断行为，强化市场竞争。进一步遏制和禁止部门立法，清除已有的不合理行政性垄断文件，对相关行政性文件和规范性文件加以限制。扩大竞争政策的适用范围，细化和进一步明确《反垄断法》适用除外制度的相应内容，进一步放松对自然垄断部门中的竞争性业务进入管制，通过采取混合所有制等形式，积极吸引民营资本和国外资本进入，落实内资外资、大企小企、国企民企的平等国民待遇。

引导地方政府转变竞争方式，强化地区间市场统一开放，积极推动地区间协同发展。严格落实竞争审查制度，采取自我审查、社会监督、强化执法监督等多种方式，全面加大对地方性法规、标准、规定的审查力度。强化市场规则的统一性、市场监管执法的统一性，建立统一协调的执法体制、执法规则和执法程序，提高市场监管的公开性和透明度。

规范平台经济和互联网经济发展中存在的不公平竞争。进一步规范和限制平台组织对商家限制交易、排他性交易或选边站队等行为，加大对平台组织滥用市场支配力量行为的处罚力度。同时，加强规制平台组织利用数据信息优势对消费者采取的掠夺性定价、歧视性定价等行为。依照国际经验和惯例，加强对平台组织跨界进入金融、媒体等领域制定相应规则。

建立完善有利于市场公平有序竞争的相关标准体系。重点围绕价格形成机制与价格行为规范、交易规则、合同规范等方面，建立适应新阶段要求的竞争行为规范。修改相关法律法规内容，使之符合强化竞争政策基础性地位的要求。此外，还应从维护市场公平竞争的原则出发，建立对特殊领域、特定市场主体和行业的特殊保护机制，建立健全消费者保护制度。

积极参与国际竞争政策的协调工作。主动参与 WTO 有关竞争政策的改革和治理规则的制定，加强对多双边贸易中不正当竞争行为、限制竞争行为、垄断行为的监管协调和国际执法合作。

5.2.3　进一步强化信用机制

加快诚信立法工作，建立跨区域、跨部门协同推进机制，完善以信用为基础的联合惩戒机制，形成多层次信用服务体系。加强市场诚信体系建设，建立与新技术和数字时代相适应的社会信用体系，加强信用信息的征集、存储和应用，健全守信联合激励和失信联合惩戒机制，提高违法失信成本。建立完善生产经营主体诚信档案和“黑名单”制度，相关信息纳入全国信用信息共享平台和企业信用信息公示系统，实施市场主体信用分类监管。强化政务诚信，提升政府公信力。

5.3　促进市场结构调整，提升市场体系现代化水平

优化供需结构。在供给端与需求端同时发力，推进商品市场供给侧结构性改革，提高供给效率和供给水平，加强知识产权保护与市场

监管，提升商品与服务市场供给，使之与居民消费升级要求相匹配。

优化区域结构。继续发挥东部地区发展优势，以建设国际消费中心等为突破口，进一步提高商品及服务领域供给水平和市场化程度；以东部地区为标杆，加快中西部地区建设统一开放、竞争有序的现代市场体系，丰富商品有效供给，强化竞争机制，提升市场服务水平和市场规模。

优化城乡市场结构。推进乡村振兴战略，以现有乡镇集市、夫妻店为载体，稳步提升广大农村地区的商品及服务市场建设水平，提升教育、养老、医疗等服务市场有效供给；加强农村地区流通基础设施建设，提升农村地区市场软硬件水平；推进农村电子商务发展，推进农产品上行、工业品下行，畅通农村市场渠道。

促进市场转型升级。鼓励商品市场实施“互联网＋”“大数据＋”和“智能＋”，引导互联网平台经济规范有序发展，依法合规创新大数据、云计算、物联网、区块链等信息技术应用，强化平台数据整合和资源配置能力，创新发展模式。不断强化市场交易、仓储物流、加工配送等配套功能，优化数据共享、分析、引流等信息服务，建立重要商品价格指数，完善市场价格发现功能。建立多层次的消费中心城市，鼓励上海、北京成为国际消费城市，提升国际消费资源要素配置能力。促进期货与现货市场协调发展，优化市场资源配置并强化定价影响力，加快推出相应的期货、期权品种，做精做深现有品种，提升我国在大宗商品和期货领域的国际影响力及定价话语权。

5.4 破除地方保护和市场壁垒，加快建设全国统一大市场

加快建立全国统一市场的制度安排。促进中央与地方事权、财权调整和合理匹配，全面深化财税体制改革，完善地方政府考核机制，

削弱地方利益争夺和地方保护的经济动因。加快转移支付改革，严格界定引导类、救济类和应急类专项转移支付，提高一般性转移支付比例。在逐步弱化对地方政府的 GDP 考核、加强对地方政府公共服务水平考核的基础上，借鉴国际经验，建立统一市场建设的评价机制和发布机制，并将此项工作纳入对地方政府绩效考核体系，有效推动地方政府参与统一市场建设。

加强工商登记及各管理部门电子政务系统建设和加快全国联网，尽快建立覆盖全国的"证照互认制度"，允许分支机构异地备案后直接使用。清理各地、各部门的各类监管执法标准，建立全国统一的监管执法标准规定，弱化监管执法人员的自由裁量权。

注重发挥市场和技术力量对统一市场构建的积极作用。促进现代大型主体发展，引导企业上市、并购、重组及联合，逐步形成一批具有现代治理结构、核心竞争力的大型市场主体，成为统一市场发展的主力。利用信息技术打破市场壁垒，促进电子商务与传统流通产业融合发展，加快内外贸一体化发展。以京津冀、长三角及粤港澳大湾区等区域一体化为突破口，以点带面加快市场体系一体化发展。有序放开金融机构一定范围内跨区经营业务限制，探索推进区域内土地指标交易、增减挂钩和农村集体用地改革，建立区域土地指标流转平台；改革社保制度，推进区域内公共服务便利化，促进劳动力的一体化配置和自由流动；推动产权市场和技术市场的统筹协调，推进信息披露、交易制度、配套服务、监督管理等在全国范围内的统一。

5.5 推动形成全面开放新格局，有序稳妥提高市场开放水平

继续完善市场准入负面清单制度和外商投资准入负面清单制度，对确需保留的准入限制，应建立公平、透明、规范的准入规范，明确

市场准入的质量安全、环境和技术等标准。重点加大对禁止进入、限制市场主体资质、限制股权比例、限制经营范围和商业模式等方式直接或者变相限制市场准入等行为的审查，加快落实对外资放开领域的政策。

加强国内外市场合作。积极推动“一带一路”沿线国家市场合作，充分发挥中国国际进口博览会、中国进出口商品交易会等贸易平台，完善双边及多边协作机制，建设与“一带一路”沿线国家双向畅通的商品贸易与投资通道。积极利用自贸区对外开放政策，推进由商品市场对外出口为主向进出口双向流通并重转型，对接国际国内市场深化商品及服务市场结构性改革，推进商品市场创新发展。进一步完善贸易及监管制度，提升贸易便利化水平，加大对跨境电商的扶持力度，鼓励国内电商平台积极“走出去”。有序扩大期货市场双向开放，在加快引入境外投资者参与我国市场的同时，扩大境内期货交易所的境外交割库布局，并开展灵活多样的对外合作，鼓励期货经营机构向国际化发展。

加大金融市场双向开放力度，积极构建高层次开放型金融市场体系。放宽境外金融机构市场准入限制，落实外资准入前国民待遇加负面清单制度，支持有条件的中资金融机构“走出去”，提升国内金融市场的影响力。坚持防范系统性金融风险，提高金融机构和金融市场风险防御能力和风险处置能力。

5.6 建立现代市场治理体系，改善优化市场秩序

建立分类分领域的监管模式和标准规范。监管目标除了“防止市场垄断，依法查处不正当竞争行为”外，还应包括保护消费者合法权益、引导企业履行社会责任、保障国家安全等。在确保社会稳定、不

发生系统性金融风险和依法保护个人信息的前提下，把握好各类市场和企业的监管尺度，加强事前防范机制建设，创新事中事后监管规范。对符合发展方向和社会需求，但存在经营不规范、不公平竞争、侵害消费者权益等问题的，监管部门要及时予以引导或依法监管和加以纠正。针对电商平台、农村市场等假冒伪劣产品相对集中的领域，加强交易执法监管和市场监督检查，建立健全备案制度。将常态化监管和专项整治相结合，重点围绕仿冒、虚假宣传、价格欺诈、商业贿赂、侵犯商业秘密、侵犯知识产权等不正当竞争行为，加大消费者保护力度。

注重市场监管的公平透明和监管中性。进一步消除所有制、不同规模企业、不同类型企业之间的歧视，按照统一规则，实现市场监管的公平和一视同仁。全面推动市场监管由正面清单转向负面清单管理转变，进一步减少市场监管机构监管的自由裁量权，完善市场监管信息公开制度，不断拓展信息公开渠道，推动公开责任、公开内容、公开监督到位。适应电子商务、共享经济等新经济发展特点，加快推动监管理念、监管规则、监管方式和监管手段的调整和变革，实现监管行为与企业行为的同步、实时、对称。

加强监管能力建设。加快大数据等现代技术手段在监管中的应用，创新监管手段，提高监管效能。强化部门之间和地方政府之间的联合监管和互助执法，实施监管标准、监管政策的互认。不断提高与新技术、新业态、新模式发展趋势相适应、相匹配的监管能力，实施线上线下统一监管。推动跨地区、跨部门、跨层级信息数据开放共享，避免出现“多头管理”“重复监管”，更好防范和处置相关风险。建立政府、企业等各方信息融合共享机制。

在优化政府职能，提升监管效能的同时，充分发挥行业协会、社会媒体及消费者组织在市场治理中的功能，构建市场多元共治体系，增强市场治理的专业化、快速化和扁平化。

5.7 进一步完善法规体系，加快标准体系建设

加快完善现代市场体系的法律法规及标准体系建设，坚持依法行政、坚持政务公开、坚持勤政高效，在法律框架下加快推进决策公开、执行公开、管理公开、服务公开和结果公开。

转变立法观念，从机制上推进科学立法，提高立法质量。在立法观念上，从盲目被动立法转向科学主动立法，从注重惩罚、责任转向注重警示性、指导性，从注意法律的数量转向更加注重法律体系的结构、质量和平衡度。在立法程序上，加入立法责任和监管环节。引入立法适当性审查机制，审查所立法律是否与宪法、其他法律、执法主体的行政权力等存在冲突；进一步增强法律条款的完备性，减少司法解释的数量。加强对地方立法的监控，加强法律标准的统一性，特别是要避免地方性法规和部委规章等重复立法和立法冲突问题，在法律起草、征求意见和评估、审议等过程中，吸收相关领域的专家、学者、中介机构、律师等专业力量共同参与。

加快修订《反不正当竞争法》《反垄断法》《专利法》《广告法》《知识产权法》以及《商业秘密保护法》，将新形式的垄断、不当竞争、侵害知识产权等行为纳入法律监管的范畴。加快推动《中国人民银行法》《商业银行法》《证券法》《保险法》《信托法》《保险资金投资股权管理办法》等相关金融法律法规的制修订工作，尽快构建完备的金融法律制度规范体系、高效的金融法制实施体系、严密的金融法制监督体系。加快《期货法》《信用法》《个人信息保护法》的立法工作，促进相关市场的发展、市场机制的有效发挥和消费者合法权益

的保护。按照“立法先行、充分授权、分步推进”的原则，稳妥推进房地产税立法和实施。

以司法公正和司法为民的宗旨，真正使司法成为社会公平正义的最后防线，提高司法活动的公信力。依法规范政府行为，依法界定政府权力，全面推行政府权力清单制度。研究、探索建立跨区域、垂直性的司法体系。按照大区设立司法和仲裁机构，负责对地方保护问题的监督和处置，以及对跨地区贸易纠纷的行政仲裁等。将巡回法庭司法重点从知识产权扩大到市场竞争，负责对跨地区经济纠纷的裁决。

将基础性、通用性和安全性标准上升为国家标准，以技术法规形式颁布并强制实施；对于操作性、规程性和事实性标准，则以行业标准、群体标准形式进行推广和实施；除具有产地特色的农产品之外，不再设立地方标准。

执笔人：王　微　王　青　王立坤　王　念

专题报告一

我国市场体系建立与发展历程

在我国40年的改革进程中，作为社会主义市场经济体制的重要组成部分和有效运转基础，市场体系得以建立和发展，经历了从无到有、从小到大、从发育到成熟、从封闭到开放的一系列历史转变，推动了市场机制在商品和要素配置中从发挥补充作用、基础性作用到决定性作用的逐步升级。回顾40年来的改革和发展历程，我国市场体系的建立和发展，具有明显的阶段性、渐进性特征，大体可以划分为四个阶段。

1 启动改革与探索培育阶段（1978～1991年）

1978年12月，十一届三中全会明确提出“公有制基础上有计划的商品经济”的改革方向，要求“加强建立和培育社会主义市场体系”，明确了“国家调节市场，市场引导企业”的改革路径，并陆续推出了一系列改革措施。作为改革的重要内容，在计划分配体系之外，培育和探索建立市场体系率先起步，其主要改革措施如下。

1.1 培育生产经营主体，增加和丰富商品市场供给

以家庭联产承包责任制为主要内容的农村经济体制改革率先启动并迅速发展，赋予农民家庭自主市场经营权，极大地释放了农业生产活力，促进了主要农产品产量快速增长和城乡集贸市场得到较快恢复。随着逐步削减指令性生产计划，国家逐步放开对个人和集体的市场准入，大量城乡个体工商户和东部沿海地区乡镇企业迅速崛起，工业品产量大规模增加，为培育和建立市场流通体系提供了重要基础。

1.2 逐步放开计划分配管理体制，启动价格改革形成机制改革

国家逐步放开了对小商品价格、工业消费品价格的计划管理，采取“调放结合”的方式，对部分工业消费品先实行浮动价格，随后逐步放开，由市场调节形成价格。对钢铁、煤炭、粮食等重要生产资料和农产品，采取了逐步降低计划分配比例方式，并实行价格“双轨制”改革，即计划分配管理的产品实行政府定价，计划分配管理之外的产品允许以市场价格自行销售（见表1－1），形成了政府定价和政府指导价与市场调节价并存的格局。到1992年，价格改革取得明显成效，在社会消费品零售总额、农产品收购总额及生产资料销售总额中，政府定价比例分别从1978年的97.0%、92.2%和100%，大幅度减少到1992年的5.9%、12.5%和18.7%；1992年政府指导价比例分别为1.1%、5.7%和7.5%，市场调节价比例分别达到93.0%、81.8%和73.8%（见表1－2）。

1.3 打破计划分配模式，培育和建立市场流通体系

在逐步削减指令性生产和分配计划并逐步放开价格的同时，政府开始推动商品流通体制改革。一是打破计划分配体制下从中央到地方

表 1-1　20 世纪 80 年代重要原材料国家计划分配比重的变化情况　单位:%

	1979 年	1984 年	1988 年
钢材	77.0	66.0	46.0
木材	85.0	40.0	25.9
煤炭	58.9	50.0	43.5
水泥	35.7	25.0	13.6

资料来源：张军：《“双轨制”经济学：中国的经济改革（1978—1992）》，上海三联书店、上海人民出版社 1997 年版。

表 1-2　1978~1992 年三种定价形式比重变化　单位:%

类　别	价格形式	1978 年	1988 年	1992 年	1998 年	2000 年
社会消费品零售额	政府定价	97.0	47.0	5.9	4.1	3.2
	政府指导价	0.0	1.9	1.1	1.2	1.0
	市场调节价	3.0	34.0	93.0	94.7	95.8
农产品收购总额	政府定价	92.2	37.0	12.5	9.1	4.7
	政府指导价	2.2	23.0	5.7	7.1	2.8
	市场调节价	5.6	40.0	81.8	83.8	92.5
生产资料销售总额	政府定价	100	60.0	18.7	9.6	8.4
	政府指导价	0.0	0.0	7.5	4.4	4.2
	市场调节价	0.0	40.0	73.8	86.0	87.4

注：政府定价是由政府价格主管部门或者其他有关部门，按照定价权限和范围制定的价格；政府指导价是由政府价格主管部门或者其他有关部门，按照定价权限和范围规定基准价及其浮动幅度，指导经营者制定的价格；市场调节价是由市场竞争和供求关系形成的价格。

资料来源：根据国家发展改革委价格司测算资料整理。

的一、二、三级批发体制，给予国有流通企业销售自主权。二是培育和建立了一大批商品批发交易市场、集贸市场、生产资料贸易中心，为计划外生产的商品提供交易场所和销售渠道。三是推动国有流通企业改革。通过承包经营、股份制改造引入新的经营主体等方式，打破了国有流通企业的垄断，逐步形成了国有、集体及民营等多种经营主体竞争发展的市场格局。

1.4　要素市场开始发育，劳动力、产权、证券等市场起步探索

劳动力市场发育快速起步，政府逐步放开企业自主用工权力并允许农民进城务工经商，允许用工单位与劳动者协商确定劳动报酬，开设企业用工招聘市场、职业中介等方式，帮助农民及城市劳动者进行就业选择，推动了我国劳动力市场体系的发育和发展。探索建立产权、证券交易市场。在推进国有企业改革的过程中，为服务国有企业资产重组和股份制改造，开始探索培育产权和证券交易的市场机构。1986年5月，全国第一家产权交易市场在武汉成立；之后，昆明、深圳、北京、上海、南京等地产权交易机构陆续成立。1984年第一家股份制企业成立并公开发行股票，1990年上海证券交易所和深圳证券交易所成立，标志着我国证券市场开始起步和发展。

1.5　探索建立市场调控体系，抑制市场大幅波动

在打破计划分配和推动价格改革的过程中，商品市场出现了较大幅度的波动。特别是1988～1989年，价格上涨分别达到18.8%和18%。面对经济运行中出现的通货膨胀问题，1988年9月底，国家开始着手稳定市场，采取了稳定价格、控制货币发行和紧缩需求等一系列政策措施平息抢购风潮，价格快速上涨得到有效抑制。至1989年初，价格上涨幅度开始回落。

历史地看，这一时期我国经济仍然是计划体制主导，市场发育和建设存在着明显的局限性，市场体系与计划分配体系并行，价格的“双轨制”使商品流通秩序出现混乱，要素交易发生扭曲，对经济健康运行带来干扰，甚至产生了“权力寻租”和腐败行为，进一步加快市场化改革、加快建立市场体系的呼声和要求日益高涨和迫切。

2 加快改革和快速成长阶段（1992~2001年）

1992年初邓小平同志的南方谈话进一步推动了我国市场化的改革进程。其后，党的十四大和十四届三中全会提出了建立“社会主义市场经济体制”的改革目标，勾画了社会主义市场经济体制的基本框架，并首次提出“建立全国统一开放的市场体系”的重要改革任务，由此开启了我国全面推进市场体系建设的进程。

2.1 继续推进价格改革和商品流通体制改革

除少数重要生产资料和农产品外，国家基本取消了指令性分配计划和政府定价，商品和资源的配置和流通主要依靠市场，价格由市场决定的格局基本形成[①]。2000年，社会消费品零售额、农产品收购总额和生产资料销售总额中，市场决定价格的比重已经分别达到95.8%、92.5%和87.4%。

2.2 商品市场体系建设全面展开，市场规模迅速扩大

从1992年起，全国兴起了“下海”热、经商热，商品批发零售领域基本实现了对国内市场的全面开放。一方面，零售市场大量涌现出百货店、大型综合超市、专卖店、专营店等多种业态，连锁经营在全国迅速发展。另一方面，在生产资料和大宗商品领域形成了大量的批发贸易企业、专业批发市场，并建立了期货市场，商品批发市场体系逐步形成。2001年，全国亿元以上商品批发交易市场数量为3273

① 1997年《价格法》颁布实施后，以法律形式确立了由市场形成价格为主的价格形成机制。

个，成交额 17719.05 亿元，在农产品、工业消费品和生产资料的批发流通和市场价格形成中发挥着重要作用。此外，商品市场的统一性有较大进展，市场竞争秩序明显改善。

2.3　要素市场改革有序展开，市场体系建设加快推进

这一阶段，证券市场和产权市场快速发展，金融市场改革有序展开。随着国企改革的快速推进和民营企业的加快发展，产权市场和证券市场的发展空间得到进一步拓展。至 2000 年底，上海证券交易所、深圳证券交易所的上市企业达到 1088 家，总市值超过 2.6 万亿元，分别比 1991 年扩大了 100 倍和 200 倍，市场呈现迅猛发展格局。相比而言，产权市场在实现短期快速发展后出现停滞现象。1993 年底，全国已有产权交易机构 170 多家，但由于缺乏法律规范和有效监管，产权市场发展一度较为混乱，国家也为此采取了严厉的清理整顿措施，关停了部分产权市场。

以 1995 年《商业银行法》颁布实施确立了四大国有商业银行的法律地位，也为各类银行机构建立和准入、规范经营、有序竞争确立了规则，促进了银行信贷的市场化，也为银行间拆借市场、债券市场等金融市场的发展奠定了基础。

2.4　住房制度改革全面推开，房地产市场开始起步

1998 年我国城镇住房制度改革全面推开，停止福利分配住房，实行货币化分配，建立和完善以经济适用住房为主的多层次城镇住房供应体系，培育和规范住房交易市场①；2001 年，我国开始推进城镇国

① 参见 1998 年 7 月国务院出台的《国务院关于进一步深化城镇住房制度改革加快住房建设的通知》。

有土地制度的改革，明确提出大力推行土地使用权招标、拍卖，标志着经营性土地向市场化配置转变[①]。

2.5 加快完善宏观调控体系，促进市场稳定运行

1992 年十四大召开之后，全国掀起新一轮的改革和发展浪潮，基建投资规模显著扩大，价格水平快速上涨、各地出现了房地产热、开发区热、股票热等现象，经济过热问题凸显。1993 ~ 1995 年价格总水平分别上涨 14.7%、24.1% 以及 17.1%。为了治理经济过热并制止通货膨胀的进一步恶化，国家实行紧缩的财政政策和货币政策、稳妥推进物价改革、提高长期利率水平、加快金融改革等 16 项措施，扭转了经济运行中突出矛盾进一步恶化的趋势，使经济于 1996 年实现“软着陆”，通胀率也逐步回落至正常水平。

2.6 市场经济法律制度建设开始起步，推动市场体系规范发展

主体法律制度基本确立。国家先后颁布实施了《公司法》《合伙企业法》《个人独资企业法》等法律法规，实现了以所有制为导向向以组织和责任形式为导向的立法的转变，为建立现代企业制度、保障公司投资者和利益相关人的合法权益、促进国有企业改革奠定了法律基础。民商事立法加快，市场规则逐步完善。先后颁布实施了《合同法》《担保法》《保险法》《证券法》等重要立法，确立了合同自由原则，为规范商品和要素流转建立了基本规范。市场行为规范和监督管理不断加强，主要立法有《反不正当竞争法》《产品质量法》《消费者权益保护法》《食品卫生法》《广告法》《价格法》等，以法律手段维

---

① 参见 2001 年 5 月国务院下发的《关于加强国有土地资产管理的通知》。

护市场公平竞争和规范市场秩序。

至此，经过20多年的改革和发展，我国社会主义市场经济体制框架初步建立，包括商品市场和要素市场在内的市场体系基本形成，市场逐步成为商品流通的主导和要素配置的基础。但总体来看，这一时期我国市场体系的总体发展水平依然较低，商品和要素市场发展不尽协调，市场秩序较为混乱，进一步深化市场化改革的任务依然较为繁重。

3　开放促改革与加快创新阶段（2001～2012年）

进入21世纪之后，以2001年底我国加入世贸组织为标志，以现代信息技术加快应用为契机，我国市场经济发展进入以开放促改革、市场创新不断涌现的发展阶段，市场体系结构进一步丰富完善，要素市场发展快速推进，市场体系现代化、国际化和规范化加速，我国进入全球市场大国的行列。

3.1　商品市场逐步全面开放，要素市场转向有序开放

2001年底，我国加入世贸组织。在零售领域开放方面，承诺除化肥和汽车零售业之外，在5年之内取消全部投资准入限制，其他地域、控股等方面的限制也将在3年之内取消。至2004年底，零售行业基本实现了全面对外开放。2006年，商务部下放外商投资商业领域的部分审批权至省级商务主管部门；同年，国家6部委出台《关于外国投资者并购境内企业的规定》，进一步放宽并购门槛。行政审批权的下放和并购门槛的放宽为外资批发、零售业进入我国市场提供了更加便利的条件和法律法规依据。这一时期，我国流通领域的外商投资规模大

幅度增加、开店速度明显加快、并购活动更加频繁。

根据入世的相关承诺，我国政府开始有序推进要素市场对外开放。在保险市场方面，在1992年试点开放的基础上，我国进一步放宽外资准入及地域等方面的限制。仅2002年，就有6家外资保险公司获准进入我国市场，16家外资保险营业机构获准开业。此后，还有大量外资通过参股中资保险公司方式进入我国保险市场，保险市场开放程度大幅度提高。在资本市场实施了允许“合格的境外机构投资者”（QFII）进入我国证券市场、允许我国企业到国外上市等开放举措。在银行业开放方面，境内主要金融机构相继完成股份制改造并在境外挂牌上市，外资参股境内金融机构数量显著增加，持股比例上限不断提高；外资银行获准进入数量进一步增加，业务准入范围不断拓展，金融机构“走出去”与“引进来”步伐明显加快。

3.2 商品市场体系转型和创新步伐加快

在零售方面，这一时期超市、购物中心、折扣店、便利店、专业店、专卖店、无店铺销售等现代零售业态[①]相继进入我国消费品市场，并呈现蓬勃发展势头，带动了连锁经营、物流配送等现代流通组织方式和运营模式的快速发展，出现了国美、苏宁等一批大型零售企业，基本形成业态类别日益丰富及连锁化、规模化、现代化发展的态势。在批发领域，传统商品批发市场在保持市场数量、营业面积和成交额快速增长的同时，实现了提档升级、功能拓展和融入全球市场。如义乌小商品市场、绍兴轻纺城等逐步转型成为全球商品采购中心。

---

① 参见国标《零售业态分类（GB/T 18106—2004）》，中国标准化委员会。

在全球新一轮技术革命的推动下，现代信息技术和互联网逐步普及并广泛应用，有力地推动了各类市场主体管理手段、经营方式等方面的创新，以电子商务为代表的新型商业模式在我国批发、零售、国际贸易等领域取得了飞速发展。自2003年阿里巴巴集团成立淘宝网以来，大量互联网企业进军网上零售市场，推出了B2B、B2C、C2C等新型商业模式和支付宝等新的支付方式，创造了全新的互联网市场生态，推动我国网络零售市场、电子大宗商品市场进入高速发展时期。2008～2012年，我国网络零售市场年均增速超过50%，涌现出阿里巴巴、京东等一批世界领先的互联网企业。与此同时，批发、国际贸易等领域也运用互联网和电子商务积极探索新型交易方式，形成了电子大宗商品市场、互联网跨境电商平台等新的批发、贸易模式。

3.3　要素市场进入改革和发展快车道

土地出让制度改革和相关政策调整推动房地产市场进入高速发展阶段。2003年8月，国家出台《国务院关于促进房地产市场持续健康发展的通知》，进一步明确“要坚持住房市场化的基本方向，不断完善房地产市场体系，更大程度地发挥市场在资源配置中的基础性作用”；2004年8月31日起，按国务院相关部门要求，所有经营性土地一律都要公开竞价出让（业内称之为“831大限”）。这一系列政策措施开启了我国房地产市场的高速发展阶段。

要素价格形成机制改革启动。2007年1月，上海银行间同业拆放利率（Shibor）正式运行，成为我国利率定价机制市场化改革的重要标志，极大地推动了银行间拆借市场、票据市场、动产融资市场等多样化货币资金市场的快速发展；在2005年确立了以市场供求为基础、参考一篮子货币进行调节、有管理的浮动汇率制度的基础上，2010年进一步推进人民币汇率形成机制改革，通过不断扩大人民币汇率浮动区间、增强汇率双向浮动弹性，为跨境资本流动管理与金融市场进一步开放奠定良好的基础。

多层次资本市场得到加快发展。2001 年以后，证监会先后取消股票发行额度、发行指标等行政性限制，新股发行由审批制改为核准制，确立以强制性信息披露为核心的市场化约束机制和发行监管法规体系，不断提高发行审核工作的程序化、标准化和规范化程度。此后陆续启动上市公司债券发行试点、融资融券业务试点等相关改革。在市场建设方面，分别于 2004 年和 2009 年在深圳证券交易所推出中小企业板块和创业板；于 2006 年在北京中关村科技园开展利用“证券公司代办股份转让系统”进行股份报价转让的试点。

深入推进金融市场改革。2003 年成立中国银行业监督管理委员会，确立金融市场的监管体制。全面推进了商业银行股份制改革，通过稳步推进国家注资、剥离处置不良资产、设立股份公司、引进境内外战略投资者、在境内和香港上市等方式，不断完善商业银行的公司治理架构。

3.4 进一步完善市场调控体系，调控重点转向重要商品和要素市场

进入 21 世纪之后，我国商品市场供求结构逐步实现供求平衡和供过于求格局，商品市场运行日趋稳定，市场调控重点转向粮食、成品油、住房、股市等重要商品和要素市场领域。在重要商品方面，进一步加强国家粮食储备体系建设、设立成品油国储制度等。在金融方面，通过剥离监管职能，中国人民银行作为中央银行，进一步强化了制定和执行货币政策、维护金融稳定等职能，并开始构建宏观审慎政策框

架。在房地产方面，国家对房地产市场进行了多次宏观调控，采取了控制信贷、首付比例、增加土地供应等措施和限购、限贷等一些行政管控手段，缓解房价快速上涨；加大了保障性住房建设，比较好地缓解了低收入居民的住房困难问题。

3.5　市场体系的法律法规体系进一步健全

加快完善市场经济法律框架，2007 年颁布《反垄断法》并成立反垄断执法机构，为完善市场经济制度和促进市场体系发展提供了重要制度保障。进一步规范市场行为，针对市场体系建设中出现的新问题，陆续出台《直销管理条例》《禁止传销条例》《商业特许经营管理条例》《食品安全法》《药品管理法》等有关的法律、法规，推动我国在市场秩序的治理、重要商品的安全保障等方面取得明显成效。

更加重视产权保护，先后出台了《物权法》并修改完善了《商标法》《专利法》《著作权法》等相关法律，实施了《计算机软件保护条例》《信息网络传播权保护条例》《知识产权海关保护条例》等行政法规，极大地提高了包括知识产权在内的各类产权保护水平。

加强了网络与电子商务方面的立法，先后颁布实施了《关于维护互联网安全的决定》《电子签名法》《电信条例》《互联网信息服务管理办法》等法律、法规，为市场体系的创新发展保驾护航。

总体来看，这一阶段的开放和创新，不仅推动了改革的深入，还促进了我国市场体系的快速发展和日益完善。在融入全球市场并成为全球市场大国的同时，市场规则、运行机制、法律制度等方面也逐渐实现了与国际接轨，对全球市场发展的贡献日益扩大。

4 深化改革和开启高质量发展阶段（2013 年以来）

党的十八大召开以来，我国经济呈现出由高速增长转向高质量发展的新趋势，对进一步完善社会主义市场经济体制，加快建设统一开放、竞争有序的现代市场体系提出了更为迫切的要求。我国市场体系深化改革和现代化建设的序幕由此拉开。

4.1 明确现代市场体系建设的新目标

十八届三中全会明确提出“使市场在资源配置中起决定性作用和更好发挥政府作用”，要求“加快完善现代市场体系”。党的十九大后，习近平同志进一步提出“要建设统一开放、竞争有序的市场体系，实现市场准入畅通、市场开放有序、市场竞争充分、市场秩序规范，加快形成企业自主经营公平竞争、消费者自由选择自主消费、商品和要素自由流动平等交换的现代市场体系”①，为新时代我国加快现代市场体系建设明确了新的改革和发展目标。

4.2 加快建立公平、开放、透明的市场规则

在自贸区和部分地区试点探索的基础上，2017 年开始全面实施市场准入负面清单制度，放宽市场准入限制，特别是要素和服务领域的市场准入，深化以“放管服”为主要内容的商事制度改革，建设法治化营商环境，激发各类市场主体活力。

---

① 参见 2018 年 1 月 30 日中共中央政治局第三次集体学习会上习近平同志的讲话。

4.3　加快要素市场改革，完善主要由市场决定价格的机制

继续推进水、石油、天然气、电力、交通、电信等领域价格改革，放开竞争性环节价格。政府定价范围主要限定在重要公用事业、公益性服务、网络型自然垄断环节。加快推进要素市场化改革，建立城乡统一的建设用地市场，完善金融市场体系，深化科技体制改革，推进产权制度改革，注重发挥市场形成要素价格的作用。

4.4　改革市场监管体系，实行统一的市场监管

清理和废除妨碍全国统一市场和公平竞争的各种规定和做法，严禁和惩处各类违法实行优惠政策的行为，反对地方保护，反对垄断和不正当竞争。加大对知识产权和消费者权益的保护力度。建立健全社会征信体系。健全优胜劣汰市场化退出机制。

整体而言，经过 40 年的持续发展，我国市场体系已经建立，市场规模不断扩大，市场结构日趋完善，市场主体更加成熟，市场规则逐步健全，市场机制在商品和要素配置中的作用不断增强，为统一开放、竞争有序的现代市场体系建设奠定了坚实的基础。

执笔人：任兴洲　王　微

专题报告二

我国商品批发市场体系发展与改革

在我国改革开放40年波澜壮阔的进程中，商品批发交易市场的产生、发展和变革最具中国特色，成为社会主义市场经济体系的重要组成部分，发挥了独特的功能和作用。新时期随着国内外环境的变化和经济从高速增长阶段迈向高质量发展阶段，商品批发交易市场也面临转型升级、创新发展的迫切要求。认真回顾总结商品批发交易市场发展的历程和经验，厘清现存的矛盾和问题，前瞻未来发展趋势和前景，对于促进商品批发交易市场平稳健康发展，更有效地服务实体经济具有重要意义。

1　商品批发市场体系发展现状与面临的突出问题

1.1　发展现状和新特点

1.1.1　覆盖城乡的商品批发市场体系已经形成

经过40年的发育和发展，我国已经形成了包括农产品、日用工业品和生产资料在内的、覆盖城乡和东中西部、多种经济成分经营、多样化的商品批发市场体系（见图2－1）。

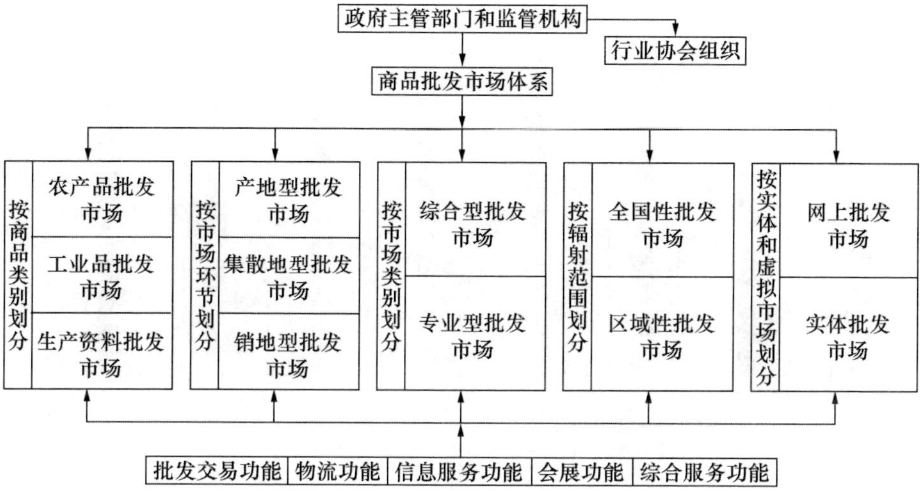

图2－1　我国商品批发市场体系结构图

1.1.2　市场数量有所减少，交易额增速相对平稳

“十二五”以来，全国亿元以上商品批发市场数量逐年减少，数量快速扩张的阶段已经过去，集约化、规模化发展的趋势更为明显。同时，亿元以上市场的成交总额在增加，由2010年的72703.5亿元，增加到2016年的102139.7亿元，但增速有所放缓（见表2－1，图2－2）。

表2－1　　2010～2016年全国亿元以上商品批发市场发展情况

年　份	市场数量（个）	总摊位数（个）	营业面积（万平方米）	成交总额（亿元）
2010	4940	3193365	24832.3	72703.5
2011	5075	3334787	26234.5	82017.3
2012	5194	3494122	27899.4	93023.8
2013	5089	3488170	28868.3	98365.1
2014	5023	3534757	29567.9	100309.9
2015	4952	3468638	30065.7	100133.8
2016	4861	3457899	30023.4	102139.7

资料来源：国家统计局。

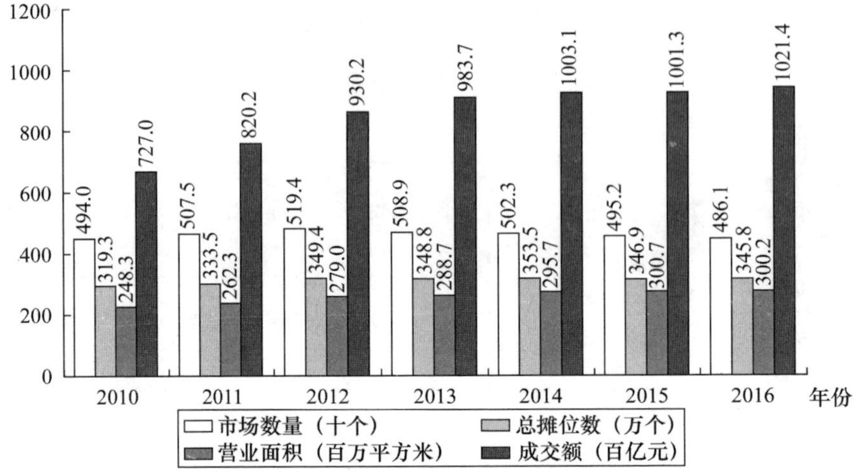

图 2－2　全国亿元以上商品交易市场发展情况（2010～2016 年）

资料来源：国家统计局。

1.1.3　东部市场占比高，中西部市场增速快

在地域分布上，我国多数商品批发市场分布在经济发展较快、产业基础较好和流通基础设施相对完善的东部地区。无论是市场数量还是交易总额，始终占有较高的比重；中部和西部地区商品批发市场发展速度较快；东北地区由于近些年来经济增速放缓，出现了批发市场数量和成交额同时下降的情况（见表 2－2、图 2－3、图 2－4）。

表 2－2　　2010～2016 年商品批发市场区域分布和发展　　单位：个，亿元

年份	东部地区		东北地区		中部地区		西部地区	
	市场数	成交额	市场数	成交额	市场数	成交额	市场数	成交额
2010	3011	51967.0	382	4852.8	892	8345.8	655	7538.0
2011	3072	57529.0	384	5376.6	937	9984.0	682	9127.7
2012	3125	65435.0	391	6113.1	961	11686.1	717	9789.5
2013	3037	68074.5	372	6209.1	939	12931.9	741	11149.6
2014	2986	69005.7	359	5759.7	906	13495.3	772	12049.3
2015	2909	68743.0	345	5494.2	901	13641.5	797	12255.1
2016	2843	69930.0	337	5378.1	886	14541.0	795	12290.6

资料来源：国家统计局。

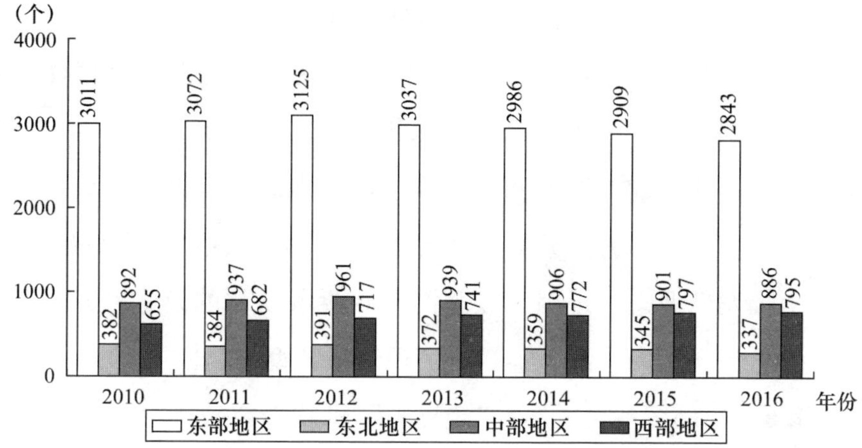

图2-3　全国亿元以上商品交易市场数量地区分布情况（2010～2016年）

资料来源：国家统计局。

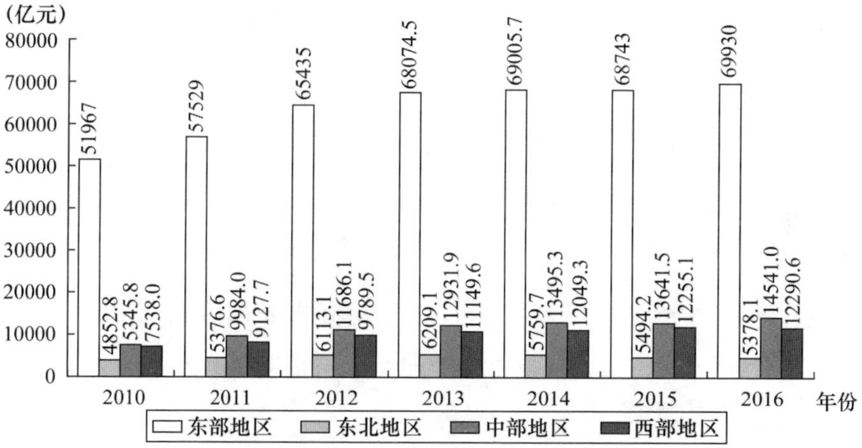

图2-4　全国亿元以上商品交易市场成交额地区分布情况（2010～2016年）

资料来源：国家统计局。

1.1.4　纷纷探索市场转型升级的新方式

主要是在市场软硬件设施改造更新中实现提档升级，在物流设施、监测检验、数据信息化等方面加大更新和建设力度，完善基础设施，优化市场环境和软件设施，力求全面改善商流物流系统，提升市场功能。同时，通过“商旅文创”相结合的方式促进市场转型发展。以打造批发旅游文化产业综合体为目标带动市场转型。

1.1.5 探索“互联网 +”，实现线上线下融合发展

一些批发市场积极探索“互联网 +”，其路径与方式呈多样化趋势。一种类型是批发市场自建电子商务平台，依托市场的经营户和商品资源，将实体商铺与线上网店有效连接，为商户提供线上展示、导流，开展网上交易。另一种类型是实体批发市场与大型电商平台合作，探索线上批发新业态。运用“互联网 + 专业市场”的模式，通过大数据优势促进市场和商家线上连接，实现市场转型。

1.1.6 内外贸融合发展，“走出去”取得新突破

一些商品批发市场开始向内外贸融合发展转型。一是以交易市场为主体，组织场内商户和企业与国外、境外专业市场和相关机构建立常态化交流机制。二是以市场为主体整合多种资源，积极参与“一带一路”建设，通过举办国际贸易洽谈会增加国际采购规模，为开拓国际贸易搭建平台。三是一批大型专业批发市场积极采用“市场采购贸易方式”扩大外贸出口。经国务院批准，商务部会同有关部门自 2013 年至 2018 年已先后分 3 批在浙江义乌小商品城、江苏海门叠石桥国际家纺城、浙江海宁皮革城等 8 家市场开展市场采购贸易方式试点，激发市场主体的活力，在外贸创新发展方面取得积极成效（见专栏 2.1）。

【专栏 2.1】　　创新“市场采购贸易方式”

“市场采购贸易方式”是指由符合条件的经营者在经国家商务主管等部门认定的市场集聚区内采购、单票报关单商品货值 15 万（含 15 万）美元以下并在采购地办理出口商品通关手续的贸易方式。这是为专业批发市场“多品种、多批次、小批量”的外贸特点量身定制的贸易方式，更好地满足中小微企业的出口需求，是一种创

新型国际贸易方式。

其主要的政策创新点：一是按照“特定区域、特定主体和特定通关地”明确了市场采购贸易方式实施要件。二是进一步简化了市场采购出口商品增值税征、退管理方式。三是进一步提高了市场采购出口商品通关便利。四是积极推进商品国际贸易汇兑制度创新。允许市场采购贸易采用人民币结算，对市场采购贸易外汇收支实施主体监管、总量核查和动态检测。市场贸易采购方式试点有利于探索形成新的管理模式，形成可复制、可推广的经验，进一步促进外贸创新发展。

1.1.7　市场在城市布局调整和功能疏解中实现转型升级

随着我国城市规模的不断扩大，以及全国中心城市和城市群的形成，空间规划调整和功能疏解使得一些城市批发市场外迁成为必然趋势。传统的批发市场已不适应城市空间布局的新要求；“大城市病”凸显，亟须功能优化调整、疏解城市非核心功能；城市化带动土地价值不断攀升，传统批发市场难以承受不断上升的租金压力。另外，城市节能环保要求不断提高，对批发市场物流运输及排放约束增强。区域经济一体化、城市群的协同发展，城市定位调整以及更大范围内配置资源的内在动力，都对传统批发市场的空间布局调整和向外迁移提出了客观要求（见专栏2.2）。

【专栏2.2】　北京市对商品批发市场进行有序疏解

北京市坚持把有序疏解非首都功能作为优化提升首都核心功能、解决北京“大城市病”的先导和突破口。其中，对占地面积大、人流大规模聚集，物流运输量和排放量不断增大的各类批发市场向中心城区之外和外省市区集中疏解和搬迁取得突破性进展。在2016年疏解117家各类商品批发市场的基础上，2017年上半年共完成疏解提升市场131个。动物园商圈内的批发市场已全面关停；大红门商圈内的市场除5家市场就地转型升级外其余全部完成关停、腾退和搬迁工作。2018年“天意”“万通”“官园市场”也已关停。相关物业已向科技和高端服务业转型。

为承接北京商品市场疏解和搬迁，一些环北京的城市，按照京津冀一体化协同发展战略规划，投资兴建了多家大型多功能现代化新型商品批发市场，力求实现转型升级。在硬件设施信息化建设、互联网应用和创新市场管理等方面下功夫，为承接北京非首都功能转移起到了实体支撑作用。

1.2 市场现存的突出问题和局限性

一是传统交易方式已不适应经济发展的客观要求。目前仍有相当一部分商品批发市场实行传统的现场、现金、现货等对手交易模式，导致流通成本较高，效率偏低。部分批发市场现代企业制度建设不足，仍未摆脱低水平、低档次经营管理的状况。面对电商的渗透和竞争，部分市场难以应对，交易量明显下降。

二是存在盲目发展问题，“有场无市”。近些年来，一些地方存在批发市场体量越建越大、经营面积越来越大、投资规模越来越大的现象，其结果，或者是“有场无市”，造成社会资源的浪费；或者是经营雷同，同质化严重，缺乏特色，难以承担批发市场的功能，影响了市场作用的发挥。

三是市场信息化建设明显不足。虽然一些批发市场铺设了宽带，安装了电脑，商品也上网陈列，但信息化、大数据、智慧化水平仍然较低，数字驱动力明显不足，甚至存在“有电脑缺商务”的现象，平台经济发展总体上滞后，互联网和电商带来的快捷、便利、高效、低成本等优势未能得到真正体现，难以适应市场需求和竞争格局变化的要求。

四是市场管理人才普遍缺乏。一些市场管理人员熟悉传统市场方式的运作，但对现代流通模式和现代企业管理方式了解较少。市场交易人员素质参差不齐，制约了市场的发展。

五是部分市场绿色、环保、可追溯体系尚不健全。有的农产品批发市场缺乏严格规范的商品检测流程；有的市场虽然设有快速检测装置，但因为市场不具备处罚权力，即使检测出不合格产品也无权处理和销毁。一些市场缺乏必要的商品可追溯体系。

六是打击假冒伪劣、保护知识产权缺乏有效机制。一些批发市场中仍存在假冒、仿冒商品等侵权行为。打假成本高，且缺乏有效的打假和保护知识产权的制度安排，信用体系建设明显滞后。

2　新时期商品批发市场转型创新发展的方向和趋势

2.1　经济社会发展对商品批发市场转型发展提出新要求

一是经济发展方式转变，实现高质量发展对商品批发市场转型发展提出新要求。党的十九大指出：“我国经济已由高速增长阶段转向高质量发展阶段，正处在转变发展方式、优化经济结构、转换增长动力的攻关期。”实现高质量发展，要求效率更高、供给更有效、结构更合理、更加绿色可持续的发展。要实现高质量发展，就要进行经济结构的深度调整，就要提高供给质量。其中包括提高商品流通和市场的供给质量，充分发挥市场在资源配置中的决定性作用。建立更加高效、畅通、商品和要素能自由流动的条件和环境。这对商品批发市场的转型发展提出新的要求。

二是供给侧结构性改革对商品批发市场转型发展提出新要求。随着市场供求格局的变化和经济结构的深度调整，我国供给侧结构性矛盾日益突出。中央提出“以供给侧结构性改革为主线，推动经济发展质量变革、效率变革和动力变革，提高全要素生产率”。未来优化供给结构，降成本、补短板将成为改革和发展的长期任务。这也对商品批发市场转型发展提出新要求。要求其在市场形态、商业模式和新型业态上进行探索和创新，显著改善供给状况，提高交易和流通的效率，实现供给优化发展。

三是消费结构变化升级和消费升级对商品批发市场提出新要求。随着经济发展和城乡居民收入水平不断提高，我国消费明显升级。城乡居民对高品质、绿色安全的商品消费较快增长，服务消费呈现快速增长态势。中等收入群体规模持续扩大，2018 年已达 4 亿人左右，消费能力明显提升。同时，新生代消费群体加快崛起，“银发消费”和“母婴消费”也成为推动消费扩张和升级的重要力量。但消费领域补短板任务也很艰巨。如市场形态更加多样化、电子商务与实体市场融合发展，以及市场消费环境秩序、消费者权益保护等方面存在问题。这就对商品批发市场转型升级提出新要求。

四是产业发展和产销衔接、供求平衡对商品批发市场转型发展提出新要求。现阶段乃至今后较长时间内，供求两端高度分散的市场格局仍将是批发市场存在的产业基础，品类齐全和小额快捷批发仍将是批发市场存在的主要依据。这样的基础和条件虽然由于互联网和电子商务发展带来较大的影响和冲击，但尚不能完全替代批发市场模式。

但随着发展环境和市场需求的变化，对我国商品批发市场提出了严峻挑战，将倒逼商品批发市场呈现转型升级和创新发展的新趋势。

五是形成对外开放新机制也对商品批发市场发展提出新要求。党的十九大以后，推动形成全面开放新格局，以“一带一路”建设为重点，坚持“引进来”和“走出去”并重，形成陆海内外联动、东西双向互济的开放格局的步伐明显加快。加快推进海南等自贸试验区对外开放步伐，大幅降低部分商品进口关税，促进跨境电商发展，鼓励和促进进口等政策措施陆续推出。对外开放的扩大对商品批发市场转型发展提出新要求。要求批发市场作为扩大开放的重要抓手，更好地发挥其建市场、搭平台，织网络、连产需的独特作用。

2.2　商品批发市场转型升级和创新发展的趋势展望

2.2.1　市场形态呈多样化转型趋势

一是城市市场向商业综合体转型的趋势。即将商业、办公、居住、酒店、展览、餐饮、会议、娱乐等城市生活空间中部分功能进行组合，并在各部分之间建立相互依存、互动共济的能动关系，进而形成多功能、高效率的综合体。目前一些城市新建的批发市场已出现这种趋势；规模较大的传统批发市场也力求通过升级改造和软硬件设施提升，向商业综合体方向转型。但这种转型需要具备一定的条件，即市场应建在城市交通便利、人流相对聚集、商业氛围比较浓郁的城市地带，应避免不顾客观条件的盲目转型。

二是向商业主题购物中心转型的趋势。红星美凯龙和居然之家等模式是典型代表。其商业实体形态与传统批发市场已有较大差别，不仅表现在硬件设施上，还体现在整体购物环境、商品全方位展示、体验式氛围、综合服务功能和统一活动组织实施等方面。在这类市场内，批发交易占比明显下降，零售占比上升。市场的盈利模式虽然仍以租金收益为主，但已实现市场统一收银、先行赔付、统一服务标准、统一诚信体系和注重客户大数据管理等。这类市场多以家具、家居、精细型建材、家电类商品等对展示、体验和消费场景要求较高的商品经营为主。目前向这类市场转型的数量在不断增加。

三是向综合商场型市场转型的趋势。北京百荣世贸商城等具有这类形态特征。一些城市发展对规模大、占地广、仓储物流功能强的批发市场外迁和大规模疏解，倒逼一些传统批发市场就地转型升级。转型后的市场形态虽然仍是综合性的，但已转向以城市居民的零售消费为主，并且更多向展示、体验和新产品发布、产品设计等产业链综合经营服务方向发展，其管理模式、服务方式也发生相应变化。这种市场形态适用于一些大中城市的百货服装类专业市场转型。但在电商的竞争之下，这类市场类型对经营特色要求较高，需努力寻求与电商和一般型百货商场、购物中心的差异性，更加注重消费者的体验性，努力提升客户价值。

2.2.2 市场类型进一步分化的趋势

随着市场环境和竞争格局的变化，一些商品批发市场类型会出现分化的趋势。

一是农产品批发市场将出现资源整合和数字化驱动的趋势。未来解决我国农产品小规模生产组织与大市场的对接问题，批发市场仍将是主流市场形态，有较大的发展空间。但在信息技术、大数据管理和物流技术不断提升的条件下，更有效地解决南北方农产品长距离、宽半径、广集散以及分拨和组合的客观需求，批发市场形式和经营内容必将发生明显改变。一方面是加大市场信息系统和大数据建设，使农产品供求信息更加对称，指导生产和流通；另一方面是提升市场的集聚效应，增强供需匹配度和产需精准对接能力；再一方面是建立有效的可追溯体系，提高进场商品的快速检验检测能力，建立必要的惩处机制。同时，还应实现规模化的农产品种植养殖基地与大型批发市场的直接对接，减少中间环节，降低流通成本。加大农产品线上线下融合交易的程度，形成新的批发交易方式（如大宗农产品网上交易和特色农产品电商化发展）。

二是工业消费品市场向多种形态分化的趋势。在供求两端主体都高度分散的情况下，我国工业消费品批发市场的优势在于供需主体聚集度高、品类品种齐全、商品丰富、“一站式”购齐、客户选货组货的选择空间大且效率高。未来这类“产地型”市场的转型趋势是：一类市场是向专业工厂店聚集的商品展贸综合服务中心转型。例如，广东古镇的灯饰市场、浙江绍兴轻纺城、常熟的服装城、广东佛山的建筑陶瓷市场等都具有这类特点。市场与制造业紧密结合，其商品展示、洽谈、贸易和综合服务功能进一步凸显。市场功能也将不断演化和升级，实体市场与网上市场互动发展。另一类市场是成为聚集全国甚至世界商品资源，面向全球的展示、采购和贸易中心。义乌小商品市场是典型模式。其特点是辐射范围更广，经营种类不断增加，服务配套能力和外向度进一步增强。还有一类是线上线下结合的市场，实体市场更注重线下体验和物流功能，线上集中导流和交易功能增加。如杭州四季青服装市场与大型电商结合，实现线上线下交易。市场以女装为主，多达上万个款式，产品齐全、具有更强的线下体验性。

三是大宗商品、生产资料市场将呈现平台化发展趋势。随着经济的发展、科技手段的进步、市场形态的进化，商品市场将不再局限于传统概念上的场地型交易市场，而是向线上线下融合发展、功能不断提升、服务更加多元的平台经济转型发展。平台经济是指利用互联网、物联网、大数据等现代信息技术，围绕集聚资源、便利交易、提升效率，构建平台产业生态，由流通环节切入，构建互联网交易场景，对各环节进行数字化重构，推动商品生产、流通及配套服务高效融合、上下游协同、创新发展的新型经济形态。发展平台经济是我国商品批发市场转型升级的重要方向，是流通领域深化供给侧结构性改革、推动经济高质量发展的一项重要举措。大宗商品和生产资料交易具有价值量大、标准化程度要求高和交易对象相对集中、产（经）销关系相对稳定等特点。这类商品通过互联网和电子商务支撑的平台经济模式，将更加便捷、高效，优化资源配置，提高全要素生产率，能够更好地服务实体经济，增强市场服务功能，推动创新融合，提升流通创新能力，以流通创新带动产业升级，为经济发展提供新动能（见专栏 2.3）。

【专栏 2.3】　《关于推进商品交易市场发展平台经济的指导意见》

2019 年 2 月，商务部等 12 部委出台了《关于推进商品交易市场发展平台经济的指导意见》。提出围绕现代化经济体系建设要求，坚持深化市场化改革、扩大高水平开放，加快推进商品市场发展平台经济，进一步优化营商环境，以流通创新促进商产融合和消费升级，带动全产业链升级和效率提升，实现大中小企业协同发展，构建多层级现代市场体系，推动经济高质量发展。还提出平台经济发展的总体目标：按照国家战略布局要求，结合区位优势、资源禀赋和产业特色，力争到 2020 年，培育一批发展平台经济成效较好的千亿级商品市场，推动上下游产业和内外贸融合，形成适应现代化经济体系要求的商品流通体系，更好服务供给侧结构性改革。

四是文化艺术类商品市场向管理和经营全面提升转型。如珠宝首饰、文化产品和工艺品等需要现场看货、选货、组货，需检测真伪、选择款式、查看品质和工艺质量，等等。因此，这类非标化商品网上展示和对实体市场的体验消费依赖度较高。重点是要对这类市场加强规范和管理，提升综合服务能力。

五是批发市场内部功能呈现分化的趋势。传统的批发市场具备商流、物流、信息流集中的特点，并且由于聚集了大量的买者和卖者，也是价格发现和信息聚集中心。然而，随着互联网的强劲渗透，实体批发市场中的商品纷纷"上网"，原有的市场功能出现分离。商品展示、价格发现和比价功能在网上实现，特别是一些 B2B 的批发业务和大宗商品的交易适宜在网上交易，形成公开透明的价格。同时，商流与物流将出现分离。商流可以在网上或者在实体市场的店铺看样订货来实现，但物流则可直接从生产地发出，使流程更加合理、高效、节约成本。

2.2.3　各类市场融合与创新发展趋势

一是线上线下融合发展趋势。未来这种融合将更加广泛，更具实质性内容。互联网与实体批发市场的结合，使得基于网上的批发平台可以突破线下门店的物理空间和交易时间的限制，实现海量商品在线交易，还可通过搜索、分类索引，让寻货、组货更加快捷，提高效率。同时，通过交易在线化，建立评价和信用体系，倒逼商户改善品质、加快交货期。未来在咨询、交易、结算、以数据驱动为特征的线上定制和线下的实体体验、展示和交流，线上线下融合将进一步加深。

二是不同业态和服务方式的融合，即交叉跨界发展趋势。例如，一些家居市场中引入咖啡、书法文化等经营内容。陶瓷市场中引入 DIY 的陶瓷制作和体验馆等。

三是“商旅文创”市场之间的融合发展趋势。一些专业市场在商品交易的同时，着力促进商业与旅游和文化创意产业结合。有的市场向特色小镇方向发展。例如，浙江桐乡羊毛衫专业市场利用已形成的知名度和吸引力，着力打造“购物 + 休闲 + 旅游目的地”的经营模式，以羊毛衫加工批发为特点，并开发利用自身的水乡资源建设宜居小镇，吸引江浙沪等地的客户群体来此购物、休闲和旅游，促进了专业市场的发展和特色小镇的繁荣。

四是上下游产业链的融合和延伸发展趋势。促进生产资料市场向上下游延伸。推动生产资料市场与企业开展供需对接，优化采购、生产、销售、物流等资源配置，培育形成一批开放、高效、绿色的供应链体系。加快技术应用和管理创新，发展“市场 + 平台 + 服务”模式，增强定制化生产、一体化服务功能，构建线上线下融合、上下游协作的生产资料流通体系，促进生产资料更好地服务产业发展。一些商品批发市场通过供应链有效连接生产和流通各环节，并通过供应链金融增加市场服务功能，为中小微企业服务。部分建材家居市场谋求产业链的整合和延伸，将商品销售与家庭装饰装修有机结合，提供全链条的服务和家装整体解决方案。汽车市场向购车一条龙综合服务延伸，将购车、保险、上牌、保养等综合服务打包提供。

2.2.4 通过批发市场功能疏解促进城市布局优化的趋势

随着未来城市化的推进和城市功能及规划布局的调整，一些城市加快商品批发市场的空间调整是大趋势。一种趋势是向本城市的郊区和城乡接合部迁移，解决城市核心区“腾笼换鸟”问题，也能解决城市交通紧张、仓储物流设施不足等问题；另一种趋势是向城市外迁移，如北京、上海等特大城市，将批发市场迁移至周边地区。未来市场的变化不是简单的地理空间的挪移，还会伴随迁移出现转型升级和形态创新。一些市场整体迁移，也有一些市场商户融入其他市场，还有一些市场在空间迁移中完成转型和升级。不仅是硬件设施的更新，还包括市场整体功能的提升，市场业态的改变及与其他业态方式实现融合。

3　促进商品批发市场转型创新发展的政策建议

一是进一步深化改革，切实转变政府职能，完善“放管服”的制度安排。建立公平竞争的保障机制，打破地域的市场分割和封锁。有效发挥市场机制作用，创造市场资源自由流动的机制。在批发市场转型发展中，让市场在配置商品资源中发挥决定性作用。更好激发市场微观主体的活力。

二是加强地方政府对商品批发市场的规划引导，防止市场盲目发展和供给过剩。促进市场公平竞争，对现有实体型市场进行整合，鼓励规模大、辐射面广、实力雄厚的大型批发市场以控股、参股或建分市场的形式，跨地区兼并市场，或以联合体的方式增强市场协同发展，提升辐射功能。政府主管部门应做好统筹衔接，不断完善各项促进政策。鼓励有条件的地方建立商品市场优化升级发展基金，根据不同类别商品市场的特点，制定具体实施方案，对重点实体批发市场强化用地保障；对平台经济的发展分类指导、精准施策，并提供金融支持。鼓励结算规模大、频次高的平台型商品市场，通过兼并重组等方式获得第三方支付牌照，提升市场支付结算现代化水平。

三是促进批发市场组织形式的创新和规范。引导市场开办主体建立现代企业制度，规范内部治理结构，提高企业经营管理能力。促使场内经销主体向股份制、有限责任公司等经营机构转化，培育适应现代市场流通方式的经营主体。

四是完善平台经济生态，激发市场活力。鼓励商品市场平台建立新型组织方式和体系架构，发挥平台企业“以大带小”作用，促进上下游企业协同发展。夯实平台支撑体系，鼓励商品批发市场立足平台经济发展，依法合规创新大数据、云计算、物联网、区块链等信息技术应用，强化平台数据整合和资源配置能力；创新发展模式。鼓励商品市场转变传统经营模式，在依法合规的前提下探索平台交易模式和规则创新；不断强化市场交易、仓储物流、加工配送等配套功能，优化数据共享、分析、引流等信息服务，建立重要商品价格指数，完善市场价格发现功能。以平台经济推动商品生产、流通及配套服务高效融合、创新发展，带动产业升级和效率提升。

五是完善政府监管职能，提高综合监管水平。适应线上线下交易、平台型市场交易和服务创新的变化，改善市场管理方式，加强市场诚信体系建设，形成诚信企业畅通无阻，失信企业处处受限的氛围，依法保护各方主体的合法权益。完善商品批发市场法律法规，强化标准体系建设。发挥各类行业协会对市场发展的促进和自律作用。加强对市场秩序的治理和知识产权的保护，严厉打击侵权行为。畅通消费者维权渠道，建立和完善消费纠纷调解处理机制，切实保护消费者的合法权益。

六是完善商品批发市场转型升级绩效评价体系。适时推出一批转型升级示范市场，加强经验总结和示范引导。完善市场的重点联系制度和相关工作机制，促进批发市场规范发展。充分发挥政府部门、行业组织和社会监督的作用。推动行业自律、标准制定、促进各类市场主体健康发展。

执笔人：任兴洲

专题报告三

我国消费品市场发展与改革

改革开放40年来，消费品流通领域成为我国市场化程度最高、就业吸纳能力最强的市场领域。进入新时代，全面深化消费品市场改革对我国进一步释放市场活力、加快建设现代化经济体系具有重要推动作用。本文围绕我国消费品市场建设与发展的经验、问题和趋势进行分析，最后提出若干政策建议。

1　我国消费品市场发展现状与主要特征

总体上，我国消费品市场改革开放的历史进程可以分为四个阶段：市场发育与起步发展阶段（1979～1991年）、体制改革与市场快速发展阶段（1992～2000年）、市场开放与转型创新阶段（2001～2012年）、全面创新与高质量发展阶段（2013年至今）。改革以增强市场活力为主线持续向纵深推进，围绕着现代化商品市场流通体系的建立、市场的开放、市场主体的激活、体制机制改革等关键环节展开。

历经40年的改革与发展，我国消费品市场在规模化、市场化、国际化、现代化、创新化、组织化等方面取得了巨大的成效，实现了向全球消费品市场大国的跃升。

消费品市场规模持续扩大。40 年来，我国社会消费品零售总额总体规模持续上升（见图 3－1），由 1978 年的 1558. 6 亿元上升至 2017 年的 366261. 6 亿元，增长约 234 倍。至 2018 年，我国社会消费品零售总额达 380987 亿元。

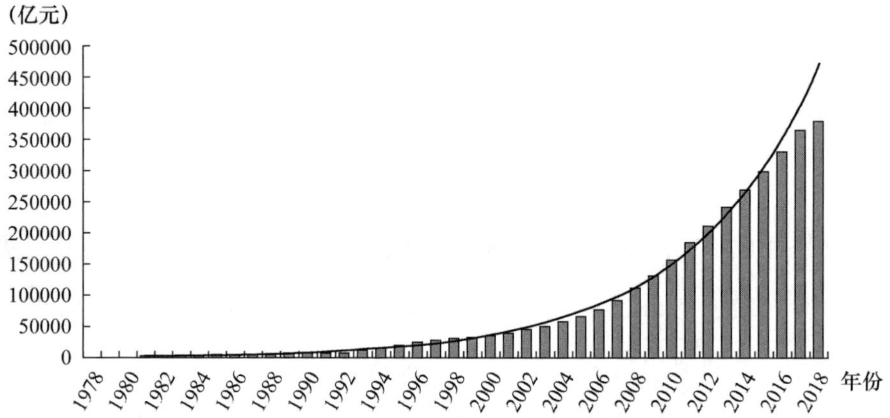

图 3－1　1978～2018 年我国社会消费品零售总额

资料来源：根据统计数据计算。

市场竞争主体日益多元。以零售行业为例，至 2016 年，零售业私人企业法人数占内资法人数比重达 57. 86%，有限责任公司占比为 34. 74%；国有企业和集体企业占比均不足 2%，基本实现了私营企业为主，国有、集体、股份制等多种所有制企业百花齐放、充满活力的市场竞争格局。

市场由封闭走向高度开放。外资零售规模持续扩大，自 2004 年零售业全行业开放后，外商独资零售企业迎来快速发展，至 2016 年，外商独资企业数占外资企业比重达 61. 4%，较 1999 年提升了 54 个百分点；内资零售企业“走出去”步伐加快，2004～2016 年，限额以上零售企业出口商品销售额呈现出波动式上升的特点，出口商品销售额在 2014 年出现跳跃式上升，销售额超过 100 亿元。

现代化水平大幅提升。信息化水平显著提高，2016 年，流通业企业计算机使用数量达 527.4 万台，有电子商务交易活动的企业数达 20740 个，电子商务采购额为 2.23 万亿元，仅次于制造业。市场现代化基础设施建设不断加快，至 2015 年，全国物流园区为 1210 个，较 2006 年增长了 4.85 倍；2016 年，快递物流业务量达 312.8 亿件，同比增长 51.4%。网络零售创新成为引领市场现代化的生力军，2017 年网络零售总额高达 71751 亿元。

创新驱动发展格局加快形成。技术进步成为推动市场变革发展的原动力，IT 技术在零售行业的广泛运用直接推动连锁经营、统一配送和电子商务的发展，使其成为主要流通方式。经营效率持续改善，限额以上零售业的劳动生产率和营业效率呈现增长态势（见图 3－2、图 3－3）。

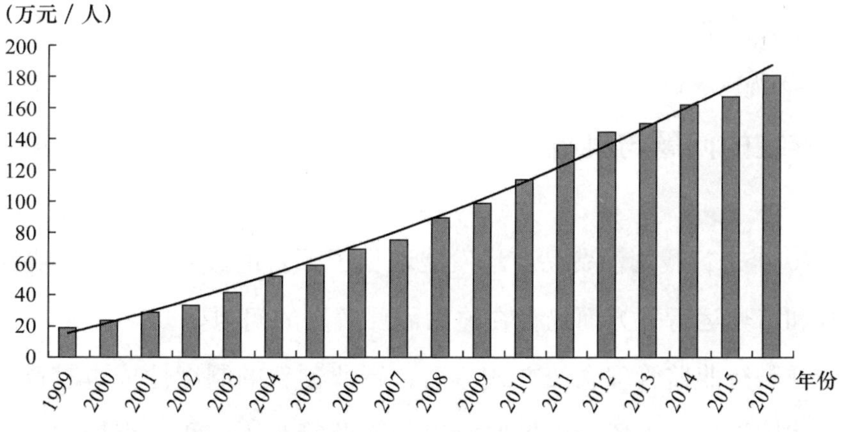

图 3－2　1999～2016 年限额以上零售企业劳效

资料来源：根据统计数据计算。

市场主体组织化程度加快提升。市场集中度不断提高，至 2017 年，零售百强企业销售总额为 6.08 万亿元，占社会消费品零售总额的比重近 16.6%，较 2016 年提升 2.1 个百分点；排名前四的企业销售规模总额占社会消费品零售总额比重为 10.72%。大型企业组织成为消

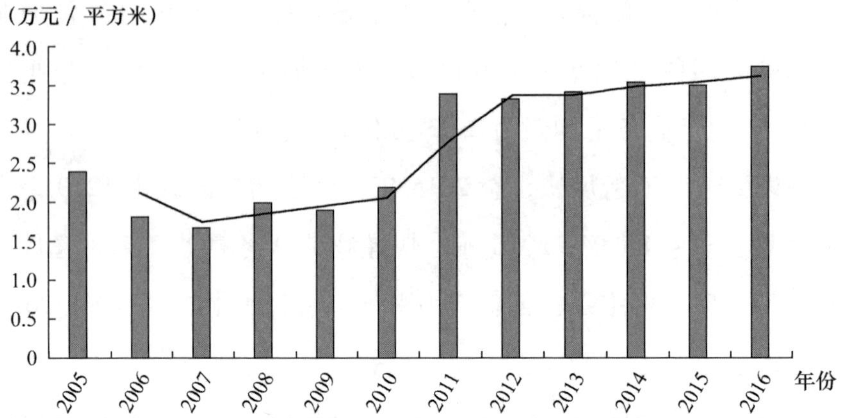

图 3-3 2005~2016 年限额以上零售企业坪效

资料来源：根据统计数据计算。

费品市场发展龙头，在我国零售百强企业中，有 50% 以上为连锁企业，大型连锁企业始终在零售百强企业排名中占据领先地位。新型市场组织和商业模式不断涌现，最为典型的是电子商务平台型的市场组织，如天猫平台。

2 存在的问题与挑战

40 年来，我国消费品市场发展取得了瞩目的成就。同时，在市场监管和市场运行等方面仍存在迫切需要解决的问题。

一是行业监管理念及方式滞后，行业创新的制度性成本较高。当前，我国消费品市场的市场监管以线下监管为主，线上市场主体的行为尚未得以有效的监督管理，制约了公平竞争和消费者合法维权。消费品市场仍然存在行政审批流程较为复杂、行业监管归属不明晰、监管部门职能交叉且协调不足、连锁企业不能合并纳税等问题。在当前零售行业发展跨界融合、无界经营日趋明显的背景下，现有监管方式不利于新业态和新型商业模式的发展，给消费品市场供给侧结构性改革和创新带来了较高的制度性成本压力。

二是相关法律法规还不完善。部分法律法规不适应快速发展的消费品市场新业态、新模式的需要，在执行过程中存在关键领域和重点环节法律缺失、配套法规不完善、相关法律缺乏协调性等问题。比较突出的是线上线下企业公平竞争、互联网企业垄断及经营者集中、知识产权保护、消费者权益保护等问题，亟须在公平竞争、反垄断以及诚信经营等领域加强立法。

三是现代化商业基础设施建设有待进一步加强。当前，对商贸流通业信息技术应用与创新的相关支持和鼓励政策仍有不足，智慧供应链、智能物流尚未有效发展；传统农贸市场、批发市场的现代化转型升级进程尚需加快，城市大型商圈、步行街、商业街的合理规划和现代化升级亟待进一步推进；农村地区的信息硬件基础设施、冷链、智慧物流等现代化商业基础设施建设仍然比较滞后。

四是同质化竞争问题仍然突出，市场供给结构仍需进一步优化和调整。当前我国消费品市场的供给内容和供给质量日渐改善，但对消费品市场的市场细分仍然不够深入，同质化商业模式、业态模式竞争问题比较突出。面向金字塔底层市场[①]的供给创新有所欠缺，一、二线城市的市场供给创新更加活跃、供给质量提高明显；三、四线城市及农村地区的市场有效供给仍然不足，农村地区、低收入群体等金字塔底层消费市场的活力尚未被有效激发，市场供给内容和供给质量有待进一步提升。

① 金字塔底层市场是指位于社会经济金字塔中的低收入群体。

3 消费品市场体系发展展望

一是人口结构的变化将进一步推动市场创新发展。目前，我国正处在人口结构变化的转型期，其中中等收入群体扩大、新世代消费者群体的壮大[①]、“全面开放二孩政策”带来新人口增长将成为促进消费品市场发展的主要力量。人口结构的变化使社会需求的结构更加多元、内容更加丰富、层次差异更为显著。消费升级步伐加快、消费异质性和个性化突出的宏观背景将带来消费品市场内部的结构调整升级和更大范围创新的加快，更好促进消费品市场发展空间扩张和发展活力提升。

二是全球新一轮技术革命为消费品市场的智慧转型和效率提升持续赋能。全球新技术革命方兴未艾，大数据、云计算、物联网、移动终端、人工智能等新技术共同构成数字经济时代的新型社会基础设施，成为未来消费品市场发展的关键。从消费端来说，新技术的应用使企业与用户产生更多链接，企业能够获得海量用户数据从而实现对用户行为的精准判断和预测。从市场主体的运营来看，构成消费活动的全部要素在新技术的运用下实现数字化转换；数字化的零售要素打通了企业内部流程，各环节可以通过算法的优化实现更加高效的运行；商流、物流、资金流和信息流在算法的驱动下不断优化和调整，市场效率和用户体验将大幅提升。

三是“一带一路”建设为我国消费品市场在更高水平上实现对外

① 波士顿咨询公司（BCG）和阿里研究院日前发布的《我国消费趋势报告——三大新兴力量影响消费新经济》指出，上层中产及富裕阶层消费、新世代消费者以及网络购物将成为拉动需求增长的“三驾马车”。

开放提供了新的契机。随着“一带一路”建设进程的加快，我国企业在沿线国家和地区的投资不断扩大，其中跨境电商成为“一带一路”建设的发展亮点和龙头[①]。同时，“一带一路”沿线地区广阔的消费市场也为我国企业走出国门、打开国际消费品市场提供了巨大机会[②]。此外，依托“一带一路”建设，国内沿线节点城市，特别是中西部地区的大型节点城市，可以依托地理区位、产业优势，加快建设和发展国际化的消费品市场，提升参与全球市场的竞争力，推动我国消费品市场在更高水平上对外开放。

四是新型城镇化建设为消费品市场发展开拓更大空间。当前我国城镇化仍在不断深化，正处在大型城市群加快发展的新阶段。城镇化的持续推进，将进一步推动消费品市场向城市特别是城市群市场加快集中积聚，形成一批区域性、全国性乃至国际化的消费中心城市，成为引领和创新消费、带动中小城市市场的龙头，成为不同城市群市场之间、区域市场之间、国内和国际市场之间一体化发展的连接枢纽。

4　未来改革的思路和政策建议

第一，进一步发挥市场在资源配置中的决定性作用，推动消费品市场供给结构的优化和供给质量的提升。市场是促进供需对接的基本机制，是引导资源配置的重要机制，是实现高质量发展的有效机制。

---

① 据统计，泰国、新加坡、马来西亚、以色列和捷克是我国跨境电商零售进口排名前5位的“一带一路”沿线国家，资料来源：http：//www. ec. com. cn/article/dsyj/yjsd/201705/17270_1. html。

② 调研分析显示，“一带一路”沿线65个国家全部人口中，15～45岁的人口占比超过45%，这意味着这些市场具有极大的电子商务发展潜力，资料来源：http：//field. 10jqka. com. cn/20180319/c603478737. shtml。

要通过多种政策支持和政策创新进一步鼓励面向需求的消费品市场供给创新、鼓励要素的自由流动和充分的市场竞争，引导市场创新朝着体验升级和质量提升的方向发展；鼓励消费品市场针对不同细分市场需求进行的商业模式创新和组织经营模式创新，在消费分级和消费升级的大背景下进一步激发消费品市场的创新发展活力，优化市场供给结构。

第二，深入推进“放管服”改革，以营商环境建设为重点持续转变和优化政府职能。进一步减少行政审批流程，优化消费品市场的创业创新环境；市场监管的重点由线下转变成线上、线下一体化，探索依托大数据对市场行为进行监管的现代化监管理念和监管方式；完善相关法律法规的制定，加快落实《电子商务法》，促进线上、线下规则统一和公平竞争；推动流通领域政府公共服务支撑能力创新，在商务公共服务云平台建设、劳动技能培训、现代化商业基础设施的完善等方面加大投入，为消费品市场的创新发展提供更加有力的支持。

第三，深入推进内外贸联动发展，推动消费品市场在更高水平上的对外开放。一方面，以自贸区、京津冀、粤港澳等重点地区建设为契机打造特色化的区域商品和服务集聚中心，培育一批高水平的国际消费中心城市；另一方面，依托“一带一路”建设，以跨境电商为平台推进国内流通企业“走出去”的步伐，打造一批具有国际竞争力的流通企业和流通品牌，实现消费品市场在高水平上双边开放的格局。

第四，推动部门之间的联动改革，加强跨部门协作和统筹协调，不断激发和释放消费品市场的消费潜力。以打造新消费热点、释放消费潜力为重心，以新一轮政府机构改革为契机，积极推动消费品市场相关部门的联动改革，强化部门之间的横向协作和纵向联动，进一步提升政府部门工作的效益和效果。例如，通过打造高品质步行街、建设国际消费中心城市、开展供应链创新试点、发展农村电商等工作优化消费品市场的供给内容，通过增内容、提品质、创品牌、扩渠道等方式进一步释放城乡潜在消费能力，不断打造消费品市场的新热点。

执笔人：王　微　黄雨婷

专题报告四

我国期货市场的发展与改革

期货市场是在我国经济体制改革进程中适应社会主义市场经济体制的建立和经济发展的需要而诞生，是在理论研究和借鉴国际经验的基础上试点起步。在改革开放的大潮中，我国期货市场从无到有、从小到大，历经风雨，逐步规范，伴随着经济体制改革的深化而发展，为促进我国经济的快速发展和社会主义市场经济体制的完善发挥了重要作用。

1　我国期货市场发展特征及其作用

1.1　发展特征

改革开放40年来，我国期货市场砥砺前行，在为实体经济服务的过程中，自身也实现了跨越式发展。

1.1.1　市场规模不断扩大，位居世界前列

多年来，我国期货市场保持快速增长势头，市场规模不断扩大，成交量和成交额持续增长。2017年，我国商品期货市场成交量达到30.52亿手，成交额73.31万亿元（单边）。据美国期货业协会（FIA）

统计，我国商品期货市场成交量已连续9年位居世界第一，在全球商品期货市场中占比达55%。2001~2017年，我国商品期货市场成交量增长25倍，年均复合增长率为120.9%，成交额增长近64倍，年均复合增长率为127.7%（见图4-1）。

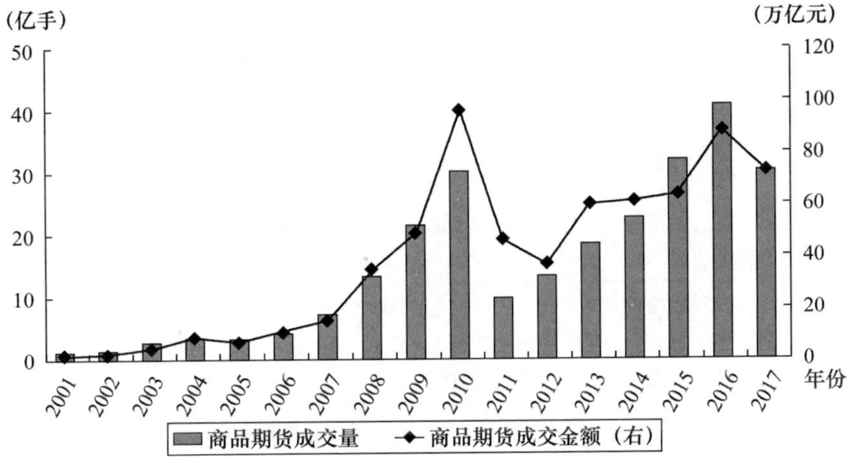

图4-1　我国商品期货成交情况（2001~2017年）

资料来源：中国期货业协会和Wind资讯。

1.1.2　期货品种日益丰富，品种体系逐步形成

随着新品种的不断推出，我国期货市场品种日益丰富。截至2018年底，我国共上市商品期货合约51个、期权合约3个，基本涵盖了农产品、基本金属、能源化工等国际市场主要的商品期货种类，形成了相对完整的品种体系。尤其是形成了如大豆、大豆油、豆粕等上下游相关联的产业链品种体系，对促进相关产业发展起到了积极作用；同时，上市金融期货合约6个，金融期权合约1个（见表4-1），扩大了期货市场的服务范围。

2017年，我国共有6个品种进入全球商品期货品种交易量前10名（见表4-2）。从商品类别看，2017年豆粕、玉米在农产品类别中排名第一、第二位；螺纹钢、铁矿石、热轧卷板等在金属类中分列前

三位。在国内市场上，以2018年8月为例，成交额排名前三位的期货品种分别为螺纹钢、焦炭、原油，当月成交额分别为2.35万亿元、2.03万亿元、1.72万亿元。

表4－1　我国上市的期货、期权品种及数量（截至2018年底）

排　名	期货品种	数　量
农产品	棉花、早籼稻、菜籽油、油菜籽、菜籽粕、白糖、强麦、普麦、黄大豆1号、黄大豆2号、玉米、豆粕、豆油、棕榈油、粳稻、晚籼稻、棉纱、鸡蛋、胶合板、纤维板、玉米淀粉、鲜苹果期货，白糖、豆粕期权	24
金属	铜、铝、锌、铅、黄金、螺纹钢、线材、白银、铁矿石、热轧卷板、镍、锡、硅铁、锰铁期货，铜期权	15
能源化工	天然橡胶、燃料油、PTA（精对苯二甲酸）、LLDPE（线性低密度聚乙烯）、PVC（聚氯乙烯）、焦炭、玻璃、甲醇、沥青、动力煤、焦煤、聚丙烯、原油、纸浆、乙二醇期货	15
金融	沪深300、上证50、中证500股指期货，2年期、5年期、10年期国债期货，上证50ETF期权	7
合计	期货品种57个，期权品种4个；商品54个，金融7个	61

资料来源：各交易所网站。

表4－2　2017年全球交易量排名前10位的商品期货

排　名	期货品种	国　家	类　别	成交量（亿手）
1	螺纹钢	中国	金属	7.02
2	布伦特原油	俄罗斯	能源	4.52
3	铁矿石	中国	金属	3.29
4	轻质原油	美国	能源	3.10
5	布伦特原油	英国	能源	2.42
6	豆粕	中国	农产品	1.63
7	PTA	中国	化工品	1.40
8	甲醇	中国	化工品	1.37
9	玉米	中国	农产品	1.27
10	天然气	美国	能源	1.08

资料来源：FIA。

1.1.3　市场主体逐步成熟，服务能力显著提升

近年来，我国商品期货市场在推进国际化、服务实体经济等方面不断创新，促进了整体业务水平的提升。

期货交易所发挥核心作用。期货交易所作为期货市场创新和期货功能发挥的核心，专注于服务企业需求、不断创新，提升服务功能。其主要举措有：首先，坚持优化交易和交割规则，推出期货仓单交易平台、推进厂库交割等，方便实体企业参与期货交割；通过增加夜盘交易时段、灵活运用限仓制度，保障国内期货价格的连续性和稳定性。其次，推动我国在外汇管理、海关、税务等制度上的突破，并成功引入境外投资者，促进我国期货市场的国际化。再次，三家商品期货交易所竞相发力产品创新，加速推出了新的期货品种和衍生品工具。随着业务水平不断进步，我国三家商品期货交易所在全球期货市场的地位也显著提升。世界交易所联合会数据显示，以商品期货和期权合约成交量为参考，2017 年上海、大连、郑州三家期货交易所在全球商品交易所中排名靠前，分列第一、第三和第四位。

期货公司加快结构调整。近年来，期货公司逐步告别单一的通道型经纪业务模式，风险管理、资产管理等新业务蓬勃发展。值得一提的是，风险管理业务发展迅速，仓单采购、仓单质押、仓单回购、基差交易、合作套保等以现货为基础的服务型业务规模快速扩大，场外期权、掉期等工具型业务呈现井喷式发展势头，在特定品种上不同期限的定价服务也广受市场欢迎。创新业务的提升及其规模的扩大，为实体经济发展起到了转移风险的积极作用。

投资者结构逐步优化。长期以来，我国期货市场的投资者结构存在个人户多、法人户少的情况。2016 年，我国期货市场投资者数量合计 118.64 万户，其中个人客户数 115.06 万户，法人客户数 3.58 万

户。法人客户占比偏低，仅为3.02%。但近年来，期货市场法人客户数增速较快。实体企业生产经营避险需求比以往更加强烈；私募等金融机构加大商品类资产配置；期货市场进一步对外开放，吸引国际投资者入场；各期货交易所不断优化制度安排，以吸引机构投资者入市。在众多因素共同作用下，产业和机构投资者越来越重视大宗商品期货及衍生品市场，并积极参与。

1.1.4 市场监管体系日臻完善

经过多年的积累，与中国特色社会主义市场经济体制和经济发展进程相适应的期货市场监管制度、组织架构、运行体系已经基本确立，促进了期货市场的规范发展。

一是法律法规体系逐步完善。在国家法律层面上已有《公司法》《证券法》《合同法》《刑法》和《期货交易管理条例》等，为维护期货市场健康发展提供了法律制度保障；与《期货交易管理条例》相配套，监管部门又制定了《期货交易所管理办法》《期货公司监督管理办法》《期货从业人员管理办法》等多个部门规章；在市场自律管理层面，有期货业协会《章程》和期货交易所《章程》，突出对期货行业的运行及市场主体的行为监管，成为国家现行法律制度的有益补充。

二是建立起了由中国证监会、各地证监局、期货交易所、中国期货业协会和中国期货市场监控中心等“五位一体”的期货监管协调工作机制。中国证监会负责监管协调机制统一领导、统筹协调和监督检查。其中，期货交易所、中国期货业协会对期货公司和市场参与主体实行自律管理。期货市场监控中心对客户的保证金实施监控。

三是建立了具有中国特色的风险管理制度。经过近30年的实践探索，一方面，我国期货市场学习、借鉴了国际市场一般性的交易机制与制度；另一方面，结合我国国情形成了自己的一些特色，如实行保证金事前足额缴纳和安全存管制度、当日无负债结算制度、期货账户“穿透式”监管制度等，可保障交易各方履约能力，并降低市场操纵和保证金挪用风险。国际货币基金组织、世界银行和国际证监会组织在其联合开展的2015～2017年第二次金融部门评估规则（FSAP）中，认为我国在投资者保护和市场风险监测方面的先进做法值得其他市场借鉴。

1.1.5　对外开放步伐加快

为适应新形势发展的需要，近几年我国期货市场对外开放取得实质性的进展，期货市场对外开放的深度和广度不断拓展。2018年3月，原油期货成功上市，以“国际平台、净价交易、保税交割、人民币计价”的模式向境外开放。该品种运转情况良好，当前日均成交量达到了单边15万手，持仓达到了平均3万手以上，市场规模已经上升至全球第三位。铁矿石、PTA等品种也相继对外开放，成功引入境外投资者。2018年8月，《外商投资期货管理办法》正式颁布，期货行业对外开放的政策正式落地，受到国外机构的积极关注。与此同时，“引进来”与“走出去”同步进行，各家交易所也都在积极深化各自的海外布局，通过与境外交易所的合作，探索产品的互挂、互通、互联等模式，加快自身的国际化。随着开放程度的扩大，我国期货市场的国际影响力正逐步增强。

1.2　功能和作用不断增强

多年来，我国期货市场秉承为实体经济服务的宗旨，不断探索和创新，服务能力显著提升，期货的功能和作用不断增强。

1.2.1　定价机制更加完善，提高配置资源效率

由于交易机制的特点，期货市场可以快速集中大量的供求信息，

形成在未来不同时点的一系列价格，可以反映出市场参与主体对未来市场趋势的判断和预期，并及时、真实地反映出未来市场的供需状况。与现货市场相比，期货市场更具价格发现优势。随着各期货品种交易规模的扩大、流动性的增强，期货市场的价格发现功能更能有效发挥，在引导供求、配置资源方面更加有效率。因此，期货市场形成价格的机制是现货市场定价的有益补充，并促进我国商品市场的定价机制更加完善。近年来，越来越多的现货市场定价开始参考期货价格。特别是有色金属、油脂油料行业，对期货市场发现的价格接受程度较高，95%以上的企业都在利用期货价格作为定价基准，进行原材料订货、安排生产。此外，用商品期货价格编制的指数也可以提供有效的价格信号，并一定程度上反映未来的宏观经济形势，有助于国家及时监测价格走势、制定相应的宏观经济政策。

1.2.2 定价模式日益丰富，有利于企业扩大规模和转型升级

在微观领域，围绕期货价格，商品贸易的定价模式日趋多样化。为满足非常个性化的需求，基于期货价格，买卖双方可以组合出多种贸易定价模式。当前，比较常见的有：远期合约定价、销售期周均价、现货月均价、到货后数月内定价、基差点价（期货价格+升贴水）等。其中，采用基差点价的基差贸易模式近年来在我国逐步流行，尤其是在黑色金属领域，近年来向这一模式的转变十分明显。

多种定价模式的出现，不仅满足了企业的个性化需求，还在潜移默化中改变着企业的生产经营活动。生产、贸易企业若能灵活提供并合理运用多种定价模式，将有助于其在市场竞争中占据优势，促使其实现横向规模扩张和纵向产业链上下游整合，提高产业集中度和生产经营效率，最终实现整个产业的优化升级。

1.2.3　避险功能有效发挥，企业开始综合运用期货工具

我国是大宗商品的消费大国，也是资源短缺的国家，能源、金属、大豆、棉花等主要商品大部分需要进口，国际依存度很高。当前，国际政治、经济形势动荡，贸易保护主义抬头，带来国际大宗商品价格的波动，给企业经营带来极大的风险，对整个实体经济也可能造成较大的冲击。面对市场风险，我国期货市场规避风险功能正在发挥积极作用，越来越多的企业开始积极利用期货市场来管理经营中的风险。

同时，随着期货市场的逐步发展、成熟，企业综合运用期货工具的能力显著提高。企业的风险管理还出现覆盖经营全过程的趋势，风险管理的范围也扩大至整个市场风险。以我国粮油行业为例，企业面临价格、运输成本、汇率、天气、信用和政策等多个方面立体交叉的风险，这些风险贯穿企业的种植、采购、贸易、运输、加工以及销售等产业链上的所有环节。综合运用多种期货和衍生品工具，实施对经营全过程的覆盖，不仅降低了成本、改善了盈利，还使企业避免了因原材料或产品价格大幅变动所带来的损失。

1.2.4　期货业务模式不断创新，服务实体经济能力显著增强

随着期货市场的深入发展，各类创新业务不断涌现，期货市场的综合服务能力显著提升。

一方面，围绕仓单，交易所或期货公司可提供仓单串换、仓单转让等服务，为交割或仓单流转提供便利。期货公司或银行还可提供仓单质押、仓单回购等业务，有助于实体企业提高资金利用效率、降低融资成本。

另一方面，围绕风险管理，期货公司尤其是期货风险管理子公司可为实体企业或农户提供多种服务。主要方式有，一是基于期货和现货市场进行合作套保。即期货公司根据实体企业生产经营需要提供专

业化的套期保值服务。二是提供新型衍生品工具，如场外期权、掉期等。由于场外期权更具灵活性、容错性以及资金利用的高效性，更能满足客户个性化的服务需求，近几年来我国商品市场场外期权业务呈井喷态势，业务规模迅速扩大。当前，场外期权已经用到企业经营过程中的采购、生产、储存、销售等各个环节。三是期货公司与保险公司合作，为广大农户提供“期货 + 保险”服务。这一服务可通过发挥期货公司和保险公司的各自优势，将价格波动风险从农户手中转移至期货市场，从而保障农民收入。经过多年试点，这一模式已在我国多地成功运用。

在我国中小企业和农户众多、工农业生产散而小的现象广泛存在的情况下，期货市场通过产品和业务创新，使得风险管理服务能惠及资金管理水平相对有限、金融知识相对匮乏的中小企业和广大农户，期货市场服务实体经济的能力显著提升。

2 当前期货市场存在的问题和不足

2.1 期货市场不能满足经济发展的需要

期货品种是期货定价以及期货市场功能发挥的基础，期货市场通过各个期货品种的交易，实现为实体经济服务的功能。我国是制造业大国，工业门类比较齐全，需要风险管理的行业较多。但目前已上市的期货和期权品种远远不能满足经济发展的需要。此外，我国期货市场存在衍生品工具较为单一、产品层次不够丰富、场内场外市场发展不协调等问题。场内期货市场能提供的管理风险的方式是标准的、统一的，难以满足实体企业的风险管理多样化、个性化的需求，因此迫切需要发展多元化的衍生品工具和灵活的场外市场。

2.2　期货市场发展质量有待提高

当前期货市场的一些薄弱环节限制了服务实体功能的有效发挥。主要表现为，一是投资者结构不合理，实体企业（特别是相关大型企业）及金融企业的期货市场参与度有待提高；二是合约流动性结构不合理，存在“近月合约不活跃，活跃合约不连续”的现象；三是期货与现货市场衔接不紧密。这造成市场流动性质量不高、价格波动性较大、价格信号不稳定、实体企业套保合约与实际需求不匹配等问题，不利于价格发现和套期保值功能的有效发挥。

2.3　难以适应当前形势的新变化

近年来，我国期货市场创新不断涌现，但也带来一些新问题、新情况，亟待各方及时调整，以适应新的形势变化。例如，境内人民币计价的原油期货的上市和国际投资者的引入，催生对汇率期货的需求；场外市场的蓬勃发展催生了对场外业务的清算、风险防范等方面进行规范和监管的需求；期货风险管理子公司的创新业务导致金融实体和贸易实体的界限变得模糊，其多重角色和单一身份难以协调，限制了服务实体经济的能力，也限制了期货市场功能的进一步发挥。

2.4　金融期货发展滞后

当前，我国期货市场主要以商品期货为主，随着我国金融市场改革的不断深化，利率和汇率正逐步市场化，企业面临的利率和汇率风险加大，而相应的期货品种还不丰富，无法充分满足企业对利率和汇率风险的管理需求。同时，我国也尚未推出个股期权。在国外成熟的期货市场，金融期货及衍生品的占比较高。而在我国，当前金融期货发展滞后问题依然较为突出。

2.5 缺乏国际竞争能力

与实体经济较高的对外开放水平相比，我国期货市场的国际化程度仍然不高。迄今为止，我国仅有原油期货、铁矿石期货、PTA 期货真正实现对外开放。期货交易所也尚不具备全球化的交割库布局。此外，我国期货市场法律制度尚不健全，期货经纪机构服务海外客户的经验、能力仍显不足，导致海外投资者在我国期货市场的参与度仍然较低。在这种情况下，我国期货市场虽然流动性较为充裕，但在大宗商品的国际定价方面能力依然偏弱，也缺乏相应的海外辐射能力和国际竞争力。

2.6 法律法规体系不健全

与期货市场迅速发展相比，目前期货市场的法治化进程还相对滞后。现阶段，我国期货市场的法规体系以《期货交易管理条例》为中心，并由若干司法解释、部门规章、规范性文件以及相关自律规则组成。《期货法》虽多次起草，但仍未能出台。上位法的缺失，使得期货市场法律层级不够，缺乏对期货市场基础法律关系、民事权利义务、法律责任方面的规范，这不利于期货市场的进一步创新发展。

3 促进期货市场高质量发展的思路与建议

3.1 总体思路

为贯彻习近平新时代中国特色社会主义思想和十九大“贯彻新发展理念，建设现代化经济体系。加快完善社会主义市场经济体制”的要求，期货市场建设的总体思路是，进一步拓展期货市场涵盖的领域和维度，提高实体经济参与期货市场的广度和深度，鼓励围绕期货市场的业务创新，以便有效发挥期货市场服务实体经济的功能，积极服务供给侧结构性改革、助力国家“脱贫攻坚”等相关战略，并牢牢守住不发生系统性金融风险的底线。

3.2　主要任务

为满足高质量发展要求，我国迫切需要建设一个适应我国国情、满足实体经济发展需要的、高效的、开放的和具备国际竞争力的期货市场。

3.2.1　促进期货与现货市场协调发展，优化市场资源配置并强化定价影响力

作为更高级的市场组织形式，期货市场具有价格公开透明、履约率高、风险可控等优势。但不可忽视的是，现货市场是期货市场的基础，具有一定规模的、高效的、运行良好的现货市场，能促进期货市场功能更好发挥。因此，一方面，期货市场不应独立发展，而是应当主动寻求与现货市场对接；另一方面，期货市场已在保障履约、控制风险等方面积累了丰富的经验，可供现货市场借鉴，促进现货市场规范发展、提高服务质量和效率。

综合来看，与现货市场有效对接，可以更加有效地发挥期货市场发现价格功能，促进期现市场优化配置资源，扩大我国期货价格在国内外市场的接受程度和影响力，为取得国际大宗商品定价权提供支撑。

3.2.2　加快期货市场建设，拓展期货市场的广度和深度

为解决现货企业风险管理需求与交易所产品供给之间的矛盾，解决分散的现货市场与交易所标准化产品在空间、时间、品种、质量等方面的不匹配问题，要根据实体经济的需要，加快推出相应的期货品种，做精做深现有品种；积极开发期权品种，增加适合于不同规模、

不同产品的风险管理工具；增加各类衍生品工具上市的数量和速度。同时，加快金融期货市场的建设，满足金融领域的新型风险管理需求。

要大力培养和提高我国企业的风险意识和风险管理能力，使其积极参与期货市场，从而促进市场主体结构进一步优化和市场功能更加有效发挥。一方面，在我国期货市场不断发展完善、相关法律法规不断健全的背景下，要切实加大宣传和推广力度，使更多企业理解和认识期货市场的避险功能，鼓励更多实体企业，尤其是涉及大宗商品生产、使用的大型国有企业直接或间接参与期货市场。另一方面，要引导实体企业建立科学、严格、高效的套期保值监督管理体系，避免将套期保值变成投机行为。

3.2.3 鼓励业务创新，助力经济高质量发展

建议扩大“保险＋期货”试点，增加参与试点的期货公司、保险机构和农业品种，总结推广期货市场服务“三农”的成功经验，扩大期货市场“点基地、面基地”建设，推广“期货＋订单”等服务“三农”新模式。积极探索期货市场的普惠金融功能和机制，发挥期货行业优势，充分履行社会责任，形成多层次、多渠道、多方位的精准扶贫格局，为全面建成小康社会提供有力支持。

鼓励围绕期货市场采用新的贸易定价模式。在国内金属、粮食、油脂油料、农产品、能源化工产品等各行业，在现货贸易中大力推广“期货价格＋升贴水”的基差定价模式，使企业在贸易和经营活动中与国际接轨，更好地应对国际市场竞争，更快地做大做强，促进企业产品结构调整和产业链结构优化升级。

3.2.4 支持期货公司风险管理业务的发展

大力发挥期货风险管理公司的作用。通过各种定制化服务，使期货市场的标准化产品与企业的多样化、个性化需求更好地对接，在资

金管理、库存管理、价格风险管理等方面开展合作，助力实体企业不断发展壮大。

为期货公司提供更多支持。鼓励其运用上市、增资扩股以及发行债务等方式增加净资本，当涉及风险管理业务时，给予信贷资金支持，以增强其资金实力和风险抵抗能力，更好地为实体经济提供服务。

3.2.5　加快对外开放步伐，扩大期货价格国际影响力

加快推进期货市场双向开放。一是加快引入境外投资者参与我国市场。二是扩大境内外交割库布局。三是开展灵活多样对外合作。四是鼓励期货经营机构国际化发展。欢迎国际金融机构参股、控股国内期货公司；支持国内期货经营机构在境外发展，积极开展跨境业务。五是加强与境外监管机构的跨境监管合作，为期货市场对外开放创造良好环境。

此外，期货市场应积极服务“一带一路”建设，并努力增强我国期货价格的影响力。应加快建立与国际通行规则接轨的现代市场体系，把期货的风险管理体系建设作为未来国际合作中贸易、投资、建设不可或缺的组成部分，发挥期货在国际贸易和投资中的定价和价格预测、预评估作用，增强我国在国际大宗商品市场的话语权和定价权，着力营造更加良好的国际化、法治化、便利化的优质营商环境，与境内境外市场深度融合，促进我国经济的国际竞争力不断提升。

3.2.6　加快完善期货市场法律法规体系

加快完善期货市场法律法规体系，推进《期货法》立法，保障期货市场的健康发展。应该本着有效规范市场主体关系、推动市场创新发展的原则，明确期货市场的基本制度、规则，完善监督管理、纠纷处理等方面的制度安排。其中，主要任务有，对当前行之有效的制度进行法律层级的固化、提升；扫除体制、机制障碍，鼓励实体企业利

用期货和衍生品从事风险管理活动；鼓励、引导、规范期货市场的品种和业务创新；建立多元化、时效性强的纠纷解决机制；主动适应期货市场国际化发展的需要，为跨境风险防范、跨境监管、跨境执法提供法律保障。

执笔人：廖英敏　王立坤

参考文献

[1] 任兴洲．建立市场体系——30 年市场化改革．北京：中国发展出版社，2008

[2] 姜洋．中国期货市场发展历史与前瞻．根据作者2018 年2 月11 日在中国金融四十人论坛和北方新金融研究院主办的“中国金融四十人看四十年”系列讲座第2 期上的演讲整理

[3] 邢全伟．中国期货市场发展的历史阶段和向成熟状态的嬗变．中国经济史研究，2018（2）

[4] 吴国华．不忘行业初心——我国期货市场发展的新探讨．期货日报，2018 - 01 - 28

[5] 中国证监会期货监管部．脚踏实地　大胆探索　为中国期货市场走出一条成功之路．中国证券报，2017 - 09 - 28

专题报告五

我国电子商务市场创新发展与政策

我国电子商务市场于20世纪90年代开始起步，在经历了初期的探索实践和国际互联网泡沫冲击后，进入持续快速发展阶段，目前已成为我国消费及商业模式创新的重要支撑。在当前，电子商务市场已经从传统的网购市场，逐步扩大到出行、旅游、餐饮等服务消费领域，同时对制造业和流通业转型升级的引领带动作用日益显现。

1　电子商务发展的现状

我国电子商务市场经历了从市场培育到市场整合，再从高速扩张到目前的生态重构阶段。我国电子商务市场能够实现快速发展，不仅得益于发展初期相对宽松的政策环境，也得益于我国庞大的网购市场和消费群体产生的规模经济效应，活跃的资本市场在助力其发展中也起到了强大的支撑作用，快递物流的快速发展为电商提供了基础底盘。

1.1　市场规模不断扩大

进入21世纪以来，以电子商务为代表的新型商业模式经历了“井喷式”发展。2017年电子商务交易额（B2B和网络零售）突破29万亿元，相当于当期GDP的35.26%，自2008年至2017年年均增长率约28.7%（见图5-1）。2017年我国B2B电商交易规模为20.5万亿元，同比增长22.75%（见图5-2）；主要B2B平台市场份额占比中，阿里巴巴、慧聪集团、环球资源、上海钢联4家核心平台占比为55.4%，合计市场份额占比过半，市场优势开始显现（见图5-3）。

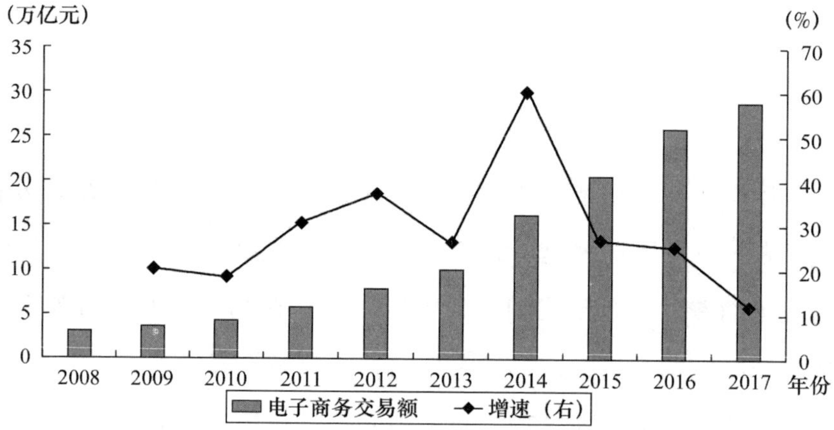

图5-1　电子商务交易额及增速（2008～2017年）

资料来源：商务部。

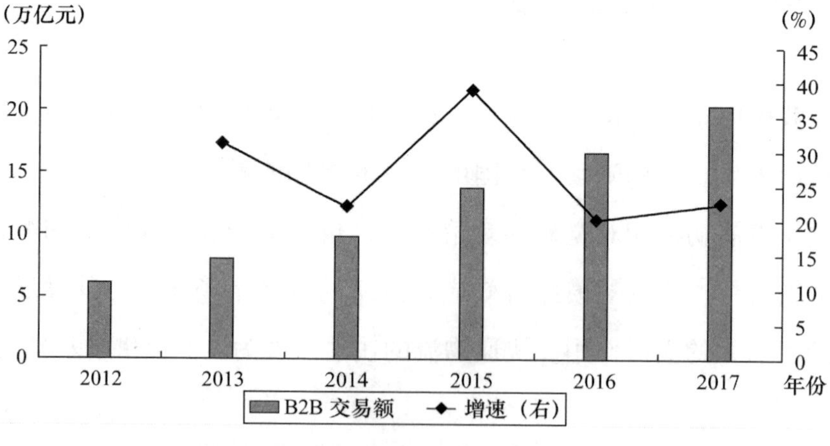

图5-2　我国B2B交易额及增长率（2012～2017年）

资料来源：电子商务研究中心。

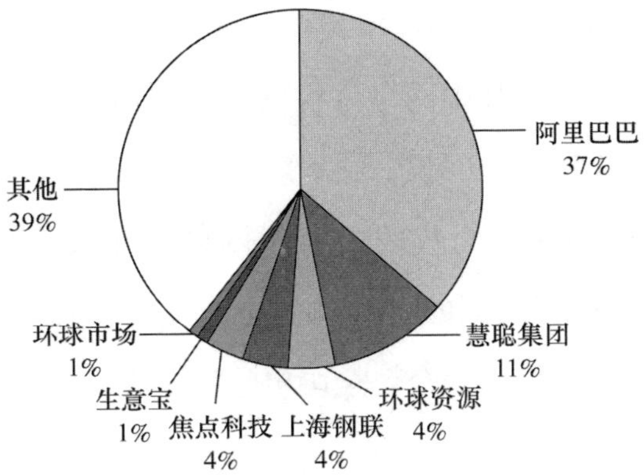

图 5－3 我国 B2B 市场份额占比（2017 年）

资料来源：电子商务研究中心。

2017 年我国网上零售额再创历史新高，达到 7.18 万亿元。其中，实物商品网上零售额 54806 亿元，占社会消费品零售总额的比重为 15.0%。2008～2017 年我国网上零售额由 1300 亿元增长到 7.18 万亿元，年均增长率 57.7%，增速远高于同期社会消费品零售总额增幅（见图 5－4）。

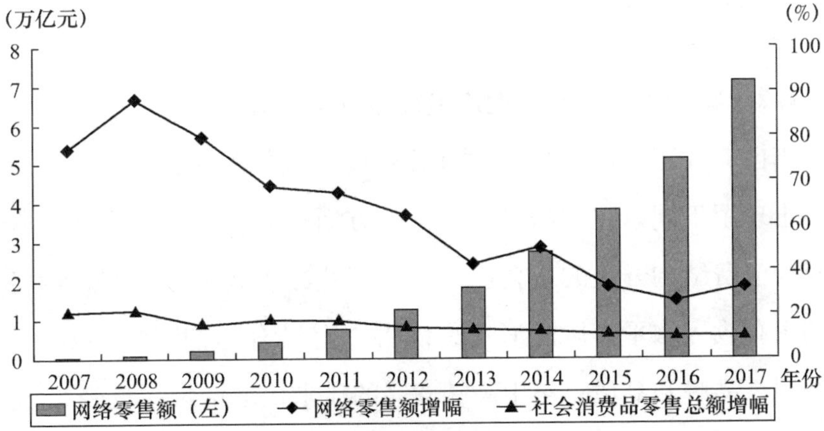

图 5－4 我国网络零售额及增长率（2007～2017 年）

资料来源：《中国统计年鉴》（2007－2017），商务部。

电子商务特别是网络零售市场快速增长的同时，也加速了向各个经济领域及行业的渗透，对经济和社会发展产生了重大影响，为消费增长和创新创业提供新动能。2008～2017 年网络零售额从 1300 亿元猛增至 7.18 万亿元，其中网络零售额在社会消费品零售总额中的占比从 1.1% 提升至 19.6%（见图 5－5）。“十二五”末，以实物商品、在线服务及数字产品交易为代表的互联网创业年投资额达 153.62 亿美元，占全国创业投资总额的 28.5%。电子商务基础设施投资活跃，电子商务园区数量超过 1000 个，全国电子商务仓储超过 4000 万平方米。

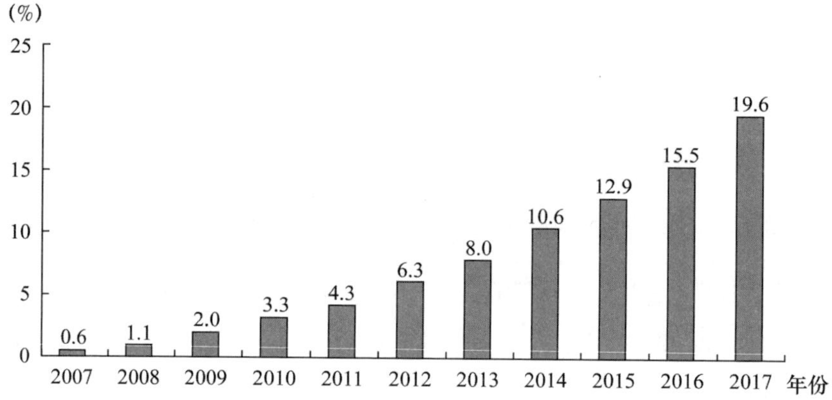

图 5－5　我国网络零售在社会消费品零售总额中的占比（2007～2017 年）

资料来源：《中国统计年鉴》（2007－2017），商务部。

1.2　新一轮消费变革促进电商市场不断升级

当前，我国在消费结构、消费方式、消费人群、消费市场格局等方面出现了不同以往的深刻变革。一方面，居民中高端商品及服务消费成为消费结构升级的新亮点。2017 年我国人均 GDP 突破 8800 美元，达到中高收入水平，居民消费总体由“有没有”向“好不好”转变，更加注重品牌和品质，对中高端商品的需求快速增长（见表 5－1）。

另一方面，服务消费需求快速扩张，增速明显高于商品消费增速，占整个消费支出的比重明显上升。据测算，2013～2017 年我国居民人均服务消费支出由 5040.9 元增加到 7317.4 元，增长 45.2%，年均递增 9.8%，高于人均商品消费支出增速超过 2 个百分点，服务消费比

表 5－1　　1990 年以来城乡居民对食品、耐用品的消费情况

年份	粮食（千克/人）	肉禽（千克/人）	汽车（辆/百户）	彩电（台/百户）	冰箱（台/百户）	空调（台/百户）	移动电话（部/百户）	计算机（台/百户）
城镇居民								
1990	130.7	25.2	—	59.1	42.3	0.3	—	—
1995	97.0	23.7	—	89.8	66.2	8.1	—	—
2000	82.3	25.5	0.5	116.6	80.1	30.8	19.5	9.7
2005	77.0	32.8	3.4	134.8	90.7	80.7	137.0	41.5
2010	81.5	34.7	13.1	137.4	96.6	112.1	188.9	71.2
2015	112.6	38.3	30.0	122.3	94.0	114.6	223.8	78.5
2016	111.9	39.2	35.5	122.3	96.4	123.7	231.4	80.0
2017	—	—	37.5	123.8	98.0	128.6	235.4	80.8
农村居民								
1990	262.1	12.6	—	4.7	1.2	—	—	—
1995	256.1	13.6	—	16.9	5.2	0.2	—	—
2000	250.2	18.3	—	48.7	12.3	1.3	4.3	0.5
2005	208.9	22.4	—	84.0	20.1	6.4	50.2	2.3
2010	181.4	22.2	—	111.8	45.2	16.0	136.5	10.4
2015	159.5	30.2	13.3	116.9	82.6	38.8	226.1	25.7
2016	157.2	30.6	17.4	118.8	89.5	47.6	240.7	27.9
2017	—	—	19.3	120.0	91.7	52.6	246.1	29.2

注：2010 年及之前年份的城镇居民粮食、肉禽数据为购买量。

资料来源：相应年份的《中国统计年鉴》。

重也从 38.1% 上升到 40%（见图 5－6）。2017 年电子商务服务业营收规模达 2.92 万亿元，同比增长 19.3%。其中，平台服务业营收规模达 5027 亿元，同比增长 25.7%；网约车市场交易规模约 1900 亿元，同比增长 70%。截至 2017 年 6 月，我国网上外卖用户规模达到 2.95 亿，在网上预订过机票、酒店、火车票或旅游度假产品的网民规模达到 3.34 亿，在网上预订火车票、机票、酒店和旅游度假产品的网民分别占比 37.6%、19.1%、20.5% 和 9.3%。

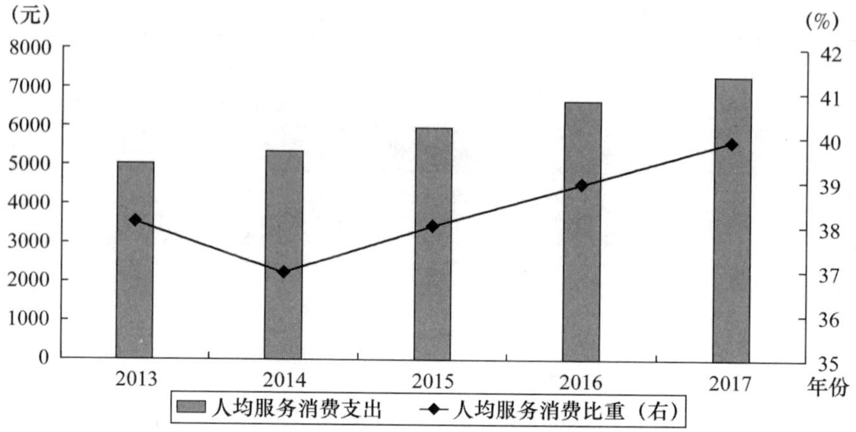

图5－6 2013～2017年我国居民人均服务消费支出及其占比

资料来源：国家统计局、Wind数据库。

此外，消费群体结构变化也将为新一轮消费变革提供持续的动力和支撑。2017年我国中等收入群体规模已达4.3亿人，成为全球中等收入群体人数最多的国家①。中等收入群体具有稳定的收入和较高消费倾向，成为扩张和引领消费升级的中坚力量。“80后”“90后”“00后”成长在物质日益丰富、受教育水平不断提高和互联网飞速发展的年代，成为引领消费创新、扩大新兴消费的主力。同时，2017年我国60岁及以上老年人为2.4亿多人，新出生婴儿1758万人，其中二孩占比超过50%。老年人和婴幼儿群体消费也不断成为消费市场的亮点（见图5－7）。

① 中等收入群体是指一个国家中生活较为宽裕、收入达到一定水平的人群。目前，对中等收入群体的判断标准并不一致，使用较多的是Homi Kharas（2010年）提出的“家庭人均每天支出10～100美元”的标准，该标准的下限是两个贫困线最低的发达国家（葡萄牙、意大利）的平均贫困线，上限为最富裕的发达国家（卢森堡）收入中位数的2倍，由此排除了低收入发达国家中的穷人和高收入发达国家中的富人。测算数据参见Brookings Development，Aid and Governance Indicators：Middle Class database。

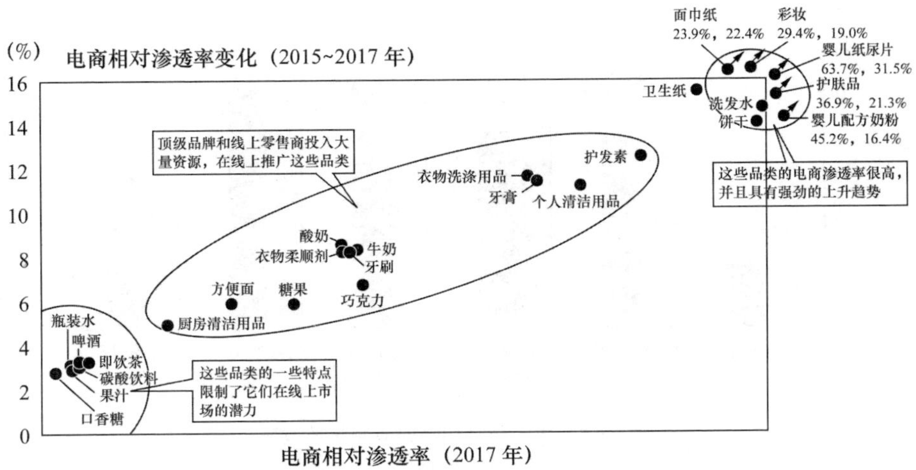

图 5－7　电商相对渗透率变化（2015～2017 年）

注：渗透率指过去一年购买该品类的购物者数量占整体人口基数的比例；电商相对渗透率是指电商渗透率除以该品类的总渗透率。

资料来源：2018 年，贝恩公司与凯度消费者指数发布的《购物者消费升级，市场增长反弹》。

1.3　中西部及农村地区市场增长提速

尽管从交易规模来看，中西部地区与东部地区存在明显差距，但近年来，中西部地区电子商务增速却明显高于东部地区，电子商务对中西部地区及三、四线城市的扩散效应日益突出（见图 5－8）。根据腾讯研究院发布的数据显示，2017 年三、四、五线城市“互联网＋”指数增速分别为 38.33%、47.28% 以及 49.87%，均大幅高于一线城市的 15.26%[①]。河南、湖北、湖南、安徽等中部省份，四川、陕西、重庆等西部省市，在“互联网＋”指数上已经加快向东部省市发展水平接近（见图 5－9）[②]。2017 年微信支付笔数增长率最高的前三个省份全部是中西部省份，分别是青海（182.7%）、贵州（180.4%）和

① 腾讯研究院：《中国“互联网＋”指数报告（2018）》，https：//plus. tencent. com/detail-news/1150。

② 腾讯研究院：《中国“互联网＋”指数报告（2017）》，http：//www. tisi. org/4868。

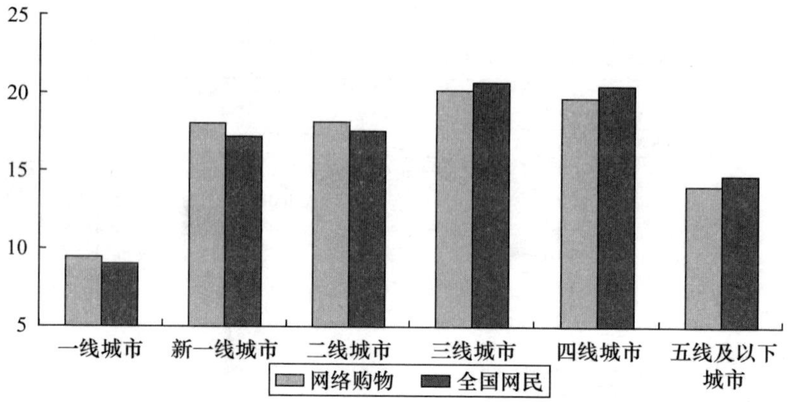

图 5－8 我国网络购物的消费扩散效应

资料来源：极光大数据，取数周期：2017 年 12 月。

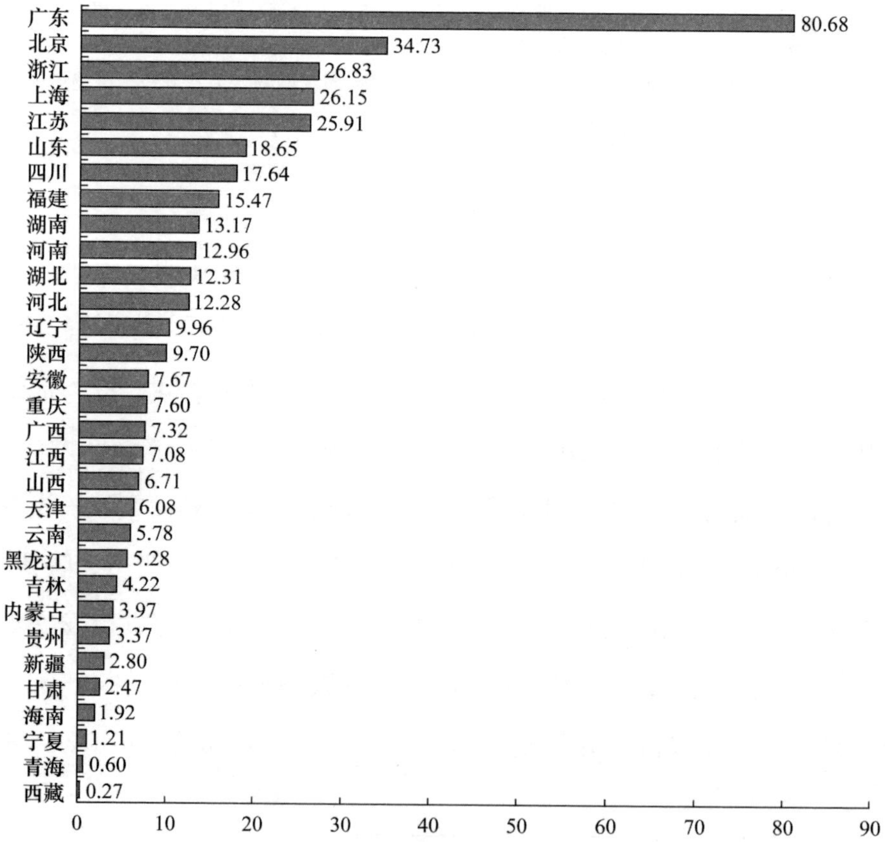

图 5－9 全国各省“互联网＋”指数

资料来源：腾讯研究院（2017）。

甘肃（176.1%）。在西藏、宁夏、重庆、青海等西部省区市，互联网经济也已经成为驱动经济社会发展的新动能。据阿里巴巴公布的数据，甘肃、贵州、西藏、陕西、四川、广西、湖北、云南、重庆、江西这些中西部省份，2017 年网络零售额增速平均达到了 82%，远高于全国平均水平。其中甘肃、贵州、西藏成为电商销售增速最快的三个省份①。

1.4　跨境电商呈现快速发展态势

随着对外开放新格局的形成，我国正在加速融入全球消费市场。我国庞大的消费市场和正在出现的消费变革，正在成为全球经济发展的新动力，吸引着全球高品质、高附加值的消费品和新型服务的加速涌入。在此背景下，全球一体化的网络购物的日益兴起，在更大的范围上降低交易成本，持续推动全球消费一体化格局的形成。以跨境电商为例，我国跨境网购用户超过 4000 万人，2017 年进口跨境电商市场交易规模达到 17600 亿元，同比增长 46.67%，2014 ~ 2017 年 4 年间平均增速 40% 以上（见图 5 - 10）。菜鸟网络建成了一张覆盖全球 224 个国家和地区的智慧物流网络。把我国到主要国家的跨境物流时效从平均 70 天提升到了 10 天以内，并将在世界五大城市建设物流枢纽，打造全球 72 小时必达网络。在全球跨境电商和贸易体系的构建过程中，我国消费市场与全球消费市场的落差不断被熨平，对全球消费的市场影响力和资源配置能力不断提升。

1.5　对制造业升级的引领作用开始显现

商品消费的升级换代和消费品市场的不断细分，对制造业转型升

---

① 阿里巴巴集团：《2017 中国数字经济发展报告》，2018 年。

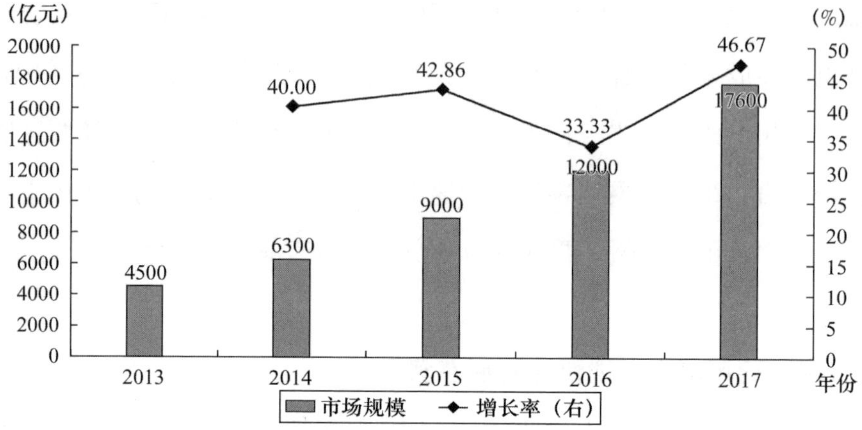

图 5－10　我国进口跨境电商市场规模（2013～2017 年）

资料来源：我国电子商务研究中心。

级的引领作用也日益增强。而互联网等新技术的应用，对于减少市场信息不对称、降低交易成本发挥了重要作用。电子商务对制造业转型升级的引领和带动作用开始显现。消费变革对制造领域的传统发展方式形成较大影响。受供应链下游各类基于互联网的新业态、新模式变革创新的驱动，上游制造研发环节对于快速反应、精准营销的要求日益明显，引发制造业向以需求为导向、以信息为中枢、以柔性制造技术为基础的产业变革（见图 5－11）。例如阿里 B2B 发布“鹰眼”供应链诊断模型，类似顺风车拼车功能，把有生产需求的商家和有生产能力的工厂，借助大数据进行精准匹配，分析同类商家和商品聚合，

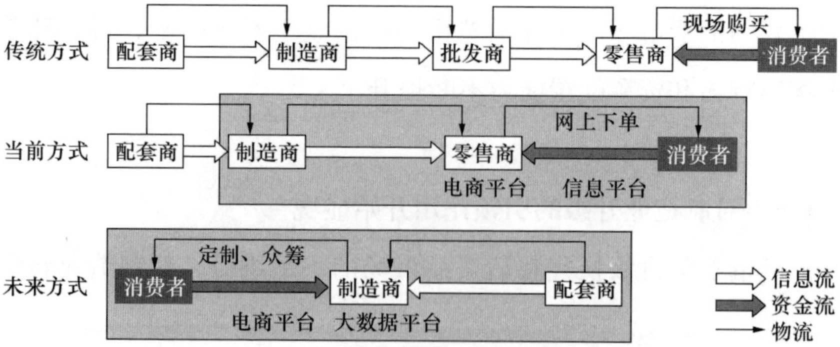

图 5－11　消费变革对制造领域的影响

预测商家预期销量，将数据传递给工厂灵活调节工厂产能。又如，上海钢联通过“资讯 + 交易 + 供应链金融 + 物流 + 仓储”构建钢铁电商闭环，生态体系不断完善。

2　电子商务发展趋势

2.1　市场发展进入质量提升阶段

在电子商务渗透率不断提高的条件下，依靠用户转换和用户数量快速增加所支撑的高速增长阶段已经结束。2017 年我国网民数和网购人数分别达到近 7.72 亿人和 5.3 亿人（见图 5 – 12）。无论从网络普及率还是网购人数增长来看，最易接受网购的人群已基本被覆盖。电子商务已迈过初期依靠增量推动、依靠新商业模式加速应用的发展阶段（见图 5 – 13）。电子商务市场未来也将从数量增长转向质量提升阶段。与之相适应，尽管未来网络零售市场规模依然会保持较快增长，但增速将呈现自然回落的态势。

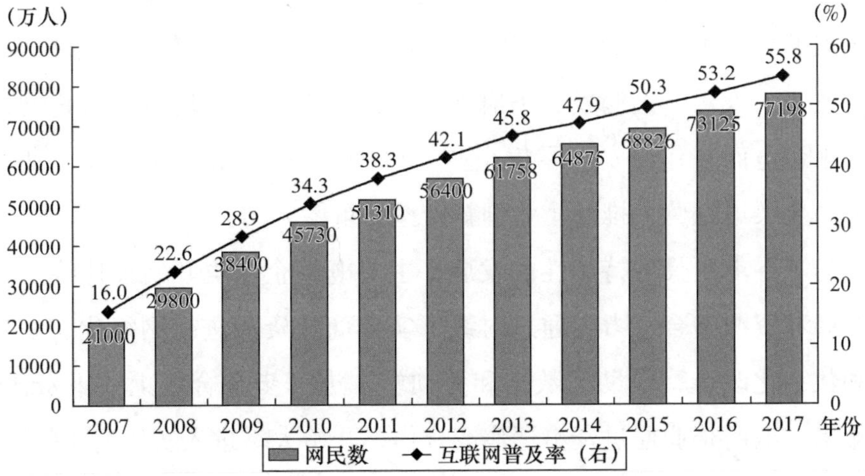

图 5 – 12　我国网民规模及互联网普及率（2007 ~ 2017 年）

资料来源：CNNIC。

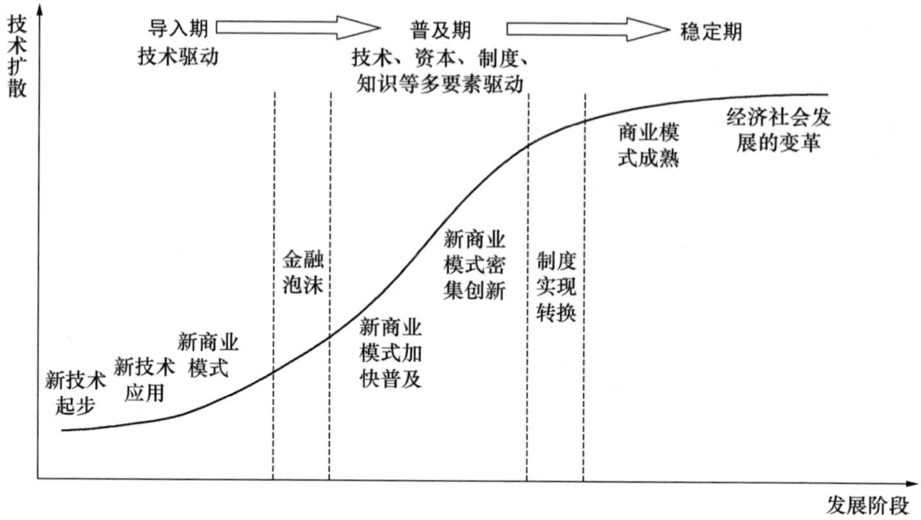

图 5-13　技术和商业模式创新的一般规律

2.2　线上线下融合进一步发展

目前，无论是传统实体商业还是电子商务新业态，都在加强线上线下融合互动创新，这种双向的商业模式，整合了原来各自独立的流通渠道和供应链。从实体零售企业看，面对电商的冲击，一些大型实体零售企业在不断增强线下体验等基础功能的基础上，逐步探索向线上拓展业务和渠道。目前大部分大型零售企业，如沃尔玛、家乐福、麦德龙、人人乐、大润发、王府井、天虹、银泰等，均自建购物网站或与平台电商合作。实体零售企业"触网"，已经成为零售业企业全业务、全渠道经营，推动企业创新转型的重要方向。

为了寻求更具可持续性的发展，主要电商企业也开始加速线下业务布局和资源整合，力图通过对线下实体商业资源进行网络化、信息化和数字化改造，借助大数据和移动端，进一步整合线上线下资源。近年来，电商企业通过资本运作或合作，开始大举进入实体商业领域。例如，阿里巴巴旗下的盒马鲜生已经实现线上线下一体化，消费者可以在实体店购买，也可以在 App 上下单。此外，门店附近 3 公里范围内，盒马鲜生可以在30分钟送货上门。腾讯携手永辉的超级物种项目、京东的7-Fresh项目，都与盒马鲜生一样在新零售的线上线下融合领域开发流量入口，丰富消费场景。

2.3　大数据等技术驱动C2B发展

电子商务平台掌握着消费者购物偏好，可以通过互联网在线描述消费者画像，包括消费者对产品的喜好，生产者可以根据大数据画像来为消费者订制商品，从而提高制造业的生产效率，提升市场投放的精准度。随着越来越多的消费者参与设计或提出要求，生产制造系统将逐渐实现柔性化生产、快速交货，以便对市场需求进行快速满足。

2.4　促进工业互联网加快发展

电子商务平台通过大数据、云计算、区块链、人工智能等技术与供应链融合，充分赋能传统行业，更大范围、更高效率、更加精准地优化生产和服务资源配置，促进传统产业转型升级，催生新技术、新业态、新模式，为智能制造发展提供基础，实现产业上下游、跨领域的广泛互联互通，打破“信息孤岛”，促进数据集成与共享。

2.5　国际贸易向数字化发展

电子商务平台让全球的制造商与消费者直接连接，以大数据为支撑，以数字技术为驱动，通过在线化、数字化的贸易，实现了贸易链的扁平化和制造价值的最大化。未来国际贸易数字化将使国际产能合作更加透明，充分利用好国内、国际两个市场、两种资源，有助于在全球经济一体化过程中推进国际贸易均衡发展。

3 电子商务发展面临的问题

3.1 法律法规及标准体系有待进一步完善

在电子商务和网络零售发展初期，本着“放水养鱼”的原则，国家和监管部门对电子商务发展给予相对宽松的政策环境。但随着电子商务市场规模、企业主体和社会影响的不断扩张和强化，知识产权保护不力、市场集中度过高、信息安全保护缺失、不当竞争行为频现、信用体系建设滞后等问题或矛盾逐步暴露和凸显。而政府部门在执法过程中，由于缺乏足够的执法依据和手段，或者原有法律法规对电子商务的适用性和可操作性较差，而难以对电商发展实施引导和规范政策。突出表现在一些现行法律法规不适应发展需要，新兴业态和服务的标准缺失，现行服务标准和规范整体水平不高，与国际接轨不够。

同时，由于与电子商务相关的标准体系建设相对滞后，影响和制约了电子商务创新发展和规范发展。例如在农产品电商、O2O 等方面，现有标准和操作规程覆盖率不足，滞后性突出，既影响到消费者合法权益的保障，也不利于优化竞争和营商环境。以鲜活农产品冷链为例，根据 CNNIC 的调查，消费者在网购时最关注的三个问题分别为农产品质量认证问题、物流过程中的质量保障和售后服务，选择者分别占所有被调查者的 64.3%、62.6% 和 49.9%[①]，而这三个问题均与标准和规范相关。

---

① 中国互联网络信息中心（CNNIC）：“2014 年中国网络零售市场评估报告”，2015 年 6 月。

3.2　一些准入限制难以满足电商统一化市场需求

电子商务平台针对用户个性化、多样化的需求，建立了全国统一化市场，如果准入规则不统一、不透明，将会导致市场供给不稳定。在地方出台平台准入细则的过程中，需要进一步明确地方准入细则和上位法之间、行业主管部门出台的指导意见和暂行办法间的关系，并广泛征求社会公众意见。例如，截至2018年7月，全国有210个城市（包括4个直辖市和206个地级市）出台了网约车管理细则文件。从各地出台的细则看，针对司机要求户籍、劳动合同、网约车资格考试等条件，要求车辆转变成营运车辆，还对轴距、排量、车龄、车价、车长、里程、保险、燃料类型等提出不同要求。这导致全国3000多万网约车的合规率不足1%。

3.3　监管体系与市场发展不相适应

一方面，竞争行为有待规范。电子商务市场中近年来很多新生业态的相关管理办法中没有对价格和竞争行为进行规范，平台与实体门店之间，平台与平台之间，平台与商户之间都存在相应问题。例如有些实体门店在选择移动支付端口时只能支付宝和微信“二选一”；网约车平台在竞争中存在过度补贴和低价倾销的问题；一些网约车平台对乘客加价随意，对司机提高抽成比例，要求司机或者商户对平台进行“二选一”，严重侵害了用户的知情权和自由选择权。

另一方面，监管体系需要与时俱进，对创新创业发挥更加积极的支撑作用。随着电子商务新应用、新业态、新模式的不断涌现，一些监管理念和监管制度已不适应融合、扁平、高效、专业等监管要求。以条块为主的监管体系，过多依赖行政手段，重审批、轻监管的情况依然存在，引入大数据、社会共治等新手段和新理念步伐偏慢。具体来看，在对电子商务市场监管领域，存在统一业态，同一城市标准不同，事中事后监管也存在选择性执法的问题。各部门条块分割的监管组织架构亟须优化。传统监管体系强调属地管理、行业管理，与电子商务市场跨区域、跨行业等发展的现实需求不匹配，“一个平台、服务全国网络”的运营特点与传统的属地管理制度之间的冲突日益凸显。例如网约车的属地管理要求在本地设立分公司并取得行政许可，若完全按照要求执行，网约车构建全国统一市场需要获得全国近300个地市的行政许可，且不能异地同步办理，制度成本过高。

3.4 消费者保护和安全保障机制亟待建立

一方面，从消费环节来看，电子商务企业提供的商品和服务由于线上、线下交付时间有差异，商家供应商信息不完全公开，在一些领域存在商品和服务质量参差不齐的问题。部分团购电商网站存在假货问题，且涉及虚假宣传、售后服务差。一些O2O服务网站，存在服务标准化程度低，线上描述和线下服务不相符问题。部分二手交易平台涉嫌用虚高报价吸引用户前来卖二手商品，但商品缺乏统一标准，难以判定商品质量、新旧，出现质量问题、调包问题很难取证、追责。企业结合大数据算法，在带来高效与便捷的同时，也引发了诸如大量低俗劣质信息精准推送、大数据杀熟等突出问题。在平台责任界定不清、诚信体系不健全以及先行赔付机制缺乏等情况下，市场面临“监管难、取证难、维权难”的挑战。例如，2017年下半年，随着酷骑单车、悟空单车、町町单车、小蓝单车等企业纷纷停止运营或倒闭，用户的押金退还出现困难，涉及民众数百万人、押金总额数十亿元。

另一方面，对消费者保护力度偏弱，也影响到流通创新对制造业转型发展的引领和带动作用的充分发挥。在需求日益个性化、多元化和差异化的趋势下，市场日益细分，电子商务能够从技术手段上满足企业对分散、多变市场信息的获得、识别和处理的需求，从而能从制造环节与之匹配，形成多样化的有效供给。但由于对消费者保护力度不足，消费难以更加充分和快速地释放，从而导致市场信号难以快速被反映到制造企业，进而影响到制造企业转型升级的决策和进程。

3.5　基础设施仍然存在突出短板

当前，现代化的商业模式与相对滞后的物流体系之间的矛盾日益突出，在诸多方面均存在基础设施的短板，特别是一些关键性基础设施或平台发展滞后，对网络零售和电子商务的发展产生制约作用。

一是信息化基础设施发展仍然不能适应电商及互联网经济的要求。我国固定宽带人口普及率为14.4%，全球排名第67位，与OECD国家平均水平（30.0%）差距明显；我国移动宽带人口普及率为41.8%，仅略高于40.1%的世界平均水平。[①]

二是城乡之间、地区之间物流基础设施规划建设不足，发展不均衡。末端物流配送网络的不健全成了制约电商发展的设施瓶颈，城乡双向流通体系难以建立和运行，影响了整体流通效率的提升。冷链设施不足，影响到电子商务和物流企业的服务质量和食品安全。铁路从事干线物流运输的优势有待进一步深入挖掘，既有的铁路货运场站没有得到充分利用。

---

① Broadband Commission for Digital Development："The State of Broadband 2015"，http：//www.broadbandcommission.org.

三是跨境物流基础设施不足。传统的集装箱整箱模式因其耗时较长，多次转运的特点不太适合跨境电商，而航空快递因为网络不完善导致费用偏高，在集货、包装、仓储、国内外配送以及分拨几个环节的基础设施明显不足，使得物流效率提升受阻。对于跨境电商、免税展示等新模式，也存在海外分仓建设不足，免税实体店数量和覆盖偏低等问题。

4 新时代促进电子商务创新发展的思路与建议

4.1 建立分类分领域的监管模式和标准规范

在确保社会稳定、不发生系统性金融风险和依法保护个人信息的前提下，把握好电商平台企业的监管尺度，加强事前防范机制建设，创新事中事后监管，切忌过度监管。对符合发展方向和社会需求，但存在经营不规范、不公平竞争、侵害消费者权益等问题的，监管部门要及时予以引导或依法监管和加以纠正；对创新可能带来严重风险隐患的，要完善监管制度和严格监管，并加强监测预警和建立应急处置方案；对已出现的重大突发事件，要在严厉查处的基础上，认真分析原因和加快完善相关制度规范，有针对性地加强监管。对有违社会公序良俗、不利社会稳定、严重影响或恶意侵害消费者权益的，必须严厉打击和严格管控。

从具体领域看，互联网金融领域要从准入条件、资金流向和管控风险等方面完善监管制度和规范，有序推进互联网金融风险专项整治，加强金融消费者教育和合法权益保护，加快建立预付金、押金等非借贷类客户资金存管机制。媒体、娱乐等领域要明确意识形态、舆论导向、公序良俗等方面的红线，突出对内容业务监管，加强未成年人保护。网购、出行、餐饮、租房等服务领域要在放开准入和鼓励创新的同时，加强安全责任、消费者合法权益保护和公平竞争等方面的监管。

4.2　尽快形成综合监管的基础性制度

明确监管目标。监管目标除了“防止市场垄断，依法查处不正当竞争行为”外，应包括保护消费者合法权益、督促企业履行社会责任、保障国家安全等。健全联合监管机制。在跨行业、跨部门、跨地域监管中明确责任主体和牵头单位，形成监管合力。构建多元共治的监管体系。加强企业自律，充分发挥行业协会在监管和治理中的作用，加强新闻媒体和社会公众监督。建立多方参与的信用信息共享平台。健全信息共享互通机制，加快实施褒扬诚信、惩戒失信的联合治理，从人民群众关心的重点领域率先稳妥推进。建立健全监管标准体系。加强电子商务安全生产、网络安全、数据安全和公共安全等标准的制定和普及推广。完善相关法律法规。明确平台责任，依法落实企业安全责任，使平台监管有章可循，并在履行应有职责后不再承担其他责任。在兼顾个人权利和产业发展的基础上，制修订《个人信息保护法》等法律法规。

4.3　加强监管能力建设

加强执法能力建设，不断提高与新技术新业态新模式发展趋势相适应、相匹配的监管能力，实施线上线下统一监管。推动跨地区、跨部门、跨层级信息数据开放共享，为实施“综合监管、联合监管”打好基础，避免出现“多头管理”“重复监管”，更好防范和处置相关风险。建立政府、企业等各方信息融合共享机制。统筹考虑国家信息安全、企业数据价值、个人信息保护等各方诉求，不宜要求归集共享电商企业所有数据。除涉及国家安全、商业秘密、个人隐私等信息外，各级政府组成部门掌握的信息要根据不同行业特点向社会依法依规开放。

4.4 强化补齐基础设施短板，为电商发展夯实基础

结合我国产业结构调整和生产力布局调整，构建并完善流通网络体系建设。结合高铁快运、航空货运等快捷运输组织方式，加强新兴物流枢纽和节点的推进和政策引导，提高物流基础设施的配套性和兼容性，提升流通设施的系统功能。推动制造企业应用精益供应链等管理技术，鼓励新技术应用，加快信息化普及，充分利用仓储资源。利用互联网等先进信息技术手段，提高仓储资源利用效率。研究高铁快运物流网络节点布局，推动高铁场站和快递企业分拨中心一体化或毗邻设计，加大对高铁快运物流设施用地的支持。充分发挥航空货运安全、快捷、舒适、灵活的优势，结合新时期国际贸易及物流发展趋势，构建世界级机场群、国际枢纽和区域枢纽层次清晰、布局合理、功能完善的机场体系，加快建设西部地区的航空货运枢纽，提高“空空转运”和“空地转运”效率，提升枢纽国际物流竞争力。鼓励企业整合国内外资源，加快跨境电商海外仓、海外物流体系建设，积极推动国内电商市场融入全球电商及贸易体系。

4.5 提高贸易便利化水平，进一步提升市场拓展能力

加强电子商务国际合作，积极发展面向“一带一路”沿线国家的电子商务合作，建立政府、企业、专家等各个层面的对话机制，全面加强我国在全球贸易治理和规则制定中的话语权，积极主动地对接全球贸易国家和地区，推动我国电子商务“走出去”。加强顶层设计和战略谋划，建立跨部门的协调机制，提升海关、检验检疫、交通、工

商税务等部门的服务功能及水平。建立涵括便利通关、检验检疫、结汇、退税等系列基础信息的标准体系和接口规范，为跨境电商业务流程及管理服务提供标准化指导和规范。同时，明确跨境电商交易的业务范围和开放顺序，建立跨境电商主体资格登记及支付机构结售汇市场准入制度，适时出台跨境电商及支付外汇管理办法等。

执笔人：王　青　李汉卿

参考文献

[1] 蓝伯雄，郑晓娜，徐心．电子商务时代的供应链管理．中国管理科学，2000，V（3）

[2] 鄂立彬，黄永稳．国际贸易新方式：跨境电子商务的最新研究．东北财经大学学报，2014（2）

[3] 曲振涛，周正，周方召．网络外部性下的电子商务平台竞争与规制——基于双边市场理论的研究．中国工业经济，2010（4）

[4] 苏涛．O2O 电子商务商业新模式分析．全国商情（理论研究），2012（1）

[5] 聂林海．我国电子商务发展的特点和趋势．中国流通经济，2014（6）

[6] JLL，Destination Retail 2016 – Retailers expanding in leading cities around the world.

[7] 德勤中国，投中信息．中美独角兽研究报告（2017）．https：//www. sohu. com/a/190176396_118792

[8] 刘世锦．中国经济增长十年展望（2018 – 2027）：中速平台与高质量发展．北京：中信出版社，2018

[9] 美国波士顿咨询公司（BCG），阿里研究院．中国消费趋势报告（2016）．https：//wenku. baidu. com/view/

[10] 任兴洲，王微，王青等．互联网 + 流通：创新实践、成效与政策．北京：中国发展出版社，2016

[11] 王微，王青．对培育建设国际消费中心的政策建议，http：//www. drc. gov. cn/xsyzcfx/20170405/4 – 459 – 2893046. htm

[12] 中国（海南）改革发展研究院课题组．转型闯关——“十三五”：结构性改革历史挑战．北京：中国工人出版社，2016

[13] 国务院发展研究中心市场经济研究所．改革开放 40 年市场体系建立、发展与展望．北京：中国发展出版社，2019

[14] 中国互联网络信息中心．中国互联网络发展状况统计报告（1997 – 2017），http：//www. cnnic. net. cn/hlwfzyj/hlwxzbg/index_ 5. htm

专题报告六

我国劳动力市场体系的发展与改革

改革开放以来，劳动力市场建设在破除计划经济体制障碍，逐步建立完善中国特色社会主义市场经济体制的总体进程中，与其他经济社会体制变革紧密关联。40 年间，实现了劳动就业制度由“统包统配”向市场化导向转变，推动我国劳动就业工作取得历史性成就、发生历史性变革，就业局势维持稳定，从业人员规模不断扩大，劳动者就业结构不断优化，劳动就业政策与服务体系日趋丰富完善，走出了一条我国特色的劳动力市场体系改革发展道路。

党的十九大报告作出了中国特色社会主义发展进入新时代的重大论断，指出我国社会主要矛盾已经转化为人民日益增长的美好生活需要和不平衡不充分的发展之间的矛盾。这种时代性变化与社会主要矛盾转换，同样在就业领域得到明显体现。进入新时代，面对新形势，习近平总书记针对就业问题发表了一系列重要讲话，指导政策创新和实践，提出了新时期就业工作的新目标、新方针、新任务，进一步完善就业优先战略和积极就业政策。坚持发挥市场在促进就业中的决定性作用，推动统一开放、竞争有序的人力资源市场体系建设，支持鼓励大众创业、万众创新，以创新创业带动就业，形成了供求双向选择、劳动者自主就业创业新格局。劳动力市场化改革稳步推进，有力促进了人力资源合理流动和有效配置，促进了人力资源充分开发和有效利用，与经济产业结构转型升级，实现高质量发展相适应相匹配。

1　新时代劳动力市场建设的新趋势与新要求

1.1　劳动力市场供求的新形势

进入新时代，随着我国经济社会发展与劳动力供给趋势变化，我国就业的基本形势和主要矛盾也在发生深刻变化。一方面，由于劳动年龄人口减少，就业总量矛盾相对有所缓解；另一方面，结构性就业矛盾进一步凸显。这些变化构成我国就业形势特征的基本面。

从总量上看，劳动力供给增速趋缓，总量逐步减少，总量压力相对缓解，但仍然高位持压。2012 年开始，我国的劳动年龄人口数量出现持续下降，与以往高速增长的发展趋势明显不同，就业总量的压力从增量向存量转变。未来相当长一段时期，我国的就业总量仍将处于一种持续中高压状态。2017 年，16～59 岁劳动年龄人口 90199 万人，比 2016 年减少 548 万人，但从业人口规模 77640 万人，仍比 2016 年净增 37 万人。据测算，到 2030 年之前我国 16～59 岁的劳动年龄人口仍将一直保持在 8 亿以上。但值得高度重视的是，随着我国人口老龄化进程加速发展，劳动力资源供给总量下降趋势持续，15～64 岁人口占人口比重在 2010 年达到 74.5% 的峰值，之后持续下降，2017 年减至 71.8%（见图 6－1）。这将对我国劳动力供给产生深刻的影响。

从结构上看，结构性矛盾逐步成为主要矛盾。在总量压力由持续攀升进入高位平台的基础上，结构性矛盾更加凸显出来。与改革开放初期和国有企业改革攻坚阶段出现的就业结构性矛盾不同，当前就业

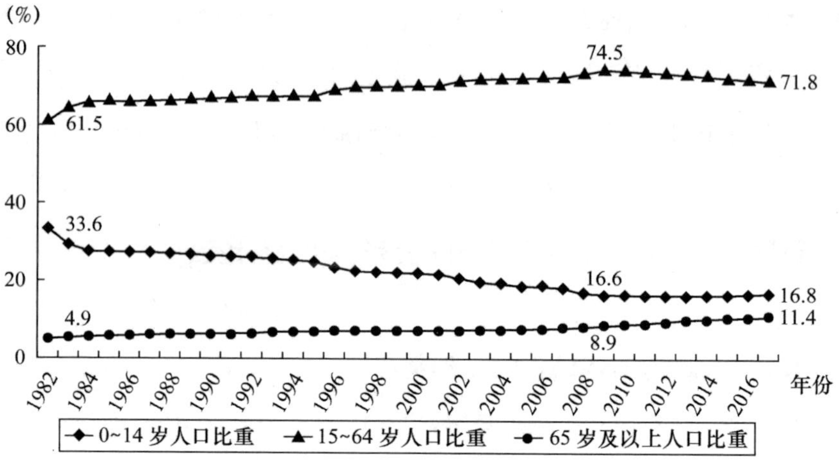

图 6－1　我国人口年龄结构变化情况

结构性矛盾是在经济社会发展持续转型到一定阶段时形成的，劳动力的需求和供给结构都存在显著的转型特征。比如：化解产能过剩、推动国企改革，使“隐性”失业“显性化”，部分地区下岗压力可能增大；经济下行压力下，部分企业困难加重，一些小微企业迫于生存压力减员可能带来的失业问题；“90 后”劳动者成为新增就业的主体，他们对岗位的选择性增大！其中有些人不愿从事苦脏累和自由度小的工作；“新技术”“新产品”“新业态”“新模式”不断涌现，但技能型人才远远满足不了需要；高校毕业生数量将继续增加，供求矛盾会更为突出，等等。就业结构性矛盾是经济社会发展不协调不平衡的结构性问题在就业领域的集中反映。这里既有产业结构调整和技术进步的因素，也有区域经济格局变化的影响，最根本的还是劳动力需求和供给的不匹配。一方面，劳动力供给总量从无限向有限供给转变，劳动力结构明显变化，劳动者人力资本投资增加，劳动者就业观念方式多元，就业预期提高。随着我国高等教育发展，高校毕业生人数逐年增加（图 6－2），占每年新进入市场的劳动力的近一半；农民工群体中“80 后”“90 后”新生代也已超过 60%。新一代求职者更加注重职

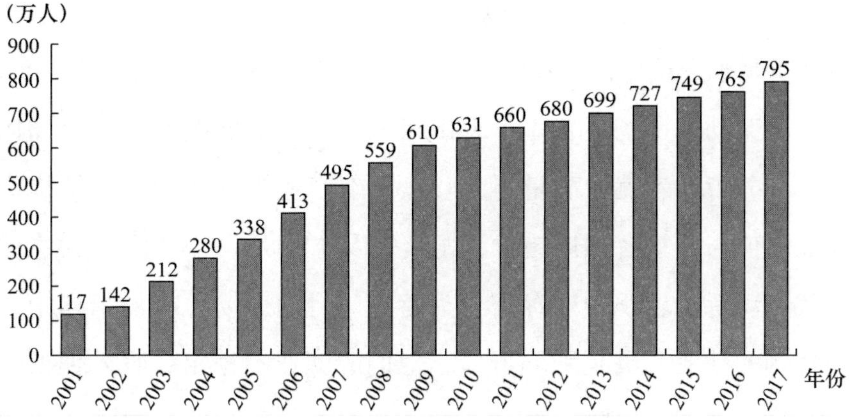

图 6－2　我国各年应届高校毕业生人数

资料来源：国家统计局。

业发展、薪酬待遇、工作条件和自我价值实现，供需对接存在错位。与此同时，大量劳动者职业技能和知识水平偏低、部分劳动者就业观念落后等情况也仍然存在。另一方面，经济发展进入“新常态”，随着工业化、信息化、城镇化的不断深化，企业生产转型升级，消费结构、消费观念和要求提升，人力资源市场对劳动者的知识技能素质和服务能力水平要求显著提高，但低端产业链条中生产企业和传统服务业仍然存在，大量的低端就业岗位需要低成本劳动力的情况也没有彻底改变。这些结构矛盾表现在劳动力市场上，形成“两难”并存，即劳动力供给总量巨大条件下的“招工难”和市场岗位需求持续增加下的“就业难”同时存在。一方面，部分劳动者“找工作难，找好工作更难”。人力资源市场大龄劳动者人员供给大于岗位需求，部分传统行业、产能过剩行业企业人员失业风险加大，以高校毕业生为主的青年就业持续高压，部分劳动者就业质量不高，市场体制分割和形形色色的就业歧视等不公平现象依然存在。另一方面，人力资源市场上“招工求才难”普遍存在。既有部分传统低端行业岗位招不到人的“普工难招”，也有因为新技术、新产品、新业态、新模式不断涌现，高技能型人才远远满足不了需要形成的“技工难找”，还有一些关键领域的高层次创新型人才更是千金难得，一些地方和企业长期困扰于“人才难求”。

我国劳动力市场还有一个突出特征，就是中低端劳动力市场比例较大，部分劳动者就业质量不高。以低端产业为主体的经济结构形成的就业岗位与劳动者预期错位，尤其是以“80后”“90后”为主体的新生代劳动者的求职预期存在较大落差。目前劳动力市场结构中，有相当比例的就业人员是脆弱群体，他们的就业不稳定、收入偏低、就业权益得不到基本保障，部分劳动者甚至被欠薪，部分中小企业职工社会保险参保率较低，缴费基数低，断保（中断社会保险缴费）现象有所增加，导致社会保障权益受损；许多生产和服务一线劳动者工作时间长、劳动强度大、工资不高，侵害劳动者就业权益行为和就业歧视现象还时有发生。同时，就业稳定性和职业发展性不足。以农民工和城市“漂族”为代表的劳动者在城乡之间、不同地区和城市之间、不同行业和企业之间频繁流动和跳槽，长期处于“打零工”状态，就业稳定性不足，缺乏职业发展空间，降低了就业质量，增加了就业的不安全感。

同时，随着新就业形态发展和新技术进步，我国劳动力市场也将面临一些新的挑战。随着“中国制造2025”“大众创业、万众创新”和“互联网+”等政策推动，“新经济”“分享经济”等以指数型发展方式在经济社会生活中实现爆发，全方位影响着人们的生产和生活，为经济发展带来新的增长动力，同时也在改变着人们的劳动世界。新的动力和增长点逐步形成，战略性新兴服务业、高技术服务业、科技服务业、文化及相关产业服务业、生产性服务业、电子商务及相关的快递业等较快增长。云计算、大数据、物联网等技术层出不穷，在线旅游、医疗、教育、网络约车、第三方支付等“借网而生”，智能制造、个性化定制、普惠金融、智慧城市等也催生出一批新模式和新业态，“大众创业、万众创新”持续推进，新企业、新经济蓬勃发展，创客群体的不断扩大，营造了新的就业增长空间。新就业形态的蓬勃发展，将成为未来劳动力市场的“新常态”。以分享经济为例，《中国分享经济发展报告2017》数据显示，2016年我国参与分享经济活动的人数超过6亿人，比上年增加1亿人左右。参与提供服务者人数约为6000万人，比上年增加1000万人，其中平台员工数约585万人，比上年增加85万人。从新业态从业人员的构成看，在新业态的从业人员中，既有升级版或者“互联网+”的传统灵活就业人员，也有高知识、高回报的新型自由职业和多重职业者；既有自主创业者，也有自由职业从业人员，还有兼职就业和单位灵活雇佣的从业人员。

与新经济、新业态相伴而生的是新一轮技术革命的迅猛发展，是以工业智能化、互联网产业化、工业一体化为代表，以人工智能、清洁能源、量子信息、3D打印、智能制造、虚拟现实、生物医药技术和新材料科学等为主的全新技术革命。新一轮技术革命涉及实体经济和虚拟经济，覆盖制造、信息、金融、安全、教育、医疗、能源以及生活服务等几乎所有行业和领域，以爆炸式、网络化方式快速渗入经济社会生活的方方面面，对经济社会形态影响的速度、广度和深度远超以往历史技术革命。这场技术革命将重构生产、分配、交换、消费等经济活动各环节，既推动产业转型升级，带动经济高速增长，也实现生产力的新跃升，以及生产要素的重新配置，也必然对劳动力市场产生广泛和深刻的影响。新技术的发展，将会使就业市场发生积极变化。随着技术进步，需要深度思考、增进用户体验、满足个性化需求的一些岗位将大量产生，科学研究、技术发明、创业设计、产品研发、工程师、程序员、文创人员、教育、管理咨询师等方面的人才需求增加。新技术的进步，也将与传统技术相结合，进一步提升传统行业就业岗位的质量，同时催生出一批新服务、新模式、新业态。受益于信息化、智能化水平的提高，就业时间和空间的约束将逐渐减少，劳动者不再拘泥于“朝九晚五”的固定工作时间，就业的灵活性、多元化和个性化特征也会越来越明显。

新产业、新业态、新模式的发展、技术革新和进步将直接创造新的岗位需求，还将增强生产与消费对接的便利性，降低产品成本及价格，刺激消费、扩大需求，进而带动相关产业甚至整个经济增长，拓展新的、更广阔的就业空间。

另一方面，新就业形态的发展、新技术革命也会给劳动力市场造成一定程度的冲击。新就业形态的发展存在诸多矛盾和问题，面临许多挑战。如平台经济发展存在隐患、从业人员职业发展不稳定；新旧机制转换和结构调整存在磨合阵痛；人力资本支撑不足、技能结构矛盾日益突出；职业生涯碎片化、工作与生活界限模糊；权益义务的法律关系不清晰；从业者劳动保障面临诸多困扰，就业质量有待提高；劳动关系调整和市场监管将面临新的问题和挑战。技术革新和进步推动传统产业生产、管理和营销模式变革，已经在影响和改变生产服务模式和人们的生活方式，对就业的影响也更加深广，技术进步的“双刃剑”效果更加明显。以“机器换人”等形式直接替换劳动，势必导致一些岗位被淘汰。技术性失业可能增多，短期失业风险或有所抬头。从趋势看，主要是重体力和轻智力类的就业岗位面临被替代的风险，流程性、重复性、易被数字信息编码所取代的简单劳动岗位将快速流失。新技术革命也将提高人力资源投资成本，短期内技能结构矛盾将更突出。新技术革命会使得人力资源市场岗位需求结构有所调整和优化，在一定程度上缓解普工过度需求的问题，也会为高校毕业生创造更多更匹配的就业机会，但同时也对人力资本提出了更高要求。复合型、技术技能型、创新创业型劳动者将严重短缺，技术性失业和高层次人才短缺的矛盾将同时存在，技能结构矛盾进一步加剧。由于资本、技术等鸿沟扩大，也可能进一步加剧劳动力市场结构分化、断裂，出现一定规模的低端、低质量的劳动力市场。劳资之间、不同劳动者之间收入将加剧分化，劳动力市场中的困难群体需要更多的政策支持，支持社会公平的政策体系需要进一步加强。

1.2　劳动力市场体系建设的新目标

党的十八大报告提出要“推动实现更高质量的就业”，之后的“十三五”促进就业规划明确要“推动实现比较充分和高质量的就业”。十九大报告再次提出要“实现更高质量和更充分就业”，将“比较充分”改成了“更充分”，并且把“更高质量”放在“更充分”的前面，从质和量两个方面提出了要求，且更加注重就业质量。这种目标任务的变化和我国社会主要矛盾的转换是相适应的，劳动者对更好就业的向往要求，经济发展从规模型向质量型发展，都要求更加注重就业质量问题。就业是最大的民生。要坚持就业优先战略和积极就业政策，实现更高质量和更充分就业。大规模开展职业技能培训，注重解决结构性就业矛盾，鼓励创业带动就业。提供全方位公共就业服务，促进高校毕业生等青年群体、农民工多渠道就业创业。破除妨碍劳动力、人才社会性流动的体制机制弊端，使人人都有通过辛勤劳动实现自身发展的机会。

1.3　创新就业方针，大力推进“大众创业、万众创新”，激发劳动力市场活力

2012 年党的十八大报告明确要贯彻“劳动者自主就业、市场调节

就业、政府促进就业和鼓励创业”的方针，将“鼓励创业”作为就业工作方针的重要内容，这是对新时期就业工作的重大理论创新。要使我国的发展从过度依赖自然资源转向更多依靠人力资源。我国拥有世界上规模最大的人力人才资源，这是创新发展的最大“富矿”。“创业带动就业”是以人民为中心的发展的本质要求，体现“人力资源作为第一资源”主体价值的就业理论，是对市场就业机制的创新与完善。它改变了以往适应岗位的被动就业模式，而是充分发挥人力资源作为第一资源的主体性作用，通过以人力资源为主导因素来配置其他资源以创造岗位的主动就业模式，这一新的就业模式实现从“以物为中心”的资源配置方式，向“以人为中心”的资源配置方式的转变。“创业带动就业”就是要建立从源头上创造就业的机制，表明我国的就业机制正在发生积极的变化，对实施就业优先战略，完善就业促进长效机制，形成劳动力市场新格局具有深远意义。我国政府高度重视创业创新，将推动大众创业、万众创新作为实现经济发展的“双引擎”之一，作为实现两个“中高”目标的重要动力，同时也是劳动者实现个人梦想的重要途径。为此，习近平总书记明确要求“各级党委和政府要关心和爱护广大劳动群众，切实把党和国家相关政策措施落实到位，不断推进相关领域改革创新，坚决扫除制约广大劳动群众就业创业的体制机制和政策障碍，不断完善就业创业扶持政策、降低就业创业成本，支持广大劳动群众积极就业、大胆创业”。①

1.4　积极就业政策升级，适应劳动力市场新形态发展要求

2015 年 4 月 27 日，国务院出台《国务院关于进一步做好新形势

① 引自习近平总书记《在知识分子、劳动模范、青年代表座谈会上的讲话》（2016 年 4 月 26 日）。

下就业创业工作的意见》（国发〔2015〕23 号），共五部分二十七条。简要概括文件内容，可以从四个方面把握：第一，围绕实施就业优先战略，文件提出要把稳定和扩大就业作为经济运行的下限，同时要将城镇新增就业、调查失业率作为宏观调控的具体指标；第二，围绕着促进以创业带动就业提出了一系列政策；第三，针对各类重点群体就业提出了新的政策措施；第四，在加强就业服务和职业培训方面也提出了许多新的措施和明确要求。2017 年国务院下发《国务院关于做好当前和今后一段时期就业创业工作的意见》（国发〔2017〕28 号）。文件确定的政策内容主要包括：围绕实施就业优先战略，要把稳定和扩大就业作为经济运行的下限，同时要将城镇新增就业、调查失业率作为宏观调控的具体指标；围绕着促进以创业带动就业提出了一系列政策；针对各类重点群体就业提出了新的政策措施；提出了支持新就业形态发展的系列政策措施；在加强就业服务和职业培训方面也提出了明确要求。与此同时，国务院还连续发出多个促进“大众创新、万众创业”、就业精准扶贫、支持新业态发展、重点群体就业等方面的文件，形成了新一轮的积极就业政策的集成与创新。新时期积极就业政策的主要特点是将就业与经济转型升级和高质量发展紧密结合，把鼓励创业和促进就业更好地结合，是把党的十八大提出来的政府促进就业和鼓励创业相结合这一方针在政策上的具体化。

1.5　劳动力市场服务体系更加完善

劳动力市场已经成为劳动力流动配置的重要手段，是高校毕业生、农民工等重点群体实现就业的主要载体。改革开放 40 年来，党中央、国务院高度重视劳动力市场服务机构和体系建设，制定出台了一系列政策措施，健全完善市场机制，加强市场监管，提高服务水平，推进统一规范、竞争有序的劳动力市场体系建设。

从早期开办劳务市场和人才市场，到劳动力市场、人才市场向人力资源市场整合发展，我国逐步建立起覆盖省、市、县、街道（乡镇）、社区（村）的五级公共就业服务网络，确立了免费提供政策咨询、信息发布、职业指导、职业介绍、创业服务等的基本公共就业服务制度，覆盖城乡的公共就业服务体系基本形成。

目前，我国已形成包括公共服务体系和市场化服务体系在内，民营、国有、外资等不同类别服务机构共同发展格局。劳动力市场服务内容和能力不断提升，招聘服务、人事代理、档案管理、社会保障经费代收代缴等传统产品继续提供，人才测评、人力资源管理咨询等新兴业态全面兴起，与互联网、金融等产业领域跨界融合的创新产品层出不穷。截至 2017 年底，我国共建立了各类人力资源服务机构 3.02 万家，从业人员 58.37 万人，全年营业收入已经达到了 1.44 万亿元。全国人力资源服务机构共服务用人单位 3190 万家次，为 2 亿多人次就业、创业和流动提供了服务。

近年来，人力资源服务业快速发展，成为现代服务业的重要内容，促进了劳动力市场服务体系的更加完善。2014 年《关于加快发展人力资源服务业的意见》首次对发展人力资源服务业做出全面部署，2016 年《关于深化人才发展体制机制改革的意见》进一步突出了人力资源服务业在人才市场化配置中的地位和作用。2018 年，颁布了我国人力资源要素市场领域第一部行政法规《人力资源市场暂行条例》（以下简称《条例》），对健全完善人力资源市场体系、推动人力资源服务业健康发展、促进人力资源自由有序流动和优化配置、更好服务就业创业和高质量发展具有重要意义。《条例》通过立法的手段，确认原来的人才市场和劳动力市场的整合改革的成果，推动建立统一的管理制度和管理规范，推动形成统一的人力资源市场体系；明确建立政府宏观调控、市场公平竞争、单位自主用人、个人自主择业，人力资源服务机构诚信服务的人力资源流动配置的机制；提出要破除户籍、地域、身份等体制机制的弊端，促进人力资源的自由有序流动。《条例》赋予劳动者和用人单位平等的法律地位，规定用人单位和人力资源服务机构应当向求职者提供平等的就业机会和公平的就业条件，对公共服务机构和经营性的服务机构统一规范和监督管理，营造更加公平的市场环境。

2　进一步完善劳动力市场体系建设的政策建议

我国有13.9亿人口、9亿多劳动力，就业总量压力和结构性矛盾将长期存在，解决好就业问题是我国长期面临的一项重大战略任务。习近平总书记指出，就业是最大的民生，要坚持就业优先战略和积极就业政策，实现更高质量和更充分就业。劳动力市场是社会主义市场经济的重要组成部分，是重要的要素市场。要更好发挥市场在促进就业中的作用，要依靠市场力量，根据市场需求，落实好积极就业政策，促进就业创业和人力资源开发配置。

当前，中国特色社会主义进入新时代，社会主要矛盾发生新变化，人力资源市场领域发展不平衡不充分问题依然凸显；劳动力市场供求呈现新特点，亟须发挥人力资源服务业促进人力资源优化配置作用，推动“人口红利”向“人才红利”转变；科技和产业融合发展出现新趋势，“互联网+”等新兴信息技术在劳动力市场领域广泛应用；“放管服”改革要求劳动力市场管理体制改革向纵深发展，进一步完善劳动力市场体系建设。

2.1 坚持市场导向的就业改革不动摇，发挥好市场和政府作用

我国是人口大国，要实现充分就业，必须发挥市场机制在劳动力资源配置中的决定性作用，推动统一开放、竞争有序的人力资源市场体系建设，支持鼓励大众创业、万众创新，以创新创业带动就业，形成供求双向选择、劳动者自主就业创业新格局。党的十八届三中全会提出，经济体制改革是全面深化改革的重点，核心问题是处理好政府和市场的关系，使市场在资源配置中起决定性作用，更好发挥政府作用。政府与市场关系在就业问题上集中体现在就业方针上。既坚持市场和劳动者个体的主动性和决定性，同时也重视政府责任和作用，尤其是在解决重点群体就业方面，政府责任不可轻视。习近平总书记明确指出："我也了解，部分群众在就业、子女教育、就医、住房等方面还面临一些困难，不断解决好这些问题是党和政府义不容辞的责任。"① 同时，需要指出的是，在发挥好市场和政府两只手的作用的同时，习近平总书记还突出强调在全面深化改革过程当中，要坚持和发展我们的政治优势，以我们的政治优势来引领和推进改革，调动各方面积极性。

2.2 坚持劳动力市场与其他市场要素改革协同推进，促进就业与经济协调发展

历史经验表明，劳动力市场改革与国家经济社会其他领域和市场要素改革密不可分。解决劳动力市场内部结构问题以及劳动力市场与经济社会发展不适应问题，都需要将劳动力市场改革与其他要素改革协同推进。在经济社会整体改革发展规划中，要坚持实施就业优先战

① 引自国家主席习近平发表的 2017 年新年贺词，http：//www. xinhuanet. com//politics/2016 –12/31/c_ 1120227034. htm。

略，建立劳动力市场政策与经济社会发展战略相互调适机制，适应经济从高速增长到高质量发展转化，推进实现更高质量和更充分就业目标。尤其要加快建立人力资源禀赋适配的产业体系。按照着力加快建设实体经济、科技创新、现代金融、人力资源协同发展的现代产业体系要求，一方面，要抓住新一代技术变革和数字经济发展机遇，加快发展先进制造业、“互联网 +”、人工智能等新产业、新业态，创造更多符合新生代青年劳动力需求的高质量就业岗位；另一方面，要继续发展就业容量大的劳动密集型产业和服务业，加强实体经济发展，为大量低文化水平低技能素质的大龄劳动者提供就业机会。

2.3　打破妨碍劳动者就业创业的各种体制障碍，提高各类劳动力资源配置效率

围绕更好发挥市场促进就业作用，建立健全人力资源市场体系。要建立健全人力资源市场法规体系，建立健全人力资源市场监管体系，持续推进人力资源服务机构诚信体系建设，加强人力资源服务标准化建设。还要进一步打破长期以来形成的户籍、地域、行业等劳动力市场分割，破除体制内外的编制、人事、收入、社保和福利壁垒，加快完善社会保障体系，提高养老医疗等社会保险统筹层次，完善养老保险关系转移接续和医疗保险异地结算体系，提高社会保障的制度公平性和服务便捷性，并逐步缩小行业、地区和部门之间的收入差距，消除各种各样的就业歧视，形成更加统一、公平、有序、高效的劳动力市场，提高市场人岗匹配效率，最大限度开发人力资源潜在红利。围绕贯彻深化人才发展体制机制改革要求，建立健全人才顺畅流动配置机制。引导人才向经济社会发展急需领域流动，优化人才资源有效配置，为推动经济协同发展提供人才支撑。创造公平就业环境，

努力破除劳动力流动障碍，加强人力资源市场监管，维护劳动者合法权益。

2.4 加快城乡就业融合发展，优化劳动力城乡区域配置

加快农村转移劳动力市民化。着力解决进城农村转移劳动力面临的教育、医疗、社会保障等公共服务难题，推进农民工市民化，实现在城镇稳定就业。要加大对现有农村劳动力转移的挖潜力度，结合乡村振兴战略，推进“资本下乡”，在产业转移、公共服务、技能培训等方面大力加强对返乡创业农民工和就地就近转移就业大龄农村劳动力的政策支持和服务。加强区域经济发展规划，立足区域比较优势，促进经济合理布局、协调发展。调整区域产业结构，形成差别性的人力资源需求结构，缓解人力资源供需之间的结构性矛盾，促进各地区之间均衡协调发展。

2.5 加强劳动力市场供给侧结构性改革，统筹人力资源开发规划

适时调整人口政策和退休政策，调控劳动力市场总量供给。在目前二孩政策基础上，进一步放开生育政策，适当时候再出台鼓励生育政策，保持总和生育率合理稳定，保障未来青年劳动力的可持续供给。适时出台弹性退休制度，提高老年人口劳动参与率。研究制定老年群体重新进入人力资源市场的法律问题，在劳动合同期限和社会保障问题上允许灵活对待，增加老年劳动者带薪休假时间，缩短持续工作时间，健全弹性工作制度，支持非全日制工作和灵活就业，同时加强对大龄和老龄劳动者权益保护。

统筹人力资源开发规划，加强各类劳动者队伍和人才队伍建设。国家要加大“对人的投资”力度，提高针对职工职业技能培训财政额

度和支出比例。统筹制定国家总体人力资源开发中长期规划，适时制定老年人力资源开发与就业促进专项规划。统筹城乡人力资源开发，特别要加强就地就近就业创业大龄农村劳动力的技能培训。统筹各层级人力资源开发，建立从国家高层次人才到企业熟练普工的全方位政策支持体系。统筹普通高校和职业学校发展，加快技师学院建设，大力加强对职业教育的政策支持力度，特别要扩大面向农村和中西部地区的职业教育与职业培训。采取切实有力措施，加快实施国家终身职业技能培训制度。真正建立劳动群体全覆盖、职业生涯全覆盖的职业技能培训体系，提高职业技能培训的可及性、针对性、有效性、及时性，提升不同年龄阶段劳动者就业能力和职业转换能力，提高其劳动参与率和劳动生产率。

执笔人：陈　云

专题报告七

我国金融市场体系的发展与改革

改革开放40年来，我国的金融市场体系经历了一系列重大改革、创新和发展，取得举世瞩目的成就，逐渐成长为社会主义市场经济体系的重要组成部分。金融市场主体的数量和类型不断增多，金融产品和服务日益丰富，市场结构持续优化。货币市场功能不断健全，多层次资本市场体系不断完善，金融基础设施日趋完备，金融市场双向开放程度和市场化水平持续提高。金融市场监管体系不断健全，防范和化解系统性金融风险的能力显著增强，成功应对了国际国内各种冲击和挑战。特别是十八大以来，随着金融市场体系的广度和深度不断拓展，金融市场在满足市场主体多元化投融资需求，更好地服务实体经济，提高金融资源配置效率，发挥好价格发现和风险分散功能，提升货币政策传导的有效性，为国内经济金融体制改革和对外开放营造相对稳定的金融市场环境等方面，发挥了越来越重要的作用。

1 我国金融市场体系发展现状与主要特征

党的十一届三中全会作出实行改革开放的决定后，国内经济体制改革正式启动，国民经济各部门对资金和金融服务的需求显著增加，对金融市场体制改革的要求应运而生。40 年来，我国金融市场改革围绕建立和完善中央银行体制，推进金融机构市场化改革，构建多元化金融机构体系，稳步推进利率、汇率和资本市场改革，不断完善金融监管体制，稳妥实现金融业对外开放等路径有序推进，金融市场体系框架从无到有，金融市场从封闭走向开放，基本建成了与中国特色社会主义市场经济相适应、具有活力和国际竞争力的现代金融市场体系。

1.1　现代金融市场体系建立并日益完善

改革开放以来，随着我国金融体制改革从计划经济向市场经济转轨的不断推进，多层次、多功能的金融市场体系逐步形成。

一是建立并不断完善中央银行制度。1983 年，国务院正式确立中央银行制度，1995 年，从法律上确定了中国人民银行作为中央银行的地位和基本职权，中央银行和商业银行相分离的双层银行体系得以确立。随后，中央银行通过不断完善职能和组织管理体制，为构建多元化金融机构体系和多层次、多功能的金融市场体系奠定了重要基础，也为中央银行灵活运用各类货币政策工具引导社会资金投向国家重点支持项目和经济社会发展薄弱环节、提高金融机构服务实体经济的能力和水平、有效防范系统性金融风险创造了条件。

二是以构建多元化金融机构体系为目标推进金融机构市场化改革。1979 年以来，四大国有银行相继恢复其商业银行职能，农村信用合作社、城市信用社陆续成立，保险业务恢复发展，信托投资公司、金融租赁公司等非银行金融机构开始逐步建立，证券公司、基金公司等各类专业化金融机构相继建立，形成内资、外资、合资各类型、多元化金融机构体系。与此同时，专业银行商业化改革取得重大突破，国有大型商业银行股份制改革相继取得成功，农村信用社改革持续推进，市场竞争力、资源配置能力和风险防范能力不断提高，开发性、政策性银行建立并不断完善，有效确保了国家基础设施和重点项目建设投资的资金需求。

1.2 金融要素市场化改革不断深化

作为金融要素价格的利率、汇率市场化改革进程取得积极进展，为市场在金融资源配置中发挥基础性和决定性作用提供了必要前提条件。

一是利率市场化改革实现重大突破。1993 年，党的十四届三中全会提出“中央银行按照资金供求状况及时调整基准利率，并允许商业银行存款利率在规定幅度内自由浮动”，利率市场化改革起步。1996 年 6 月，中国人民银行正式放开银行间同业拆借利率，利率市场化改革迈出重要一步。随后 20 多年，按照“先外币、后本币，先贷款、后存款，先长期、后短期”的渐进式思路稳步推进利率市场化改革，逐步实现了债券市场利率、境内外币存贷款利率市场化。2008 年国际金融危机后通过分步有序扩大存贷款利率浮动范围，于 2013 年 7 月全面放开金融机构贷款利率管制，2015 年 10 月放开存款利率上限，我国利率管制基本放开，利率市场化改革取得重大突破。

二是汇率市场化改革稳步推进。改革开放初期，为配合外贸体制改革，国家开始实行外汇留成制度，放宽个人用汇限制，并建立外汇调剂市场，逐渐形成官方汇率和市场汇率并存的局面。1994 年 1 月，人民币汇率形成机制改革取得突破性进展，实现了人民币官方汇率与外汇调剂市场汇率并轨，并开始实行以市场供求为基础的、单一的、有管理的浮动汇率制度，建立了分层、统一的外汇市场。2005 年 7

月，中国人民银行再次启动汇率改革，人民币汇率不再盯住单一美元，开始实行以市场供求为基础、参考一篮子货币进行调节、有管理的浮动汇率制度，随后又三次扩大了人民币汇率波幅区间。2015 年“8·11 汇改”进一步完善了人民币兑美元汇率中间价报价机制，人民币汇率形成机制市场化程度不断提高，汇率双向浮动弹性明显增强，人民币汇率在合理均衡水平上保持了基本稳定。

三是人民币国际化步伐取得积极进展。近年来，随着人民币跨境使用便利化改革措施的不断推出，全球跨境贸易投资中以人民币结算的规模和比重稳步提高。特别是 2016 年 10 月人民币正式加入国际货币基金组织的特别提款权（SDR）货币篮子以来，人民币作为国际计价货币和储备货币的地位也得到不断提升，为境内外市场主体提高贸易和投资的便利化程度、降低汇兑成本、防范和规避风险、提升资产配置效率等方面提供了更加多样化的选择和渠道，也为推动国内要素市场价格改革提供了内在动力和外部压力。

1.3　金融市场对内改革与对外开放协同推进

金融市场改革创新和对外开放步伐稳步、协同推进取得显著成效。按照市场化、多元化方向，逐步建立起由货币市场、债券市场、股票市场、外汇市场、保险市场、黄金市场等在内的多层次、系统性的金融市场体系，金融市场对外开放水平稳步提升。

一是货币市场不断完善，市场功能持续深化。为解决各专业银行之间横向资金调剂和融通难题，1984 年开始允许各专业银行相互拆借资金，区域性同业拆借市场陆续成立。1993 年推动建立全国集中统一的同业拆借市场。2007 年推出上海银行间同业拆借利率（Shibor）并不断完善定价机制，在推动利率市场化改革、完善相关金融产品定价机制、畅通央行货币政策传导渠道等方面发挥了基础性作用。国内票据市场也在改革中得到规范发展。中国人民银行相继推出商业票据承兑、贴现业务和银行承兑汇票再贴现业务，逐步取消部分票据业务的行政限制，将票据融资不再计入金融机构存贷比考核范围，取消商业银行办理银行承兑汇票业务总量控制以及办理转贴现、再贴现业务时对票据交易材料真实性审查要求，极大提高了商业银行办理票据承兑业务的积极性和业务处理的效率，为拓宽企业融资渠道、缓解企业临时性资金短缺难题提供了方便。为进一步推广电子商业汇票的使用，促进商业承兑汇票业务发展，2016 年建成全国统一的票据交易平台上海票据交易所，票据市场规模不断扩大，功能进一步增强，为国民经济重点领域和薄弱环节提供了资金支持。

二是债券市场改革创新稳步推进，服务实体经济功能不断提升。为解决国家财政压力和企业资金需求，1981 年开始相继恢复国债发行业务并建立国债二级市场，国债的流动性和发行效率得到稳步提高。伴随国内企业改革和金融改革的推进，企业债券和金融债券在支持国家重点建设项目和企业资金需求方面发挥了积极作用。为规范债券市场交易，1997 年成立银行间债券市场并引入债券回购制度，商业银行全部退出交易所债券市场，国内债券市场形成以场外大宗市场（银行间债券市场）为主导，包括交易所市场和场外零售市场（商业银行柜台市场）的多元化、分层次的债券市场体系，对提升货币政策传导效率、拓宽市场主体融资渠道、推动利率市场化改革等领域发挥了日益重要的作用。

21 世纪以来，按照“放松行政管制、面向合格机构投资者、依托场外市场”的基本思路，进一步明确债券市场定位，推动债券市场结构改革，逐步建立健全做市商制度、结算代理制度、货币经纪制度、信息披露制度和信用评级制度等，完善债券发行、交易、托管、清算系统，建立上海清算所，推动成立中国银行间市场交易商协会、中债信用增进公司等。同时，不断加快债券产品创新，先后推出次级债券、普通金融债券、短期融资券、中期票据、民营企业债券融资支持工具等；在现券和回购交易基础上，推出债券借贷、债券远期、信用风险缓释工具等，市场基础性产品的种类序列已与发达债券市场基本一致。截至2018年末，我国债券市场存量规模约为86万亿元，成为仅次于美国、日本的全球第三大债券市场，在拓宽实体经济直接融资渠道、优化社会融资结构、提高货币政策传导效率、降低社会融资成本、增强金融体系稳定性等方面发挥了重要作用。

三是股票市场制度建设不断健全，多层次资本市场稳步发展。改革开放初期，为配合国内企业股份制改革试点，部分企业通过向社会公众公开发行股票的方式筹集资金，为企业开辟新的资金来源渠道。在各地成立区域性证券交易所满足股票交易流通的基础上，1990年成立上海证券交易所和深圳证券交易所，全国集中统一的证券市场正式形成。21世纪以来，多层次资本市场建设不断提速。2004年和2009年先后推出中小企业板和创业板，满足了成长型、科技型中小企业和高科技企业上市融资的需求。2013年，全国中小企业股份转让系统挂牌运营，成为第三家全国性证券交易场所，为创新型、创业型、成长型中小微企业公开转让股份、进行股权融资、债权融资、资产重组等提供服务。为提升服务科技创新企业能力、强化资本市场功能，2018年开始研究设立科创板并试点注册制，相关工作进展顺利，并于2019年6月13日正式落地。国内逐步形成由沪深主板、中小板、创业板、科创板、场外柜台交易网络和产权市场在内的多层次资本市场体系。

股票发行管理体制改革创新工作也取得积极进展。2001年以来，先后取消股票发行额度、发行指标等行政性限制，实现新股发行由审批制改为核准制和新股发行的常态化。股权分置改革取得积极进展，为加快与国际资本市场接轨步伐、发挥资本市场优化资源配置功能奠定了市场化基础。以强制性信息披露和相关监管法律法规为核心的市场化约束机制逐步得以确立，上市公司发行、定价、配售、重组、退市、减持、再融资等制度持续完善，为股票发行注册制改革积累了宝贵经验。在风险可控前提下，2007 年以来相继启动上市公司债券发行试点、融资融券业务试点、优先股试点、股票期权试点、投贷联动试点以及不良资产证券化试点工作，在实现资本市场优化资源配置和价格发现功能、拓展企业投融资渠道、丰富证券投资品种、提高证券市场流动性、为投资者提供财富管理和避险工具等方面发挥了积极作用，多层次、多功能资本市场体系建设取得积极成效。

四是金融市场对外开放步伐稳步推进，有效支持了国内经济发展和金融业改革。建立开放、透明、安全、高效、富有深度和广度的金融市场，既是我国金融改革开放的重要内容，也是我国金融市场改革发展的目标方向。我国加入 WTO 以来，国内金融市场对外开放步伐呈现加快态势。合格机构投资者制度不断完善，相继推出 QDII、QFII、RQFII、RQDII 制度并逐步扩大合格机构投资者范围和投资额度，为境内主体充分利用好两个市场、两种资源发挥了积极作用。

党的十八大以来，国内金融市场双向开放步伐全面加速。金融领域逐步实施外商投资准入前国民待遇加负面清单管理，外资金融机构设立程序不断简化，金融机构外资持股比例上限稳步提高，在相关制度设计、中介服务、市场监管、投资者保护等领域不断完善双向开放制度，加快推动国内金融市场与国际金融市场的对接。资本市场互联互通机制不断完善，相继开启“沪港通”“深港通”“债券通”和内地与香港证券投资基金跨境发行销售机制，“沪伦通”相关制度安排稳步推进。境外再融资审核制度持续优化，启动 H 股全流通试点，明晟全球新兴市场指数和全球基准指数、富时罗素指数、标普道琼斯指数相继将 A 股纳入其指数体系并逐步提高比重，为境内外资金融通和资本市场接轨创造了良好条件。股票市场存托凭证（CDR）、衍生品市场商品期货等资本市场创新产品不断丰富，商品期货和金融期货引入更多境外交易者，为更好地服务国际大宗商品贸易、推动国内产业转型升级、提高实体企业和金融机构风险管理能力提供日益多样化的产品和工具。此外，金融市场跨境合作取得积极进展。境内外金融机构在同业融资、贸易融资、银团贷款、清算服务等领域的同业合作持续推进，境内外交易所和证券期货经营机构在交易技术、市场培育、产品开发等重点领域开展跨境金融合作取得积极进展，共同参与和支持“一带一路”建设，提供更加便利的投融资和风险管理服务，推动金融市场实现更高层次的开放与发展。

1.4　金融市场监管效率不断提高

随着我国金融市场的不断发展、金融市场体系的日趋复杂化和多样化以及开放程度的持续提高，金融市场监管体系改革也在稳步推进，监管的专业性、协调性和监管效率不断提高，为金融市场健康平稳发展营造了良好的条件。

改革开放初期，中央银行与商业银行职能的分离以及国内资本市场仍不完善，中国人民银行顺应当时的形势承担了对金融市场的统一监管职责，并取得积极成效。随着金融机构分业经营以及债券市场、股票市场、保险市场的快速发展，2003 年金融市场监管也由央行统一监管转变为“一行三会”分业监管的模式，监管理念和方式也不断改进，从一般行政性监管转向依法监管，从市场准入监管转向金融业务全过程监管，从金融机构合规性监管转向风险监管与防范，从单纯外部监管转向强化金融内部控制，在规范金融市场业务、培育金融市场发展、防范金融市场风险等方面发挥了重要作用。2008 年国际金融危机后，随着金融机构跨业经营趋势的发展和交叉性金融产品服务的增多，对金融市场系统性风险的防范管理和监管协调提出更高要求。2017 年成立国务院金融稳定发展委员会，2018 年确立“一委一行两会”的新金融监管框架，通过集中整合监管资源，充分发挥金融监管的专业化优势，实现宏观审慎与微观审慎监管的有机协调，金融市场的监管效率、系统性风险防范能力以及金融市场的全球竞争力、吸引力得到显著提高，为更好地发挥金融市场各项功能创造了有利条件。

2 当前我国金融市场体系存在的问题

改革开放 40 年来，我国金融市场从无到有、从小到大，取得了一系列重大突破和发展成就。特别是党的十八大以来，随着我国经济更紧密地融入世界经济，国内金融市场在全球金融市场中的地位和影响力也日益提高。但是受历史、体制机制和发展阶段等因素影响，国内金融业市场结构、经营理念、创新能力、服务水平还不适应经济高质量发展的要求，与国外成熟的金融市场仍存在一定差距，存在如下矛盾和问题亟待改进。

2.1 直接融资市场与间接融资市场的结构有待进一步优化

近年来，国内多层次资本市场体系建设取得积极进展，债券市场、股票市场等直接融资市场获得快速发展，直接融资在整个社会融资规模中的比重呈稳步上升态势，境内主体通过资本市场获得融资的便利性也明显提高。但是与欧美等发达经济体相比，国内间接融资比重仍明显偏高，资本市场在降低社会融资成本和企业杠杆率、改善社会融资结构、服务实体经济等方面的作用仍有待加大。特别是对于中小企业和民营企业而言，资本市场发展的相对滞后，进一步加大了它们通过债券市场和股票市场进行直接融资的难度，也不利于降低企业融资成本、有效缓解其资金需求矛盾。

2.2　资本市场投资者结构和产品结构与成熟市场相比仍存在差距

随着我国金融市场改革和对外开放的持续推进，资本市场投融资主体数量日益增加，资本市场产品和服务创新不断跟进，多层次资本市场建设取得积极进展，但是与成熟的资本市场相比，国内长期以中小投资者为主的投资者结构仍有待改进。由于个人投资者在信息获取、风险识别、风险承担、风险分散和风险处置能力等方面处于劣势，不利于资本市场的平稳发展。此外，资本市场产品结构也有待进一步改善。与利率债项比较，直接服务于实体经济的公司信用类债券占比偏低，债券发行人结构和期限结构也不尽合理，民营企业特别是创新型和中小微企业通过债券市场融资的难度仍然较高，中长期债券发行规模和占比明显偏低，债券市场提供中长期资金支持的力度仍有待提高。金融衍生产品和工具发展仍相对滞后，难以有效发挥其价格发现、分散和对冲风险等功能。

2.3　金融市场产品服务创新与金融监管不匹配的矛盾仍较为突出

近年来，随着全球移动互联网技术的不断创新与发展，大数据、云计算、人工智能、区块链等技术向传统金融领域渗透和应用明显加快，金融科技等新型金融业态获得快速发展，金融领域跨市场、跨业态、综合经营趋势显著增强，交叉性金融产品和服务创新日益增多，金融产品和服务多层嵌套问题、影子银行风险问题、非银行支付机构网络支付清算乱象问题、金融风险跨市场传递问题、加密资产无序发展对传统金融业和金融市场的冲击扰动问题，对金融监管和金融风险防范提出日益严峻的挑战。

2.4 金融市场基础设施和双向开放的环境有待继续完善

受历史和体制机制等因素影响，国内金融市场基础设施和相关制度建设仍相对滞后，特别是债券市场仍存在市场分割、规则不统一等问题，不同市场在相关金融标准、信息披露、信用评级、金融数据统计与共享、多层次支付体系、登记、托管、结算与清算体系等金融基础设施、相关管理规定和自律机制建设等方面仍有待改进，金融业相关法律法规的制修订滞后于金融市场发展和金融产品与服务创新的矛盾仍较为突出，加大了用市场化、法制化方式防范和处置系统性金融风险的难度。此外，金融市场双向开放步伐虽然已取得积极进展，但民营资本进入金融行业的门槛依然偏高，专门服务于中小微企业的金融机构数量仍然不足，在金融产品与服务创新、经营理念、市场功能、相关制度建设等方面与成熟金融市场也存在较大差距。我国当前金融市场以“管道式”为主的开放模式，在开放的广度和深度上、完善公平有序的营商环境以及加快与国际市场接轨等方面仍存在较大的提升空间。

3 推动我国金融市场体系改革的政策建议

我国当前的金融市场体系改革，应认真总结改革开放 40 年来金融市场改革发展的成功经验，继续按照分步骤、分层次、先易后难、稳妥推进的渐进式改革路径，不断深化金融供给侧结构性改革，增强金融服务实体经济能力，坚持鼓励创新与防范风险、对内改革与对外开放并重的发展理念，以完善金融服务、防范金融风险为工作重点，加快金融市场基础设施建设，强化金融监管，完善相关金融法律法规，为推动金融市场平稳健康运行和高质量发展夯实基础。

3.1　加快推进金融业供给侧结构性改革，更好地服务实体经济发展

坚持以服务实体经济为根本宗旨，围绕建设现代化经济的产业体系、市场体系、区域发展体系、绿色发展体系等提供精准金融服务为目标，不断改革和优化现代金融机构体系，加快构建多层次、广覆盖、有差异的银行体系，发展民营银行和社区银行，稳步增加中小金融机构的数量和业务比重，在风险可控的前提下提升对小微企业不良贷款的容忍度，持续改进对中小微企业、民营企业、“三农”和扶贫等重点领域的金融服务，发挥好金融市场在推动经济转型升级中的作用。

3.2　持续推进国内多层次资本市场建设，不断丰富金融市场层次

以构建符合国情的现代金融市场体系为目标，加快推进金融体制改革。不断完善货币市场功能，大力发展债券市场、股票市场、保险市场、基金市场、期货市场，兼顾场内市场和场外市场的发展，进一步提高直接融资特别是股权融资比重，不断改善投融资结构，满足不同类型市场参与主体多样化的投融资需求。以打造规范、透明、开放、有活力、有韧性的资本市场为目标，不断提高上市公司质量，完善交易和信息披露制度，加强对交易的全程监管，引导更多中长期资金进

入资本市场。发挥好多层次资本市场在分散风险、提高资源配置效率、降低社会融资成本和杠杆率、维护金融稳定、提高货币政策传导效果、促进经济健康发展等方面的作用。

3.3 健全金融要素市场定价机制，不断提升金融资源配置效率

以健全金融要素市场定价机制为手段，不断拓展金融市场发展的广度和深度。充分发挥金融市场的风险识别和价格发现功能，提升市场化、竞争性金融要素价格在优化资源配置中的决定性作用。加快完善金融机构公司治理，健全内控制度，提高其自主合理定价能力和风险管理水平。加快培育市场化金融资产价格形成机制，深化利率市场化改革，疏通货币政策传导渠道，逐步实现存贷款基准利率与货币市场利率并轨，有效降低实际利率水平，更好地满足金融对实体经济尤其是民营企业和小微企业的信贷支持力度。继续完善人民币汇率形成机制，保持人民币汇率在合理均衡水平上的基本稳定。推进新股发行市场化定价，通过不断完善和强化发行人信息披露机制，为投资者投资决策和风险防范提供依据。

3.4 加快金融市场产品和服务创新，不断丰富资本市场品种体系

坚持以市场需求为导向，积极开发个性化、差异化、定制化金融产品。稳步发展国债期货、利率互换等利率衍生产品，拓展国债担保品功能，增加国债交易需求。扩大绿色债券、社会效益债券、项目收益债券及其他创新品种发行规模，为国家重点领域和重点项目建设提供资金支持。发展可转换债、可交换债等股债结合产品和并购重组债、可续期债券、永续债等债券品种，鼓励中小企业债务融资工具创新发展，加大民营企业债券融资支持工具试点。研究设立民营企业股权融

资支持工具，丰富外汇市场交易产品，增加外汇期权产品类型，满足市场主体投融资交易和防范风险的需求。

3.5　稳步推进金融市场双向开放，提升金融市场的国际竞争力

继续加大金融市场双向开放力度，积极构建高层次开放性金融市场体系。协同推进扩大金融业开放、完善汇率形成机制、减少资本管制“三位一体”的改革，放宽境外金融机构市场准入限制，全面落实外资准入前国民待遇加负面清单制度，不断提升国内金融市场的影响力、吸引力和国际话语权，实现金融市场对外开放与资本项目开放进程和风险防范能力协同推进，支持有条件的中资金融机构“走出去”，主动融入全球化发展，提升国际竞争力。有序提高跨境资本和金融交易的可兑换程度，构建并完善以市场化、可持续性和互利共赢为特征的投融资体系，推动金融资源的全球布局和相关领域的国际合作，为“一带一路”项目建设提供长期稳定的金融支持。同时，不断提高开放条件下我国金融业全球整体竞争能力，扩大金融高水平双向开放，提高开放条件下经济金融管理能力和防控风险能力，提高参与国际金融治理能力。

3.6　进一步加强金融监管，有效防范和化解各类市场风险

坚持以防范系统性金融风险为底线，提高金融机构和金融市场服务实体经济和防御风险的能力。充分运用现代科技手段和支付结算机制，强化对金融市场线上线下、国际国内资金流向和流量的动态监测预警，实现监管部门对全部资金流动监管的全覆盖。同时，健全货币政策和宏观审慎政策“双支柱”调控框架，有效运用和发展适应现代金融市场运行特点和规律的风险管理工具，坚持结构性去杠杆的基本

思路，重点防范金融市场存量风险和系统性金融风险，密切关注包括地方政府隐性债务、债权市场违约、资本市场价格剧烈波动以及房地产金融、P2P 网络借贷等各类市场风险，防范金融市场异常波动和共振。不断增强保险业风险保障功能，加强金融风险监测预警和化解处置，发挥好金融市场在推进稳增长、促改革、调结构、惠民生、防风险工作中的作用，牢牢守住不发生系统性金融风险的底线。

同时，加强金融市场监管协调与合作，提高监管的有效性。发挥好国务院金融稳定发展委员会在统筹金融改革发展与监管、防范和处置系统性金融风险、维护金融稳定等领域的作用，有效防范金融市场跨市场、交叉性金融风险。完善宏观审慎监管与微观审慎监管、中央监管与地方金融管理的协调配合，强化地方监管责任，建立监管问责制，有效解决金融领域特别是资本市场违法违规成本过低问题。密切关注外部冲击和风险事件对国内金融市场的冲击，防范境内外金融市场交叉传染的风险以及发达经济体货币政策等外溢效应对国内金融市场造成的潜在风险，持续加强金融监管部门依法执政能力建设和金融市场的跨境监管合作，尽快完善应对各类金融市场风险的处置预案，提高监管效率和监管水平。

3.7 加强金融基础设施建设，加快完善金融市场相关法律法规

一是不断加强金融市场基础设施体系建设。推进金融市场基础设施的市场化进程，不断完善治理结构。建立并完善金融市场交易、清算、托管、结算等功能完备、高效便捷、运行安全的基础设施体系。健全信用惩戒机制，推动征信市场规范发展。建立严格的信息披露制度、金融业综合统计制度和金融监管信息共享平台，完善信息发布管理规则，构建有效的市场化约束机制和风险分担机制，更好地服务于

金融市场发展。

二是加快推动金融市场基础设施互联互通。从优化金融市场运行环境、完善金融信息系统和市场支持系统等方面入手，推进金融市场规则和基础设施的互联互通，完善统一规范的账户与支付体系和登记、托管、清算体系，稳妥推进科技等新技术在金融领域的推广和应用，明确统一的各类金融基础设施准入、运营与管理标准体系，积极参与国际金融标准和规则的制定，不断提高金融市场运行效率。

三是持续推进相关法律法规的制定与完善。以保护产权、维护市场公平竞争秩序、建立统一高效金融市场体系为目标，加快推动《中国人民银行法》《商业银行法》《证券法》《保险法》《信托法》《保险资金投资股权管理办法》等相关金融法律法规的制修订工作，尽快构建完备的金融法律制度规范体系、高效的金融法制实施体系、严密的金融法制监督体系和有力的金融法制保障体系，为国内金融市场健康发展提供强有力的法律保障。

执笔人：管晓明

专题报告八

我国产权市场的发展与改革

1978 年，党的十一届三中全会开启了我国改革开放的伟大征程。国有企业作为我国经济的重要组成部分，经历了放权让利、承包经营、公司制改革、混合所有制改革等从计划经济到市场经济的改革历程，取得了辉煌成就。我国产权市场正是在这个过程中，因服务国资国企改革而生，在服务改革中发展壮大。服务范围从最初的企业国有产权转让，逐步拓展到股权、债权、知识产权等现代产权制度所涉及各类要素的有序流转和优化配置，走过从无到有、从小到大、从单一到多元的发展历程，展现出旺盛的生命力和创造力。

1 我国产权市场发展的现状与主要特征

1.1 交易规模呈跨越式发展

在长期的市场实践中，产权市场坚持提升服务功能，加快业务创新，较好适应了我国不同发展阶段生产力发展的需求，平台优势不断显现，交易规模呈跨越式发展。党的十八大以来，产权市场各类交易品种累计交易额已经突破 26 万亿元，取得显著的发展成效（见图 8 – 1）。

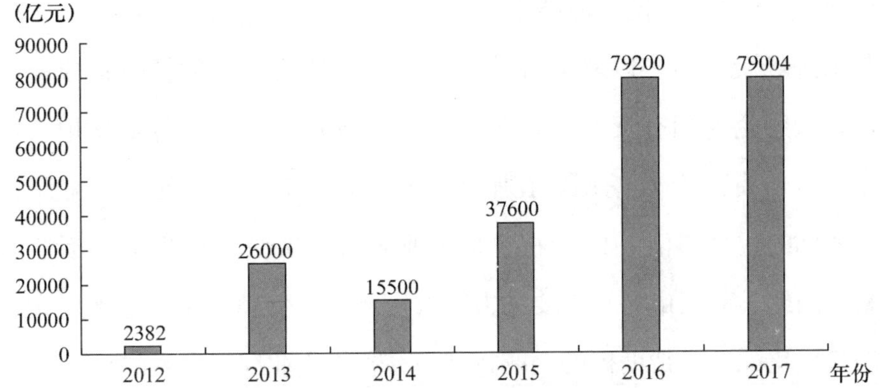

图 8－1　我国产权市场交易规模变化情况（2012～2017 年）

注：2012 年 11 月，《产权交易行业统计工作实施办法》开始实施，这是产权行业统一的统计制度方法。

资料来源：中国产权协会《2017 年度产权交易行业统计报告》。

1.2　业务品种显著增多

中国产权协会统计数据显示，其统计范围内 68 家交易机构目前已形成 12 类主要业务，包括：产股权交易、企业融资服务（含增资业务）、实物资产交易、其他公共资源交易、诉讼资产交易、金融资产交易、环境权益交易、技术产权交易、文化产权交易、林权交易、矿业权交易和农村产权交易等①，产权市场的业务已经深入国民经济和社会生活的多个关键领域，对实体经济发展起着关键的支撑作用，促进了社会和谐稳定。

1.3　服务领域不断扩大

第一，服务国资国企改革。在服务国有资产阳光交易方面，统计数据显示，2007～2016 年，全国各产权交易机构公开挂牌转让企业国

---

① 以上数据引用自中国产权协会《2017 年度产权交易行业统计报告》。

有产权9590亿元，较评估结果增值1626亿元，平均增值率达20%①，这与未进场交易前多以评估价转让或低于评估价转让的情形形成鲜明对比，表明企业国有资产通过产权市场在流转中实现了保值增值，国有资产价值得到有效挖掘。在服务国有资产优化配置方面，企业资产交易的标的，是“活”的产权，是企业未来发展必不可少的“活”的要素。因此，产权市场不仅要助力国有资产实现保值增值，还要实现资源的最优化配置，帮助标的企业找到最有利于企业后续发展的投资者。

实践证明，过去十几年产权市场涌现出一大批助力企业做强做优做大的典型案例。2006年，福建雪津啤酒有限公司100%股权在福建省产权交易中心采取“两轮竞价”方式，被荷兰英博啤酒集团竞得，5.3亿元的净资产以58.86亿元成交，增值率达到1060%，在充分竞争的情况下，以巨额增值实现了国有股权转让的高倍增值，同时顺利引进了外资，实现了多方共赢，创造了我国产权市场的“雪津神话”。2011年，国务院国资委产权局深入福建莆田对该项目进行回访，结果表明，该项目实现了企业、买方、地方政府、社会多赢的良好成果：一是企业管理水平明显提升；二是经营规模稳步增长；三是企业品牌和发展质量得到提升，全球品牌价值达13亿美元；四是经济效益不断提高，纳税总额由2005年的3.26亿元增加到2011年的8.45亿元②。武汉光谷联合产权交易所2015年操作的湖北华清电力公司破产资产（鹤峰县江坪河水电站）交易项目，经过143轮竞价，由湖北能源集团以15.1亿元竞得。增值率虽然只有11.78%，但其关键的社会意义在于，该电站是鹤峰县的“希望工程”，停工4年被起死回生恢复施

① 以上数据引用自国务院国资委产权局副局长郜志宇在中国产权协会三届二次常务理事会暨学习32号令培训班上的讲话。

② 国务院国资委产权管理局编：《国资新局》，中信出版社2013年版，第3~27页。

工后，建设进展顺利。经2018年8月回访得知，2019年夏可建成发电，每年可为当地财政增加收入过亿元，防洪、航运和旅游效益显著，成为产权市场助力脱贫奔小康的典范。2015年，重庆联合产权交易所受理中新大东方人寿保险公司50%国有股权转让项目，成立精干团队，与转让方一道，挖掘项目核心价值，广泛发动市场，征集到4家合格意向受让方。经过持续四个半小时721轮的公开电子竞价，最终恒大地产集团以39.39亿元高价竞得，比挂牌价增值23.36亿元，比股权对应的净资产2.99亿元增值36.4亿元，创下该所建所以来单宗国有产权交易增值新高，受到重庆市政府和社会舆论的广泛好评。

党的十八大，尤其是十八届三中全会以来，国家积极推进国企混合所有制改革，在此过程中，产权市场充分发挥交易平台功能，助力国企混改引入社会资本，在放大国有资本功能、优化法人治理结构、提升国有经济活力和竞争力等方面发挥了重要作用。国资委、财政部令第32号《企业国有资产交易监督管理办法》（以下简称“32号令”）发布以来，国有企业通过产权市场以转让部分股权或增资扩股方式完成混改项目822宗，累积引入各类资本3074.7亿元，在加快国有资本与社会资本融合的同时，有效降低了国有企业的负债水平，为国有经济更高质量发展提供了资金支持，确保了混改的规范、透明。东方航空物流有限公司2017年通过上海联合产权交易所引入德邦、普洛斯等行业龙头企业作为战略投资者，引入联想、绿地等民营资本作为财务投资者，同时引入核心员工持股形成利益共同体，在引进各类社会资本后，重点推进三项制度改革，经营效率显著提升，利润总额同比增长62.78%[①]；2018年，中国铁路总公司旗下动车Wi-Fi项目通

---

① 以上数据引用自国务院国资委产权局副局长郜志宇在“2018中国企业并购与国企混改（成都）峰会”上的讲话。

过北京产权交易所引入深圳腾讯公司和浙江吉利控股公司组成的联合体，实现高铁网和互联网的“双网融合”，产权市场助力中国铁路总公司迈出混改第一步，产生深远影响。这些案例都说明，产权市场已发展成为推动国有资本与社会资本相互融合、交叉持股的重要平台。

第二，服务各类经济主体去杠杆和扩大直接融资。为企业融通发展所需资金，是产权市场作为资本市场的重要特征。2017 年，产权市场通过股权融资、债权融资、股权质押融资、政府与社会资本合作（PPP）等多种方式，共为实体经济企业募集资金 7984 亿元（见图 8 –2）。相比之下，2017 年共有 428 家公司通过上海证券交易所首次公开发行上市，募资 2255. 72 亿元[①]；共有 2379 家新三板挂牌公司完成定向增发 2580 次，募资 1184. 25 亿元[②]。从这些数据可以看出，产权市场在为企业提供“非标准化”的融资服务方面，发挥了重要作用。

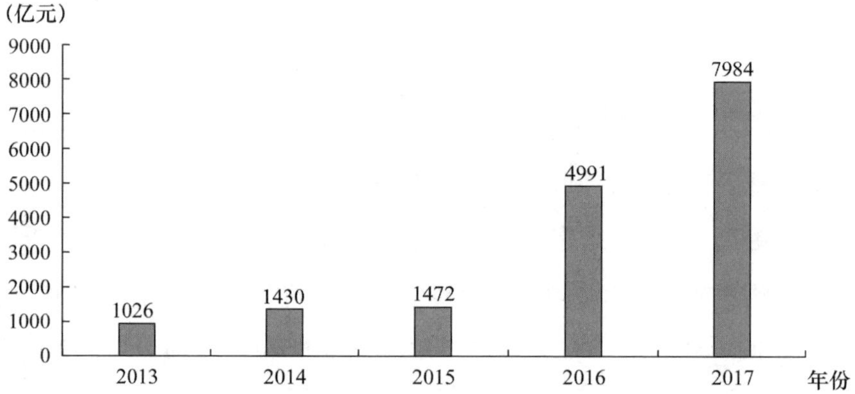

图 8 –2　我国产权市场服务企业融资情况（2013 ~ 2017 年）

资料来源：中国产权协会《2017 年度产权交易行业统计报告》。

① 以上数据信息引用自上海证券交易所于 2017 年 12 月 25 日发布的发审信息。

② 以上数据信息引用《中国证券报》2017 年 12 月 20 日的报道：《2379 家新三板公司定增募资 1184 亿元》。

第三，服务各类要素资源的优化配置。按照著名经济学家常修泽的“广义产权论”[①]，产权要素是“广领域”的：一是广到天上，即“环境产权”；二是广到地上地下，如自然资源资产产权；三是广到天地之间的“人”的身上，如各种人力资本产权等。而产权市场的发展实践，正是沿着“广领域”产权要素来展开的。多年来，产权市场始终在积极探索和完善通过公开市场对各类要素资源进行有效配置的途径和模式，目前业务范围已经涵盖各类权益、实物资产、大宗商品和金融产品等品类，有效推动了各类要素资源的自由流转和市场化配置。2017 年，山东兖矿科澳铝业有限公司 14 万吨电解铝产能指标通过山东产权交易中心公开转让，挂牌 2.1 亿元，吸引了东方希望、信发集团、魏桥集团等电解铝龙头企业在内的十多家机构参与，并最终以 14.02 亿元成交，增值 11.92 亿元，创造了产权市场有效服务供给侧结构性改革的新案例。

第四，服务政府部门资产管理和经济管理。在服务资产管理方面，产权市场积极服务公共权力部门在转变职能过程中下放产生的市场化处置业务，例如行政事业单位资产处置、公共资源交易、司法机关涉案资产交易、查没贪腐资产处置等，取得很好的成效。在服务经济管理方面，随着证监会等监管部门不断加强对上市公司并购重组和资产处置行为的监管，产权市场推出“上市公司并购重组和资产处置”等业务，为上市公司搭建了规范的并购重组和资产处置平台；为推进国内外产业和资本交流合作，产权市场推出“企业跨境并购重组”等业务，为国有、非国有、外资实体企业和金融机构，提供国际并购撮合和跨境融资等一站式服务；为助力各类企业“降杠杆”，有效防范和

① 常修泽：《广义产权论》，中国经济出版社 2009 年版，第 3 页。

化解金融风险，产权市场推出“债权资产交易”业务，为银行、信托、资产管理公司、担保、典当行等机构，以及企业持有的债权资产、抵债资产的转让、债转股、投资等交易活动提供综合服务。例如，广东省交易控股集团积极开展银行不良资产跨境转让试点业务，为引入境外优质金融资源服务实体经济提供渠道；又如，广东国投破产财产整体处置项目在广东省交易控股集团以 551 亿元成交，溢价 104 亿元，有效化解了金融风险，最大程度保护了债权人的合法权益。

1.4 市场体系建设成效显著

第一，诚信自律建设初见成效。由中纪委推动、国务院同意、民政部批准登记、国务院国资委组建的中国产权协会，于 2011 年 2 月成立，加强了行业自律，促进了产权市场统一、规范、高效发展。协会成立后，开展行业信用体系建设课题研究，建立行业信用评价工作制度，实行行业会员信用管理，对提升产权市场诚信意识、规范产权行业信用秩序起到重要作用。

第二，理论体系建设成果显现。理论研究一直是建设产权市场的基础。近年来，产权市场通过开展基础理论研究、举办创新论坛、建设博士后科研工作站、专门成立咨询研究机构等措施，不断加强理论研究工作，同时积极促进研究成果在实践中的转化应用，推动产权行业规范化、专业化、系统化发展。

第三，服务体系建设全面推进。在统一的产权市场建设方面，据中国产权协会统计，截至 2018 年 9 月底，全国具备企业国有产权交易资质的产权交易机构有 122 家，覆盖除台湾、香港和澳门以外的所有省、自治区和直辖市；部分产权交易机构还通过设立境外分支机构、发展国际会员等方式，积极推动产权市场境外服务的覆盖。2018 年 8

月 20 日，澳门特别行政区行政长官颁布第 94/2018 号行政命令，由中央企业南光集团和澳门特别行政区政府等共同出资建设的中华（澳门）金融资产交易股份有限公司获准成立，标志着产权市场开始走向境外发展。

按照《关于实施〈国务院机构改革和职能转变方案〉任务分工的通知》（国办发〔2013〕22 号）、《关于贯彻落实国务院第一次廉政工作会议精神任务分工的通知》（国办函〔2013〕63 号）和《关于国资委贯彻落实 2013 年反腐倡廉工作任务分工的意见》（国资党委纪检〔2013〕97 号）三个文件精神，产权市场积极推动“四统一”建设。一是统一信息披露。由中国产权协会牵头，搭建全国统一的产权交易信息披露平台——中国产权网，实现了全国各机构交易信息的汇聚和集中披露，并加大信息披露的推广力度。二是统一交易规则。2016 年，32 号令发布以后，各地产权交易机构以此为遵循制定具体操作规则，中国产权协会也出台了相应的行业操作规范，交易规则的统一为产权市场业务的有序开展奠定了很好的基础。三是统一交易系统。产权市场的非标资产交易特质决定了交易系统的多样性。根据国务院国资委的要求，全国各产权交易机构在企业国有资产交易业务中按照统一的标准建设交易系统，同时满足了政府监管和交易机构业务的个性化需求。四是统一过程监测。当前，国务院国资委和各地方国资委依托企业国有资产交易监测系统，对产权交易机构的交易行为实时监测，实现了监管部门对企业国有产权交易全流程、各环节的动态监测。在线上线下服务体系搭建方面，适应大数据、云计算、移动互联和人工智能技术的快速发展，产权市场已实现注册、登记、挂牌、竞价、结算、在线咨询、撮合服务等交易功能的线上运行，形成完整的、支撑交易全流程的信息技术系统；与此同时，近年来，产权市场通过增设专业服务部门、发展交易中介会员、推进投资顾问服务、优化交易模式等方式，全面提升了产权市场的线下服务水平。在与证券市场联动方面，部分计划在国内外主板市场（含中小板、创业板）上市的国有企业申请上市之前，出于优化股权结构、满足上市条件等目的，积极通过产权市场进行产股权转让或增资扩股。例如，2016 年 9 月，招商局华建公路投资有限公司通过北京产权交易所募集资金 105 亿元，成为 32 号令发布后首个进场的央企增资项目；2017 年 12 月 25 日，招商公路换股吸收合并华北高速公路股份有限公司，并在深圳证券交易所挂牌上市（股票代码：001965）。此外，产权市场与新三板联动操作的项目也在不断增加，华龙证券股份有限公司通过甘肃省产权交易所募集资金 96.22 亿元，创造了 2016 年我国新三板挂牌企业定向增发新纪录。产权市场与四板市场即区域性股权市场的联动则更加普遍化和常态化。

1.5 市场监管全面加强

2003 年以来，产权市场形成了一套较为成熟的监管模式。在国家层面，国务院国资委、财政部、监察部、发改委、证监会和国家工商总局等六部委组成联合评审组，每两年对中央企业国有产权交易机构进行综合评审；国务院国资委开发建设了企业国有产权交易信息监测系统，对产权市场的国有产权交易进行全面动态实时监测。在地方层面，各地对口六厅局对本地产权交易机构进行业务指导和管理。

1.6 为世界其他国家贡献“中国智慧”

产权市场的诞生和发展，虽然是我国特有环境下的“中国创造”，但也为世界其他国家做好国有资产监管以及建立完善本国资本市场贡献了“中国智慧”。一是产权市场完善的制度规则、内部控制体系以及互联网技术支撑，实现了各项交易和各个交易环节的阳光操作，有效预防了商业贿赂等腐败行为，最大程度上确保了交易的程序正义和依法合规，解决了国有资产交易易发腐败这一世界性难题，为世界上其他具备较多国有资产存量和增量的国家提供了良好借鉴。二是产权市场的市场化操作，能够助力企业找到优质的战略或财务投资者，为企业做强做优做大和经济结构转型升级提供有力支撑。三是建设产权市场相比建设证券市场更简单易行，且产权市场覆盖要素资源的范围广，市场配置资源的效率高，产权市场和证券市场平行发展的资本市场结构大大优于单一证券市场的资本市场模式，这为世界其他国家完善本国资本市场体系提供了可借鉴经验。近 10 年来，产权市场的对外开放逐步展开：一方面，国务院国资委组织发达省市产权交易机构负责人“走出去”，先后访问联合国开发计划署等多个国际组织，考察纽约、伦敦、法兰克福等地证券交易所，积极学习国际资本市场运作经验，推动国际合作与交流。例如，2007 年 8 月，上海联合产权交易所与联合国开发计划署南南合作特设局在上海共同创立“南南全球技术产权交易所”（以下简称 SS-GATE），通过“技术 + 资金”方式援助部分欠发达国家的发展。2011 年 8 月，时任联合国秘书长潘基文在联大报告中，3 次提及 SS-GATE 并高度表彰其在国际技术转移和促进南南合作方面的突出贡献。国家发改委组织武汉光谷联合产权交易所、福建省产权交易中心负责人到古巴哈瓦那，在古巴国家和政府高等干部学院讲授我国国有产权转让的市场化操作经验，受到该干部学院院长的高度评价，写信邀请我国继续派遣授课。另一方面，采取“引进来”的办法。北京大学与康奈尔大学合办“美国未来领袖培训班”，开设“中国产权市场”课程，由国务院国资委产权局负责人讲授，获得参训者对我国阳光交易机制的赞叹。美国加州大学圣布拉第纳分校经济系考察团3次到访北京产权交易所。德国经济合作发展部与天津市人民政府合作开展的“中德合作建设中国产权交易市场体系项目”是我国产权市场首次获得的外国政府援助项目，该项目中方执行机构——天津产权交易中心在法兰克福、伦敦、布达佩斯、墨尔本设有办事处，承担招商引资任务。国家发改委和商务部开展“智力援外”，组织多哥和毛里塔尼亚官员培训班考察武汉光谷联合产权交易所，邀请资深产权交易专家在国内为古巴、菲律宾、埃塞俄比亚、冈比亚、赞比亚、纳米比亚、亚美尼亚、白俄罗斯、越南等多个培训班讲课，产权市场的“中国智慧”正在世界部分国家落地开花。

2　新时代产权市场发展面临的问题和挑战

当前，我国经济面临着极其复杂的国内外形势，产权市场发展的内外部环境也发生着深刻变化，加快建设和完善产权市场体系，推动产权市场在新时代我国经济的转型升级中发挥更大作用，既面临难得的历史机遇，也存在一些问题。

2.1　交易立法待加快

我国产权市场经过30年的发展，已成为国家市场体系不可或缺的重要组成部分。虽然国家一系列相关法律和规章为产权市场的发展明确了方向，但《企业国有资产法》是关于企业国有资产管理的综合性法律，“32号令”仅是部门规章，因此我国产权市场至今缺乏一部专门的上位法作为基础支撑。立法的滞后、法律体系的不健全，一方面对产权市场的各项服务、业务操作带来一定的风险，另一方面则不利于非标准化资本市场的建设发展和功能的充分发挥。

2.2　市场功能待提升

目前，我国产权市场的功能还未得到充分发挥，距离支撑国家和区域经济社会发展的要求还有一定差距。一是各地产权交易机构的发展程度参差不齐，一些机构运行机制老化突出，在治理结构、激励和约束机制、人才建设等方面尚有很大提升空间，市场化改革力度还有待加大；二是交易生态链上的商业银行、信托、保险、基金、资产管理等金融机构，以及投资银行、律师事务所、审计机构、会计师事务所等中介服务机构的数量和质量有所不足，这种市场体系的不健全影响到市场功能的充分发挥和可持续发展。

2.3　交易信息系统待统一

信息系统对于提升交易效率、促进交易规范、维护交易安全起着重要作用。当前，我国产权市场从单个机构或部分区域性市场来讲，建成了满足交易需求的信息系统，但从全国范围看，仍缺乏统一的足以支撑信息披露、竞价、结算特别是融资等全流程的信息系统。这一方面造成项目资源、投资者群体资源的分散，不能最大程度形成规模效应，影响到投资人和价格的充分发现；另一方面，信息化建设的分散，使得市场不能在移动互联、人工智能、大数据、区块链技术等信息化建设趋势的大背景下形成建设合力，影响到整个市场信息系统的迭代开发和应用，最终影响到市场的整体发展。

2.4　发展动力待增强

长期以来，对于大部分产权交易机构来说，服务对象主要是国有企业，交易品种主要是国有产权和国有资产，为企业增资扩股等融资类服务的业务总量较少，为企业提供并购融资服务的能力较弱，由此造成部分交易机构运营收入来源单一、市场发展后劲不足等问题。产权市场如何加强业务创新、如何为非公有企业提供更多服务、如何为国际市场资本形成和流转服务，都是目前需要重点探索研究的方向。

3 促进产权市场发展的思路与建议

3.1 坚持规范化，确保产权市场行稳致远

产权市场要认真贯彻落实中央经济、金融工作会议要求，加强对创新业务及重大项目的风控研究和审核备案工作，加强对已有业务的风险巡回管理工作，坚决守住不发生重大风险的底线；要增强依法决策、依法经营、依法管理意识，将法治文化融入企业经营管理过程中，不断提升依法治企能力水平；要坚持制度先行的原则，按照监管部门要求，及时起草、修订和完善各项业务规则和管理规章；要通过加快诚信建设、加强内部控制评价等措施，切实提升内部控制建设和规范化管理水平。

3.2 坚持市场化，提升产权市场的资本市场功能

产权市场要按照成熟资本市场的标准，以服务实体经济和实体企业为根本出发点，不断强化和提升交易机构的公司治理能力、创新研发能力以及员工的专业技能；要在集聚上下游资源方面下功夫，要与银行、证券、保险、基金、资产管理、融资租赁、小额贷款等金融机构以及律师事务所、会计师事务所、审计机构、征信机构、信用评级机构等建立紧密合作关系，与国内外证券市场等各类交易场所开展深

入合作，不断促成多边主体的合作互动与跨界集成，最终实现交易的活跃、价值的发现和效率的提升；要按照国务院要求，继续推进产权市场的市场化改革，继续推进行业“四统一”工作，实现信息披露、交易制度、交易系统、过程监测在全国范围内的真正统一。

3.3　坚持信息化，搞好“互联网+产权市场”

产权市场应着力构建全国产权市场统一的信息门户网站和“互联网+产权市场”网络生态体系。一是各产权交易机构要高度重视大数据、云计算、移动互联、人工智能、区块链等技术的开发和运用，高起点、高标准提升行业信息化水平，强化信息安全保障。二是按照信息时代资本市场的统一性要求，产权市场应建立统一的产权市场网络，以信息化培育新动能，用新动能推动新发展，各产权交易机构应通过贡献智慧、资本、资源等多种方式共同参与，避免重复建设。三是要充分利用互联网技术对产权市场原有业务和功能予以发展和创新，改善用户参与交易和投资的互联网体验，实现产权市场运营管理的精细化、网络化、数据化和智能化。

3.4　探索多元化，加快对内对外开放

新时代赋予产权市场新任务和新使命，产权市场应坚持“一体两翼”的服务战略，即以服务国资国企改革为主体，以服务于民企和国外企业为两翼，不断开创发展的新动力新引擎，助力我国经济转型升级和社会和谐发展，为经济全球化和人类命运共同体的构建贡献智慧和力量。一是应坚守为国资国企改革服务的根基，紧紧围绕党的十九大报告提出的“加快国有经济布局优化、结构调整、战略性重组，促进国有资产保值增值，有效防止国有资产流失”“深化国有企业改革，

发展混合所有制经济，培育具有全球竞争力的世界一流企业”等内容，在推进国企混合所有制改革和股权多元化、降低负债率、推进重组整合、加强市值管理、促进境外国有资产保值增值等重点工作中发挥更大作用、做出更大贡献。二是应坚守为产权制度改革和要素市场化配置服务的宗旨，推动国有资本、集体资本、民营资本、外商资本以及企业内部职工的股本交叉持股、相互融合，建立起各类资本有序流转、进退顺畅的体制机制；应按照各类要素资源所处行业特点，切实做好环境权益、技术产权、文化产权等已有的要素交易业务，不断提升服务水平和市场效率，同时紧跟政策需求，创新交易品种、交易模式和服务产品，不断促进各类要素资源的优化配置，协助政府部门实现对国民经济的调节与控制。三是以国际标准、国际视野推进产权市场国际化发展，应认真学习借鉴国内外资本市场和相关机构的先进经验和做法，应探索与国外交易平台和相关机构合作与交流，条件成熟的可选取部分国际金融中心城市探索设立分支机构，或与国际知名投资银行、律师事务所、咨询公司等中介服务机构合作建设海外办事机构，逐步搭建全球业务网络，拓展市场渠道和发展空间，推动国内和国外在资金、项目和中介服务等方面的高效对接和充分融合。

3.5　建立统一的产权市场法律法规制度

资本市场，法治当先。为推进产权市场高质量发展，应加快产权市场立法工作，应通过法律明确产权市场的资本市场功能定位，明确产权市场的概念、限定条件、运行规范、功能定位及主管部门，明确相关各方的法律责任。同时，应加快研究出台所有要素资源非标准化配置业务的政策法规，促进产权市场规范有序发展。

3.6　完善并创新产权交易市场体系

为了完善并创新产权交易市场体系，应按照党的十八届三中全会提出的“建设统一开放、竞争有序的市场体系”的要求，从顶层制度设计入手，坚决摒弃“各自为战，各成一体”的非市场理念，打破行政壁垒和制度樊篱，充分运用产权市场的适应性和可复制性，组织更多的资本、要素资源进入产权市场交易，不再建设同质性的交易场所。

执笔人：邓志雄　何亚斌

参考文献

[1] 邓志雄．中国产权市场的回顾与思考．产权导刊，2007（7）

[2] 邓志雄．谈如何推进产权交易市场“四统一”建设．曹和平．中国产权市场发展报告（2014）．北京：社会科学文献出版社，2015

[3] 邓志雄，胡彩娟．把产权市场打造成为推进资本混合的主要平台．产权导刊，2018（3）

[4] 邓志雄．发展混合所有制经济的八条理由．产权导刊，2019（2）

[5] 任兴洲．建立市场体系——30 年市场化改革进程．北京：中国发展出版社，2008

[6] 任兴洲，王微，王青等．建设全国统一市场：路径与政策．北京：中国发展出版社，2015

[7] 常修泽．广义产权论——中国广领域多权能产权制度研究．北京：中国经济出版社，2009

[8] 常修泽．混合所有制经济新论．合肥：安徽人民出版社，2017

[9] 曹和平．中国产权市场发展报告（2008～2009）．北京：社会科学文献出版社，2009

[10] 夏忠仁．协会在中国产权交易行业规范化建设中的实践及未来发展方向．曹和平．中国产权市场发展报告（2014）．北京：社会科学文献出版社，2015

[11] 蔡敏勇等．产权市场　中国创造．上海：同济大学出版社，2014

[12] 熊焰．资本盛宴：中国产权市场解读．北京：北京大学出版社，2008

[13] 吴汝川．混合所有制经济的实现路径以及产权市场的作用．曹和平．中国产权市场发展报告（2014）．北京：社会科学文献出版社，2015

[14] 何亚斌．中国国有产权转让的市场化经验及其国际意义．产权导刊，2018（3）

[15] 国务院国资委产权管理局．国资新局．北京：中信出版社，2013

[16] 中国企业国有产权交易机构协会．中国产权市场年鉴（2013～2015）．北京：经济管理出版社，2016

[17] 中国产权协会．中国产权交易资本市场研究报告．北京：中国经济出版社，2018

专题报告九

我国技术市场的发展与改革

技术市场在我国是改革开放的产物，是技术商品经营、交易及相关中介服务的运行体系。40 年来，我国技术市场从无到有，取得了重大突破。技术市场的高速发展，深刻改变着我国的科技投入结构，促进了科技体制改革，对于优化科技资源配置，加速技术成果转化，促进科技与经济的结合发挥了重大作用。

1 我国技术市场发展现状与特征

1.1 政策法规重点突破，制度环境更加优化

技术市场开放以来，党中央、国务院强调要以经济体制为基础开拓技术市场，始终把技术市场作为我国重要的生产要素市场，开展了持续的制度和管理体系建设，相继制定了《科技进步法》《促进成果转化法》《专利法》和《技术合同法》等以及相配套的规章细则，成为技术市场活动的核心法律。1999 年，“三法合一”后的《合同法》，从单行法上升为基本法，保留了《技术合同法》中的精华，实现了技术市场法律体系的重大调整和完善。同年，《关于贯彻落实〈中共中

央、国务院关于加强技术创新，发展高科技，实现产业化的决定〉有关税收问题的通知》（财税字〔1999〕273号）印发，对技术开发、技术转让所得免征营业税。2008年，《中华人民共和国企业所得税法》《中华人民共和国企业所得税法实施条例》颁布实施，对符合条件的技术转让所得减免征收企业所得税。至此，技术市场形成了由中央到地方，包括法律法规、税收政策以及一系列规范性文件和地方性法律规章的较为完善的政策法规体系，为我国技术市场有序发展提供了重要制度保障。

党的十八大以来，我国全面深化改革和创新驱动发展战略深入实施，修订颁布的《促进成果转化法》与该法配套的若干规定，以及《促进科技成果转移转化行动方案》共同构成了促进科技成果转移、转化"三部曲"，明确将成果的使用、处置、收益权下放给高校、院所，简化了审批流程，使科研院所和高等院校成为技术成果的"主人"，规定的不低于50%的收益分配比例，极大地调动了科研人员转移转化的热情。国务院转发的《国家技术转移体系建设方案》首次为破解我国技术市场发展瓶颈问题，建设国家技术转移体系，从基础架构、转移通道、支撑保障三方面指明了发展方向，确立了战略目标。

40年来，我国技术市场政策法规体系建设与时俱进，从管理制度、组织架构、运行机制精准实施，在改革中探索前行并持续完善。技术成果由计划开发、无偿拨款和使用、禁止交易转变为可以像商品一样进行自由交换；科技人员从事技术交易的行为由冒着违法犯罪的危险转变为公开、积极投入创新创业社会热潮；科技管理由计划项目管理体制转变为市场导向的研发机制；科研投入由单一的国家财政投入转变为政府引导、市场配置的科研投入方式。技术市场政策法规体系开启了科技立法的先河，使技术市场发展步入法制轨道，确立了社会主义生产要素市场的流通机制，形成了平稳运行、规范有序的市场流通环境。当前，技术市场已成为技术成果转移、转化的主要渠道和重要平台，也是我国市场经济领域最具活力的市场之一，其发展方针及政策成为党中央、国务院以创新驱动促进经济转型和社会发展的一项重要的制度安排。

1.2　市场主体动力转换，创新能力显著增强

在经济体制改革全面推进的背景下，科技体制改革全面启动，在“稳住一头，放开一片”的方针下，广大的科研机构逐步实施科研经费拨款制度的改革和市场化运营机制的引入，面向技术市场的积极性空前提高，与企业的横向技术合作大幅度提高，联合开发、定制开发已成科研常态。同时国家陆续实施了高技术研究与发展计划（“863”计划）、支撑计划、火炬计划、星火计划等一系列重大科技计划，引导高新技术和适用技术的开发。设立了面向基础性研究的国家自然科学基金、“973”计划、“攀登计划”（国家重点基础性研究重大关键项目计划）等，国家科技计划体系逐步建立，国务院部门计划、地方科技计划纷纷出台，各级财政科研经费投入逐年增加。根据专业部门统计，此后，随着我国市场化程度的逐步提高，此类高新科技计划的成果进入技术市场的交易、转移的比例也逐年提高，提升了技术商品的含金量和附加值。科研院所、高校人才密集，科研设备完善，科研能力强，承接了大批科技计划项目的研发任务，科研成果丰厚，成为名副其实的技术创新的源头。据统计，1984～2000年，科研院所、高校输出技术一直高居各类技术交易主体榜首，遥遥领先于企业和技术贸易机构及管理部门等，是技术市场中的最大卖方。

1999年，全国技术创新大会发布《中共中央、国务院关于加强技

术创新发展高科技实现产业化的决定》，提出“深化体制改革，促进技术创新和高新技术商品化、产业化”，其中“促进企业成为技术创新的主体，全面提高企业技术创新能力”“推动应用型科研机构和设计单位实行企业化转制，大力促进科技型企业的发展”成为改革的重要内容。随后，企业科研投入力度加大，大批企业技术中心涌现，在保留部分基础性研究机构的前提下，中央部属376家技术开发类科研机构已全部转制为企业，为技术市场注入了新的活力。2001年，企业技术交易额位居各类技术交易主体之首，共签订技术合同47177项，成交金额285.61亿元，占全国技术合同成交总额的36%，包含转制院所在内的企业跃升成为技术市场的最大卖方。2017年，企业共签订技术合同250126份，成交金额11875.28亿元，占全国技术合同成交总额的89%，替代高校、科研院所成为技术市场的最大卖方；高校、科研院所转而成为技术市场的第二大卖方，共签订技术合同104836项，成交金额1222.58亿元（见图9－1）。

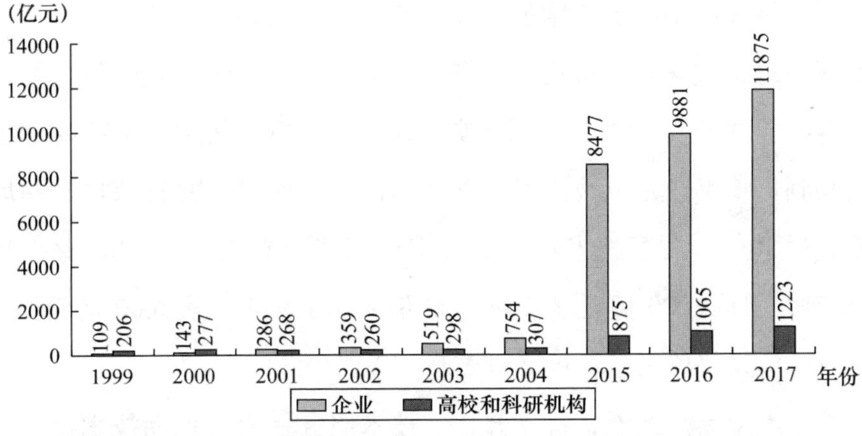

图9－1　企业、高校和科研院所技术合同成交金额（1999～2017年）

资料来源：科学技术部火炬高技术产业开发中心（中国技术市场管理促进中心）。

40年来，我国技术市场由以高校、科研院所为主要交易主体，逐步过渡到以企业为主，高校、科研院所为辅，实现了市场动力的成功转换。企业在一系列自主创新政策的推动下，发展理念由跟踪模仿为主向自主创新为主转变；研发组织形式由单纯购买技术向产学研合作、联合共建技术中心等多种形式转变；技术研发内容由政府主导向着满足市场需求的研发方向转变；企业的研发动力由外部推动逐步转变为由内生动力拉动，自主研发能力和市场经营能力显著增强。大量技术成果通过技术市场向全社会转移和扩散，成为技术市场中最具活力的交易主体，牢牢确立了技术创新和技术转移的主体地位，成为国家创新体系的重要组成部分。由于改制的科研机构的加入，我国企业的创新成分发生变化，开始逐步成为我国技术创新的主要策源地。

1.3 市场规模量质齐升，创新要素优化配置

1.3.1 技术交易规模快速增长，在 GDP 的占比翻番

党中央、国务院开放技术市场的战略部署，使我国市场化进程加快，技术可以作为商品有偿交换，不仅体现出其自身的使用价值，而且实现了科技成果的价值增值，技术市场快速形成燎原之势，市场规模实现了跨越式增长。从技术市场成交总额看，技术市场开放之初的1984 年，全国登记的技术合同成交总额仅仅只有7 亿元，到2017 年已经增长到13424 亿元，增长了 1900 多倍（包括价格增长因素），平均增速超过20%。我国技术市场的技术合同成交总额突破 1000 亿元用了19 年，而从1000 亿元增长到5000 亿元用了9 年，从5000 亿元到突破 10000 亿元仅仅用了 4 年（见图9 –2）。

从技术交易形式看，技术开发、技术服务一直是推动技术市场持续发展壮大的主要交易形式，2017 年成交金额分别占全国技术合同成交总额的 35. 4% 和 50. 85%。从技术合同成交总额占 GDP 比重看，从“十五”初期 2001 年的 0. 71% 上升到“十三五”初期 2015 年的

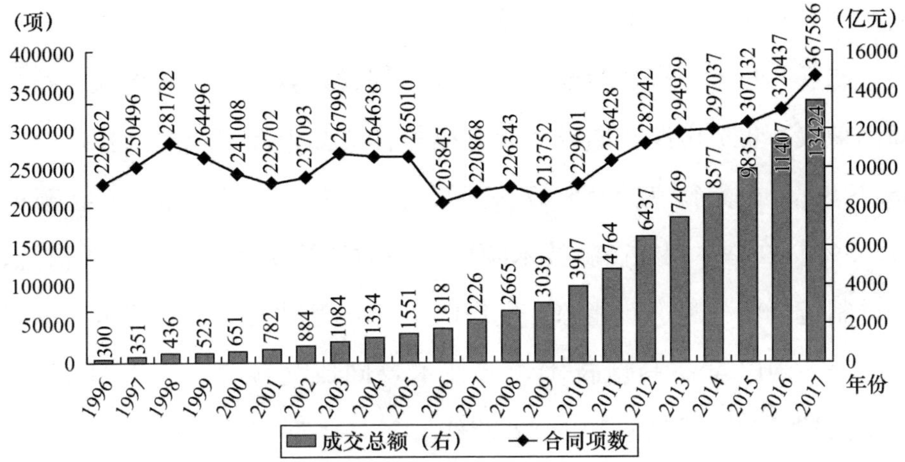

图9-2　全国技术合同成交项数和金额（1996～2017年）

资料来源：科学技术部火炬高技术产业开发中心（中国技术市场管理促进中心）。

1.45%，翻了一番。从技术合同成交总额占全社会研究与试验发展（R&D）经费比重看，由1995年的5.03%上升到2017年的76.71%，实现跨越式增长（见表9-1）。

表9-1　　全国技术合同成交额占全社会研究与试验发展经费比例

项　目	2011年	2012年	2013年	2014年	2015年	2016年	2017年
全社会研究与试验发展经费（R&D）（亿元）	8687	10298	11847	13016	14170	15677	17500
技术合同交易额（亿元）	4764	6437	7469	8577.2	9836	11407	13424
技术合同交易额/R&D（%）	55	63	63	66	69	73	77

资料来源：科学技术部火炬高技术产业开发中心（中国技术市场管理促进中心）。

1.3.2　技术商品成熟度显著加强，交易质量不断提高

技术市场在交易规模增长的同时，交易质量同步提升，技术商品的"含金量"不断增加。一是体现在涉及各类知识产权的技术交易不断增加。随着知识产权保护制度的日益健全，全社会知识产权意识不

断提高，对知识产权的需求持续旺盛，促进了技术成果以各类知识产权形态进入技术市场。2017 年，涉及专利、计算机软件著作权、植物新品种权、集成电路布图设计专有权等各类知识产权类型的技术合同 15229 项，成交额为 5555.67 亿元，占全国技术合同成交金额的 41.35%。二是体现在高新技术领域交易额持续快速增长。电子信息、先进制造、新材料、新能源、生物医药、环境保护等领域技术交易成效显著。2017 年，高新技术领域技术合同成交额为 11059.04 亿元，占全国技术合同成交总额的 82.38%。三是体现在单项技术合同平均成交额的不断飙升。2000 年，全国技术市场平均每份技术合同成交额为 27 万元，到 2017 年，已达到 365 万元，显示出高新技术成果附加值大幅提高（见图 9－3）。四是体现在全国技术合同成交总额中的技术交易额占比。2017 年，全国技术合同成交总额中扣除仪器设备、原材料等购置费用后的技术交易额达到 10456.46 亿元，首次突破 1 万亿元，占比达到 77.89%。

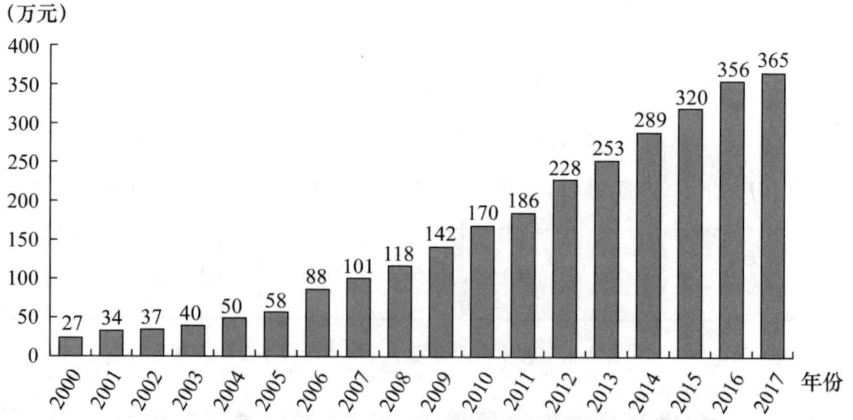

图 9－3　平均每份技术合同成交额（2000～2017 年）

资料来源：科学技术部火炬高技术产业开发中心（中国技术市场管理促进中心）。

1.3.3　市场机制充分释放，创新要素优化配置

40 年来，我国技术市场与资本、人才等要素市场不断融合，对技

术研发方向、路线选择、要素价格创新要素配置的导向作用更加突出。从党的十六届五中全会提出“要更大程度地发挥市场在优化配置科技资源上的基础性作用”，到十八届三中全会提出要让“市场在资源配置中起决定性作用”，明确了政府以充分发挥市场配置科技资源的决定性作用为核心，来推进科技体制改革的目标。技术市场在优化配置创新资源促进科技与经济深度结合方面的作用更加突出。对技术成果的认识，正在从“技术是可以交换的商品”的初级认识，逐步转变为“技术是创新驱动中最重要的要素资源”的深刻理念；技术交易由单纯的技术开发、技术转让等“显性”交易向优化配置企业、资本、人才以及服务等创新资源的“隐性”交易转变；科研组织形式由行政手段推动，向由市场供求机制和竞争机制调节配置转变；政府的行政管理职能正在由往日的项目管理和审批，向制定规划、建立机制、营造环境转变，积极以政策工具刺激、带动资本、人才要素市场的深度融合。市场对资源配置的决定性作用，优化了资本存量和资本增量在各个产业之间的配置，提升了技术创新在各个产业之间的配置比重，同样数量的要素生产效率大幅提高，各类技术在市场机制的驱动下和国家产业政策的引导下实现优化配置。截至 2017 年，我国技术市场累计已有 322 万项技术成果通过技术市场成功转移、转化和产业化，累计创造经济价值 8.47 万亿元，科技创新及其技术成果的财富价值在经济活动中充分体现。技术市场成为加速技术成果转移、转化的主渠道和实现科技资源优化配置的大平台。

1.4　服务体系模式创新，服务业态初步形成

1.4.1　服务人才快速扩张，体系日益成熟

我国的技术市场服务体系始于技术市场开放初期。针对市场体系

不健全、科技中介机构缺失、专业人才匮乏等问题，中央明确提出“发展各种技术中介机构和交易场所”，从《“九五”全国技术市场发展纲要》及之后的相关政策都明确提出，要充分发展为技术交易提供服务的技术经纪人和经纪组织。随着科研拨款体制的改革，从中央到地方大部分应用型科研机构改制为企业后，在积极参与技术市场的建设中发挥出活力，探索出新的适应市场需要的技术转移运行机制，在强化自身创新能力、服务能力的过程中，也为社会经济增长和产业升级、技术进步发挥了重要的引导作用。如今，以解决信息不对称、提供技术供需信息加工、咨询、对接等为主业的，各种体制和专业领域的技术中介服务组织蓬勃发展，依存于这些组织的技术经纪人十分活跃，优秀人才脱颖而出。经过多年的市场化探索，围绕技术转移过程中的不同需求，从技术的咨询评估、分析论证、中间试验、检验检测、资金融通、知识产权保护到上市交易等环节的服务链条已经形成；多元体制和多元服务内容的机构迅速发展；经过各地管理部门和行业组织的培训，技术经纪人在实践中业务素质和专业化程度不断提高。截至2017年，我国已有国家技术转移示范机构453家，以挖掘企业需求为核心的跨区域技术转移协作网络——中国创新驿站站点92家，省（市）级技术交易网络平台40余个，区域性、行业性技术转移联盟50余个，国家技术转移区域中心11个，国家技术转移人才培养基地11个，从业人员约50万名①。由中央与地方分工合作，共同构成了覆盖全国、上下联动、监督规范的技术市场服务体系，一大批具有技术背景、熟悉市场经济运作的技术中介商务人才活跃于技术市场服务领域，促进了新时期技术交易的效率和质量。

---

① 科学技术部火炬高技术产业开发中心（中国技术市场管理促进中心）。

1.4.2　服务模式创新发展，多元化服务模式并存

我国技术市场开放初期，服务机构的服务模式同质化现象严重，大多提供简单化的信息咨询、成果推介、供需对接、展示交流等服务，受限于服务工具和手段以及专业人员的缺失，技术市场服务体系的作用还不突出。随着政策体系的不断完善，市场环境的逐步优化，意识水平的不断提升及互联网等新信息技术手段的出现，技术市场服务体系迎来蓬勃发展的机遇，技术转移的参与主体更加多元，服务模式不断创新。各要素市场的互动加强，资本方的市场化配置，越来越多地参与到技术转移的各个环节，成为技术市场又一重要的交易主体且作用巨大。技术转化过程的中试熟化、技术入股、科技企业股权交易、企业并购、专利运营、科技投融资等技术转移模式在资本的作用下，逐渐成为技术转移服务机构实现营利和可持续发展的主要服务模式。技术市场各主体间的合作更加密切，技术集成经营、技术熟化推广、新型产业技术研究院、共建研发机构、开放实验室、建立大学科技园等技术转移模式，成为整合企业、高校、院所以及服务机构创新资源的主要服务模式。互联网、大数据的快速发展使信息网络平台服务成为可能并快速发展，基于互联网的新型技术转移服务模式不断涌现，线上挂牌交易、竞价拍卖、线上展厅、线上路演、线上对接以及线上线下相结合的技术转移服务模式，极大地提升了技术转移机构的服务水平和效率。中介服务与创业孵化的深度融合，使科技创业成为技术转移最为有效的方式之一，技术转移服务机构和科技企业孵化器成为技术转移的重要力量。

1.4.3　专业化服务能力提升，中介服务业可持续发展

40 年来，我国技术市场服务体系走过了机构培育、平台搭建到资源整合、能力提升的发展过程，从基础架构优化到全国技术市场一体

化格局初步形成，较为完善的技术市场服务体系已初见成效。服务机构体制结构从过去多为政府组建的体制内机构，向着多元体制的自负盈亏的市场化新型服务机构转变；服务模式从以提供带有公益服务性质的推广技术信息传递简单中介、居间服务，向着面向市场需求提供技术、资本、人才等资源配置的深层次服务转变；技术转移服务的对象从服务于技术卖方，向着服务于买卖双方和创业团队、初创企业以及科技投融资机构延伸；服务机构从业人员由简单信息传递和“保媒拉纤”、收取中介信息服务费的低端服务，向通过提供全程化、专业化、高端化的多种手段工具的服务模式转变，从而获得较高的商业回报或股权分红等增值的商业利益，因而促进了以技术转移为核心的科技服务业细化分工、扩大规模和努力提升商务能力，实现可持续化发展。

由于技术市场服务体系的专业化、职业化发展，研究开发、检验检测、创业孵化、知识产权、科技咨询、评估、科技金融、网络技术等专业化的知识与手段不断集成于科技服务标的，极大地丰富了科技服务业的功能，改善了服务质量，培养了专才，促进了成果的快速转化。服务主体日渐成熟，科技服务的业态逐步形成，为产业结构的优化调整，新旧动能转换，培育新的经济增长点提供了重要支撑。

1.5 管理体系高效运行，发展基础更加稳固

技术市场开放初期，国务院所属十几个部（委、局）成立协调指导小组，建立联席会议制度，集成各部门力量共同推动技术市场这一新生事物在我国稳步发展。2007 年，科技部、教育部和中科院密切合作，启动实施国家技术转移促进行动，将技术市场赋予新的工作内涵，部门合作更加紧密。地方科技行政管理部门也始终重视并加强与工

商、税务、财政、质监等部门合作，以及与科协、工会、专业性行业组织等社会团体通力合作，配合国家有关监管部门共同维护和监督技术市场的发展。即使在历次精简政府机构，加强服务型政府建设的过程中，技术市场的宏观管理、制度研究与秩序监督等职能仍然得到延续。迄今为止，全国已形成由国家、省、市、县四级技术市场管理机构1000多家，技术合同登记机构1100多家，技术合同登记员1800多人构成的技术市场管理体系，负责全国技术市场管理与促进工作，履行政策制度、组织体系建设、理论研究、人才培养、统计分析、监督检查等各项职责。随着技术市场管理信息化水平的不断提升，技术市场的管理职能进一步加强，技术市场管理体系更加健全高效。

进入新时代，党的十八届三中全会胜利召开，报告明确指出要“发展技术市场，健全技术转移机制，促进科技成果资本化、产业化”。十八届五中全会提出要“建立从实验研究、中试到生产的全过程科技创新融资模式，促进科技成果资本化、产业化”。中共十九大报告中提出：“深化科技体制改革，建立以企业为主体、市场为导向、产学研深度融合的技术创新体系，加强对中小企业创新的支持，促进科技成果转化。”党中央、国务院的战略部署，指明了新时代技术市场的发展方向、发展路径和发展目标，明确了技术要素市场在国家创新体系建设、全面深化改革和创新驱动发展战略中的重要地位。科技部发布的《“十三五”技术市场发展专项规划》以及《关于技术市场发展的若干意见》，进一步明确了“十三五”及今后一段时期技术市场的重点任务，提出了到2020年培育20家具有示范带动作用的高水平专业化技术转移机构，600家市场化、社会化技术转移机构，发展3～5个枢纽型技术交易市场，培养1万名技术经理人、技术经纪人，实现全国技术合同成交金额达到2万亿元的发展目标。同时，提出了到2025年，统一开放、功能完善、体制健全的技术市场进一步发展壮大，为国家创新能力提升和迈入创新型国家前列提供有力支撑的远期目标。可以预见，随着技术市场的理论基础和制度安排更加趋于成熟，技术市场管理体系基础将更加稳固，成为新时代技术市场实现跨越式发展的重要保证。

40 年来，我国技术市场形成了由国家科技管理部门牵头指导、中央有关部门紧密配合、地方政府组织实施、扶持市场化服务机构发展的具体推进的组织管理体系，全方位支撑和引导科技成果转移、转化。比照物化产品有形市场的形态，技术市场发展初期比较偏重于有形市场的建设，注重具有物理空间的固定场所的建设和追求入场交易的过程。国家科委批复和支持建设的一批常设技术交易市场，以及技术交易会也成为科技成果转化的重要平台和交易形式。随着技术市场要素市场地位的确立，技术市场资源配置的功能定位更加突出，国家政策制度的安排更趋向于创造良好的市场生态环境，技术市场的发展形态开始从注重有形市场向注重有形和无形市场并重转变；技术市场的管理模式从改革开放初期的初步探索阶段渐渐步入全面深化改革时期的逐步成熟阶段；发展环境从“开放、搞活”向“规范、有序”逐步转变；发展态势随着科技进步和产业变革速度的加快，从低速、低频向快速、高效发展转变；历史定位也从改革开放初期的突破口向新时代全面深化科技体制改革的主战场转变。技术市场作为我国科技成果转移转化的主渠道和推动产业转方式、调结构、促升级的主抓手，在促进科技创新、优化产业结构、推动经济社会高质量发展方面将持续发挥更加巨大的作用。

1.6 技术市场对国民经济发展贡献不断增强

1.6.1 促进经济发展与产业结构调整

在传统计划经济时期，政府管理技术要素配置、流通的各个环节，国家对科技实行统一管理，科研课题由国家下达，经费也是垂直系统的国家拨款，科技成果一直采用行政方式实行无偿转让。技术的产生完全是政府进行投资的结果，所以国有企业可以无偿使用技术成果，企业技术改造和新产品开发都依靠计划安排，大部分企业自身技术开发能力严重不足，积极性不高；同时农村经济中的发展又缺乏技术、人才资源。技术市场的出现打破了技术商品化被禁锢的现状，技术成果作为商品，开始了市场机制配置的历史进程，从实验室转移到生产领域，从先进地区梯次转移到后进地区，极大地提升了企业的自主创新能力及乡镇企业技术吸纳能力，推动了国有企业的技术改造和升级，催生了一大批科技型中小企业，也为我国改革初期乡镇企业的蓬勃发展提供了大量适用技术和人才，成为振兴农村经济的最重要的依托，为推进经济体制改革奠定了物质基础。40 年来，技术市场对产业结构的优化作用明显，每年有 20 余万项科技成果通过技术市场转移、转化。技术市场的活跃直接促进了企业的创新行为，促进了优秀技术人才的流动和产业结构的调整，促进了传统产业升级和战略新兴产业的发展，带动了经济的增长和人民生活条件的改善；同时，也促进了全社会尊重科学知识、尊重技术人才风尚的形成，为弘扬科学精神，实施科教兴国战略、建设国家创新体系做出了贡献。

1.6.2　有效推进经济体制和科技体制改革

技术市场的发展助力科研院所体制改革，高校、科研院所技术供给积极性增强，高校、科研院所与制造企业通过联合建立研发机构、开放实验室、建立大学科技园、开展科技人员交流等多种方式，促进高新技术转移和成功转化。一批重大技术成果在企业转型升级和提质增效中得到转化应用。40 年来，科技与经济两张皮的现象得到明显的改变，以市场为导向的定制开发、联合开发已成为主要技术研发方向，科研机构面向市场的横向收入已成为最主要的经济来源，根本改变了依靠“皇粮”生存的体制。技术市场的开拓，使技术要素通过市场转移到生产领域，促进了技术成果产业化、商品化，提高了科技成果的推广应用率，极大地促进了经济增长。我国技术交易额的增长速度每年都高于 GDP，技术交易对经济增长起到了拉动作用。

以北京市为例，北京地区技术交易中技术性收入以及其占 GDP 的比重总体呈上升趋势，伴随着技术交易规模的不断扩大，其对北京地区生产总值的贡献正在逐渐增强（见表 9－2）。

表 9－2　　北京地区技术交易中技术性收入占 GDP 的比重

指　标	2000 年	2001 年	2002 年	2003 年	2004 年	2005 年
技术性收入（亿元）	32.24	61.59	62.22	75.95	191.10	164.20
北京地区生产总值 GDP（亿元）	3161.00	3710.52	4330.40	5023.77	6060.28	6814.50
技术性收入占 GDP 的比重（%）	1.02	1.66	1.44	1.51	3.15	2.41

资料来源：陈晴、张若然、林耕：“北京市技术交易对经济增长的贡献”，《科技潮》，2006 年第 7 期，第 60～61 页。

1.6.3　促进社会主义市场体系不断完善

技术市场作为先导性市场，有效联结资本市场、劳动力市场、信息市场等，在社会主义市场体系中居于先导地位，在促进其他要素市场发展和完善的过程中发挥着重要作用。对资本市场，技术市场的发展有助于拓宽资金的流通渠道，从而加速资金流通周转，促使资金利用有效化，从而推动和引导资本市场的发展。对劳动力市场，技术市场可以有效带动劳动力市场的发育和完善，高科技人才对企业提质增效、技术进步的作用日益显现，企业竞争力的提升有赖于劳动生产率的提高。新科技成果的发明和应用加大了对高科技人才的需求，客观上促进了人才的合理流动，而劳动者为了获得更高报酬，也会自觉提高文化水平，从而有助于提高劳动者的整体素质，促进劳动力市场的进一步发展。对信息市场，科技的突飞猛进使得技术产品的生命周期逐步缩短，客观上迫切要求加速技术商品信息的流通，以便在最短的时间内使新技术转化为现实的生产力，在市场机制的调节下，技术创新不断，信息市场和信息技术产业必然获得快速发展，因而技术市场的活跃和深入发展带动了相关要素市场的市场化进程，成为先导性要素市场。

2　我国技术市场发展存在的深层问题

2.1　对技术市场功能和定位的认识仍不到位

技术市场是市场经济的产物，经过近40年的发展历程，社会上对技术市场功能和定位的认识仍不统一。技术市场的概念有狭义和广义之分，狭义的是指技术商品交易的场所，即有形市场，如技术交易所、技术交易中心以及一些常设的技术交易会等。广义的是指技术商品生产、交换、流通关系的总和，也应包括技术商品生产和转移到应用中的市场环境建设，包括体制机制和人才建设等。在某种意义上，这是市场中无形的部分也是重要的部分。建设社会主义的市场体系，不仅重视消费品和生产资料等商品市场，更应该重视资金、劳务、技术等生产要素市场。作为我国社会主义市场体系重要组成部分的技术市场建设，既要抓有形部分，也要抓无形的部分。但是，在现实中仍然有把技术市场仅仅看作是交易的物理场所的肤浅认识，把技术市场的功能仅仅局限在技术交易层面上，工作重心只放在抓有形市场建设，把技术商品等同于一般性商品，忽略了技术商品的不确定性和“非标”性特点以及其转化的特殊规律，致使某种程度上技术交易场所、技术交易平台等有形市场的建设过度，缺乏深入有效的市场服务功能，功能重复，效率低下，没有达到加速成果转化和促成技术交易的目标。对技术市场认识的偏颇，造成部分地方技术市场体系的不完善和市场环境的营造没有得到足够重视，使得技术市场发展相对滞后于其他要素市场。

2.2 制约技术市场的体制机制障碍仍然存在

技术市场从无到有、从小到大，管理监督体系逐步完善，但在市场流动性、主体活跃度以及宏观调控和引导力度等方面的体制机制还存在障碍。目前国家层面尚没有一部全面设定技术市场各类主体在技术转移中的权利、义务和责任，并调整其相互关系的法律法规。新修订的《中华人民共和国促进科技成果转化法》中虽然明确规定了国家设立的高校、科研院所转化科技成果的收益、处置政策，以及科研人员创新创造、技术转移的激励政策，但科技成果的属性仍然属于国有事业单位资产。根据《事业单位国有资产管理暂行办法》的规定，“加强对本单位专利权、商标权、著作权、土地使用权、非专利技术、商誉等无形资产的管理，防止无形资产流失”，高校和科研院所的科技成果被视为国有无形资产进行管理和处置，应承担国有资产保值增值和防止国有资产流失的责任和义务。而成果转化的不确定性和高风险，使得成功的科技成果转化必然成为“低概率”事件，而对于大量未成功转化的科技成果，高校、院所则要承担国有资产流失的风险，这就使得高校、院所对成果转化望而却步，科研人员参与成果转化的动力不足。比较国际一流高校的技术转移办公室（TTO）模式，校内设立一家技术转移办公室或委托第三方技术转移服务机构归口管理学校的专利披露、申请、评估和专利的商业化运营，我国高校普遍缺少能够统筹高校科技成果资源的专业化技术转移机构，技术转移职能分散现象严重，大部分高校的科研处、技术转移中心、大学科技园、孵化器、资产经营公司等部门或机构在技术转移工作上，缺乏统筹，职能交叉，造成高校有限的优质科技成果资源分散，科技成果转化效率不高。

2.3　技术市场服务体系的市场化、专业化水平有待提高

我国技术市场的服务机构总体上仍处于发展的初级阶段，与国家技术创新的需求相适应的高效服务机制尚未真正形成。一方面，我国技术市场服务机构自身在管理体制、运作机制方面还存在诸多不足与缺陷。部分政府建立的服务机构缺乏内在的激励机制和对外的竞争机制，面向市场服务的动力不足；民营的技术服务机构在一些地区得不到政府有关部门应有的扶持和重视。近几年，虽涌现出一些不同体制的优秀技术转移机构，在服务模式上有所创新、成效显著，但从服务体系整体看，小、散、弱的现象仍然存在；具有较强专业化、商业化能力的服务机构仍然较少，相当一部分机构由于没有可持续发展的清晰的盈利模式，无法实现市场化运营。随着互联网、大数据的快速发展，解决信息不对称、仅仅依靠居间服务收取服务费的服务模式已难以为继，而受自身能力不足、人员缺失、资源有限等因素限制，不少服务机构在策划、咨询和整合技术、资本、人才、政策等资源方面力不从心，无法逐步形成鲜明的盈利模式，机构也难以成长壮大。另一方面，我国专业化、职业化的技术转移人才严重缺失。近几年，我国虽已陆续建立了若干国家技术转移人才培养基地，但在国家层面还未形成全国性、规范化的技术转移人才培养机制。目前开展的技术经纪人、技术经理人培训仍以地方科技管理部门为主，培训教材不统一，培训师资不规范，培训质量难以保证，造成学员质量参差不齐。在现

阶段，受技术商品质量、整体市场环境和产出效益的影响，技术市场还未形成高端市场人才聚集的高地。人才缺乏是制约技术转移服务发展的因素之一。

2.4 技术中试环节薄弱，具有成熟度的技术商品供给不足

我国技术市场开放以来，为解决技术商品的有效供给，各级政府在构建供应与需求的渠道和交易平台等方面做了很多探索实践，力图促进技术交易的规模化发展，科研院所体制的深入改革，也促使技术商品开发的市场化程度不断提高，联合开发已成趋势，但作为成果转化最需要，也是最重要的中间试验环节的建设却相对滞后，因为中试转化基地的软硬件建设与相关的工程策划、技术配套，以及新研究成果的技术验证和保证产品的一致性所需要的规模化生产条件，都需要相当的资金投入和时间保证，而且其成功具有不确定性，这方面的技术失败的风险和市场风险，往往是小企业难以承担的，也是部分急功近利的采购方不愿问津的。政府与当事企业在此投入方面均存在动力不足、能力有限的问题。这方面的建设投资也缺乏动力机制和融通渠道。长期以来，虽然市场中可以形成许多供需关系，但由于全社会在技术中试环节整体投入不足，中试薄弱，致使许多技术交易最终因中试条件的限制难以快速转化应用，技术商品的成熟度直接影响了技术市场的交易质量和规模发展。

2.5 技术市场与其他要素市场的深层互动亟须加强

面对新一轮科技革命和产业变革，创新对技术、资本、人才要素的融合更加依赖，技术市场与其他要素市场的互动亟须加强。中共十八届三中全会提出“促进科技成果资本化、产业化”，标志着技术市

场从开放初期的商品化、市场化、国际化，进入了资本化、产业化的新的发展阶段，资本化将成为科技成果转化的重要途径，成为技术市场发展的重要标志。目前，我国技术市场与其他要素市场，尤其是与资本市场缺乏深层互动。首先，我国的技术转移服务机构通过联合投资机构建立技术转移基金、提供免费服务，换取企业股权或未来收益，组织科技成果对接上市型科技企业及产业资本等方式，积极探索与资本结合的路径，但这些实践与“技术资本化”的内涵和目标实质还有一定差距。其次，在加强金融监管、防范金融风险的改革形势下，技术交易所的交易功能弱化，与实现上述目标形成一定矛盾，开发适应技术商品“非标”特性的金融产品，建立相关交易规则、交易机制尚需深入探索和研究。再次，创业孵化作为最有效的技术转移方式之一，在资本的介入和催化下，对科技成果的转移转化必然会起到加速的作用。但对于早期的创业项目和创业团队，由于投资收益的不确定性，不少投资机构望而却步，投资体系在高新技术领域缺乏风险投资的意识和机制。目前，我国技术市场和资本市场融通发展，支撑并加速创业投资发展的有效机制还未建立。支持创业企业的直接融资渠道还有待进一步拓宽，引导民间存量资金转化为创业资本的有效融通渠道还未建立，对股权众筹等新型创业融资模式的探索还需进一步深化。

3　促进技术市场创新发展的政策建议

3.1　深化市场机制在技术资源配置中的决定性作用的认识

技术市场的深入发展阶段要跳出“小市场”的思维定式，转向培育和优化“大市场”的生态环境。技术市场不仅是改革开放初期我国政府为推进科技体制改革而进行的一种制度安排，在确定全力建设社会主义市场经济体制的目标之后，更是社会主义市场经济体系建设中不可或缺的组成部分，是科技创新与技术转移的环境基础，在实施创新驱动发展战略和国家创新体系建设中具有重要的作用和战略地位。新时期技术市场发展应进一步强调其作为新一轮科技体制改革突破口和主战场的作用，逐步引导全社会对技术市场认识的提升，由“技术是可以交换的商品”的初级认识，向“技术是创新驱动中最重要的要素资源”的深刻认识转变，技术市场政策的着重点，应持续以加速技术转移和成果转化为根本任务，强化市场导向，研究和遵从技术商品转化的市场规则，克服计划经济体制思维的影响，力避各种形式主义的干扰和有违市场规律的设计。

3.2 进一步细化和落实技术市场发展的政策措施

持续开展科技成果所有权改革的探索。建议有关部门应尽快制定落实改革创新举措的具体工作方案，确定试点单位，跟踪试点成效，通过试点工作推动相关法律的修订和完善，真正探索出一条符合我国高校、院所特色的有效进行科技成果转化路径，从根本上解决职务科技成果的国有资产属性带来的成果转化障碍。

尽快研究制定国有技术类无形资产管理办法。特别是针对我国国有高校、院所科技成果转化的国有技术类无形资产管理办法，明确国有高校、院所职务科技成果的属性，简化国有技术类无形资产管理流程，打通《促进科技成果转化法》与事业单位国有资产管理相关规定之间的鸿沟，使《促进科技成果转化法》赋予高校、科研院所的科技成果转化自主权落到实处，更好地发挥市场在配置科技资源中的决定作用，激发广大技术成果创造者的生产积极性。

开展高校技术转移管理职能改革试点。应学习借鉴发达国家高校技术转移办公室（TTO）的成功经验，由高校技术转移办公室作为本校唯一具有技术转移职能的专业化机构，负责包括成果披露、专利申请、成果评价、技术交易、商务谈判等全流程技术转移服务。建议开展我国高校技术转移管理职能改革试点，选择若干高校作为试点单位，明确由现有技术转移机构或新建技术转移机构全权负责本校技术转移工作，赋予其本单位科技成果独家经营管理的职能，确定专职技术转移人员，开展技术转移的全流程服务，整合分散在校内各机构的技术转移服务能力，提升高校技术转移效率。

3.3　大力优化技术市场服务体系成长的环境

新时期技术市场的发展要以大力培育技术转移机构为抓手，培育高素质、职业化技术转移人才，提升技术转移服务效能。

加强顶层设计和宏观管理指导力度，研究制定技术转移机构指导意见。在新一轮机构改革中，科学技术部新的机构设置中已设立了成果转化与区域创新司，承担国家技术转移体系工作，从管理体制上确保对今后技术市场发展的顶层设计和宏观指导力度。新机构将积极组织协调研究机构、咨询专家并会同相关部门，深入实际，总结多年来我国技术市场的丰富实践经验，更为切实地提出技术成果转化转移及产业化、促进产学研深度融合、知识产权创造的相关政策措施，更有力地开展推动技术服务业、技术市场和科技中介组织发展的指导工作。结合政府和事业单位深入改革的契机，加大技术转移服务机构培育力度，研究制定技术转移机构指导意见。对政府建立的技术服务性机构，鼓励其转制、转型为社会化的技术转移商务服务组织，建立动态绩效考核管理机制，采取市场化运营机制；大力扶植具有较强市场竞争力的民营体制或混合体制的技术服务机构；支持社会化技术转移机构增强组织中试孵化、知识产权、技术评价等专业化的服务功能；鼓励此类机构通过兼并重组、优化整合、资本运作，做优、做强。

强化技术转移人才培养。技术转移是一项主要以人为载体的技术、知识、经验、能力的流动和转移。加速技术转移，人是关键。各级部门应重视技术转移的人才培养，国家层面应按照发展产业的思路，引导培养技术转移人才的发展路径。建议科技部门会同有关部门，探索将技术经理人从业资质纳入《国家职业资质大典》，从国家层面引导更多人才进入技术市场的服务领域，从体制上解决技术转移人才薄弱问题，促进技术转移行业健康规范发展；加强现有国家技术转移人才培养基地的建设，加大基地建设力度，在有条件的省市和地区新建一批国家技术转移人才培养基地，开展包括技术市场管理、技术转移人才、国际人才培养等培训工作。加快建立基地、师资、教材、管理“四位一体”的国家技术转移人才培养体系，研究制定技术转移人才培养大纲，建立技术转移师资库，出台技术转移人才培养教程，逐步开展技术经理人能力等级培训。鼓励探索与国内外技术转移组织的交流协作，举办高端技术转移人才培训班，培养具有国际视野和较强的商务运营能力的技术市场管理和技术转移领军人才。

3.4　强化要素市场之间的深层互动与协同创新

新时期技术市场发展要着力强化技术市场相关要素市场的合作，尤其强化资本在技术市场中的催化和增值作用，以加速科技与经济的深度融合。要完善政策环境和支撑保障，完善多元化投融资服务。国家和地方科技成果转化基金通过设立创业投资子基金、贷款风险补偿等方式，引导社会资本加大对技术转移早期项目和科技型中小微企业的投融资支持。开展知识产权证券化融资试点，鼓励商业银行开展知识产权质押贷款业务。积极探索与资本市场合作开发适应技术转移特点的金融产品和多样性的投融资手段，盘活技术产权，充分调动技术成果持有者进入市场的积极性，加快高新技术成果的转化速度，改善技术市场的供给侧结构。应积极推进股权众筹、天使投资、创业投资等科技企业融资方式；积极探索新的信息工具和设计思想如大数据、区块链等对促进技术市场发展的作用；积极发展政府与社会多方参与的成果转化融资通道，鼓励有条件的技术转移机构联合社会资本设立技术转移基金；发挥技术（产权）交易市场的作用，为转移转化成果的科技企业提供股权投资；政府对具有转化前景的实验室成果的孵化以及中试熟化给予必要的引导性资金支持；探索建立科技创业企业股权交易平台，促进技术流通和创业企业股权流动等。

执笔人：雷庆西　陈　彦　张江雪

参考文献

[1] 任兴洲主编．建立市场体系：30 年市场化改革进程．北京：中国发展出版社，2008
[2] 科技部．关于技术市场发展的若干意见，2018
[3] 科技部火炬高技术产业开发中心．技术市场 30 年发展报告．科技部火炬高技术产业开发中心，2014
[4] 马洪，孙尚清．中国市场发展报告—中国技术市场（雷庆西等）．北京：中国发展出版社，1994 ~ 2004
[5] 雷庆西，张贤模．中国技术市场．武汉：湖北人民出版社，1999
[6] 董亮，张玢，李明亮，陈彦，庞鹏沙．我国技术市场理论的嬗变——从科技成果转化到技术转移．科学管理研究，2015，33（1）
[7] 张江雪．中国技术市场发展研究．北京：北京师范大学出版社，2011
[8] 张江雪．我国技术市场发展程度的测度．科研管理，2010，31（5）
[9] 张江雪．我国知识产权保护在技术市场中的作用分析．科学学研究，2010，28（12）
[10] 雷光继，林耕．我国技术市场发展面临的机遇、问题和对策研究．科学管理研究，2013，31（5）

[11] 毕诗浩，林耕．“十二五”期间我国技术市场发展战略与重点．科学管理研究，2011，29（3）
[12] 张欣炜，林娟．中国技术市场发展的空间格局及影响因素分析．科学学研究，2015，33（10）
[13] 傅正华，王英红，林耕，程金香，赵绮秋．北京技术市场三十年——成就、问题及发展趋势．中国科技论坛，2010（2）
[14] 郑荣，姜毓锋．技术市场发展现状及其影响因素分析．图书情报工作，2009，53（22）
[15] 蒋芬．我国技术市场发展演变趋势、存在问题及对策建议．科技通报，2016，32（10）

专题报告十

我国土地市场发展与改革

改革开放以来，我国土地市场的变迁始终在“坚持所有制性质不变、完善所有制实现方式”的前提下，通过赋予使用权、交易权、收益权等更强的产权保护，及时调整和完善中央和地方政府在土地市场中的作用，为经济社会持续健康发展提供土地制度保障，土地制度和市场建设不断取得新的成就。

1 改革开放以来我国土地市场发展历程

改革开放以来，坚持从我国国情出发，借鉴国外有益做法，经过多年探索，在土地公有制（城镇土地国有、农村土地集体所有）的基础上，以严格保护耕地和节约集约用地为目标、以平等保护各类土地产权、在用途管制基础上土地要素的市场化配置为主要内容的中国特色土地制度框架基本形成。作为一项基础性、全局性制度，土地制度在各发展阶段中始终坚持创新发展，不断增强与我国社会主义初级阶段基本国情和中国特色社会主义经济体制的适应性。

1.1 1978～1988 年：国有土地有偿使用和城乡二元土地制度形成

改革开放前，我国城镇国有土地配置实行的是行政划拨制度。国家将征用的土地无偿、无限期提供给用地者，土地使用权不允许转让、出租、抵押，完全排斥了市场配置土地的功能。1980 年初，开始允许对城市国有土地收取土地使用费，国有土地的使用从无偿到有偿，使国家对国有土地的所有权在经济上有所体现。1986 年 12 月，深圳市政府探索国有土地使用权作为特殊商品进入市场，1987 年 9 月将 5 幅土地分别以协议、招标或拍卖方式、30～50 年不等的使用期出让，第一次真正突破传统国有建设用地无偿、无限制使用制度，迈出了通过市场机制配置国有建设用地的第一步。1988 年 4 月的《宪法》将原来的“任何组织或者个人不得侵犯、买卖、出租或者以其他形式非法转让土地”中的“出租”一词删去，增加了“土地的使用权可以依照法律的规定转让”，正式承认了国有土地使用权的转让功能。同年《土地管理法》也做了相应修订。这两部法律的修改为城市国有土地市场化改革提供了法律依据。城市土地使用权有偿出让迅即从沿海经济开放区向内地城市展开。到 1990 年底，已有 10 个省市、38 个城市、19 个县先后实行国有土地使用权的有偿出让和转让。

在农地转非农用地方面实行征地制度。1978 年《宪法》规定“国家可以依照法律规定的条件，对土地实行征购、征用或收归国有”。1982 年修订《宪法》时，将此条款修改为“国家为了公共利益的需要，可以依照法律规定对土地实行征用”。鉴于当时城市多种土地所有制并存的状况，修订《宪法》时对土地国有的范围进行了框定，即“城市的土地属于国家所有”，这意味着当时城市范围内约 4% 的集体所有土地和私有宅基地要变为国有，但对以后进入城市范围内的土地是否也必须转为国有这一问题未做明确规定。1982 年出台的《国家建设征用土地条例》规定“国家进行经济、文化、国防建设以及兴办社会公共事业”，可以“征用集体所有的土地”。同时也排除了用地单位以其他方式获得土地的途径，“禁止任何单位直接向农村社队购地、租地或变相购地、租地”。

1986 年《土地管理法》修订，奠定了“城乡二元土地所有制”的基础，沿用至今，影响深远。一为国有制（城市土地属于全民所有）；二为集体所有（农村和城市近郊的土地属于集体所有，农民的宅基地、自留地、自留山属于集体所有）。尽管我国的所有制结构发生巨大变化，非国有经济成分占半壁江山，大量的经济建设活动已非国家建设，也非公益目的的建设，但是在土地转用市场上，只要土地转为非农使用，就要实行征用；只要进入城市范围，就要实行土地国有。形成和强化了伴随工业化城市化进程土地通过征用变为国有化的趋势。

在城乡二元土地制度格局下，直到 20 世纪 80 年代中期以后，集体建设用地市场进入市场的通道一直还是开着的。改革初期，随着“包产到户”政策的推行，特别是 1984 年城市体制改革后，农村剩余劳动力大量显化，国家政策鼓励农民大力发展乡镇企业，进行结构变革来增加农民收入和非农就业。1978 年全国乡镇企业用地估计 235. 5 万亩，到 1985 年估计约 844. 5 万亩，用地规模扩大了 2. 6 倍。1978 ~ 1979 年全国农村建房约 4 亿平方米，1980 年约 5 亿平方米，1981 ~ 1985 年新建农民住宅平均每年在 6 亿平方米以上。当时的建设部统计，1985 年全国农民建房占用耕地 6. 03 万公顷，全国集镇用地 197. 7 万公顷。1985 年中央农村工作文件还允许“农村地区性合作经济组织以土地入股方式参与（小城镇）建设，分享收益或者建成店房及服务设施自主经营或出租”。1986 年修订的《土地管理法》中，农村土地进入非农建设还保留三个通道：第一，只要符合乡（镇）村建设规划，得到县级人民政府审批，就可以从事“农村居民住宅建设，乡（镇）村企业建设，乡（镇）村公共设施、公益事业建设等乡（镇）村建设”。第二，当全民所有制企业、城市集体所有制企业同农村集体经济组织共同投资举办联营企业，需要使用集体所有的土地时，“可以按照国家建设征用土地的规定实行征用，也可以由农村集体经济组织按照协议将土地的使用权作为联营条件”。第三，城镇非农业户口居民在经县级人民政府批准后，可以使用集体所有的土地建住宅。

1.2　1992～2002 年：国有土地供应双轨制和集体土地入市通道受限

1990 年 5 月国务院发布的 55 号令《中华人民共和国城镇国有土地使用权出让和转让暂行条例》，对城镇国有土地行政划拨的有偿出让、转让做了规范性的法律规定，但是对行政划拨的范围并未做出明确界定，造成大多数出让的土地没有进入市场配置，形成行政划拨与出让并存的双轨制。除此之外，也未对有偿出让的土地中哪些应该实行协议出让、哪些应该实行招拍挂做出明确规定，又形成有偿出让土地中以协议出让为主的局面。双轨制的并存以及大量土地以协议方式出让，不仅导致土地利用不集约，也出现土地寻租，大量土地收入落入少数官员和房地产商囊中。

为此，中央政府出台一系列措施来规范土地市场发展。1992 年发布的《关于当前经济情况和加强宏观调控的意见》，要求严格执行土地审批制度；对出让土地进行集中管理，由政府统一规划、统一征地、统一开发、统一出让、统一管理，由政府垄断土地出让市场；扩大土地使用权的出让范围，增强市场竞争机制，规定除国家拨款的党政机关、行政事业单位、军事设施、公共公益事业、福利住房和按产业政策应予支持的能源、交通行业内非经营性用地仍采取行政划拨外，其他建设项目一律以出让方式供地。1995 年 6 月国家土地管理局下发《协议出让国有土地使用权最低价确定办法》，堵塞协议出让价格漏洞。2001 年 5 月 30 日，国务院下发《关于加强国有土地资产管理的通知》，明确提出为体现市场经济原则，确保土地使用权交易的公开、公平、公正，各地要大力推行土地使用权招标、拍卖，成为经营性土地由非市场配置向市场配置转变的分水岭。2001 年国土资源部下发《关于整顿和规范土地市场秩序的通知》，实行建设用地供应总量制度、城市建设用地集中供应制度和土地使用权公开交易制度。2001 年 10 月 22 日发布《划拨用地目录》，规定对不符合划拨目录的建设用地必须有偿使用。2002 年《招标拍卖挂牌出让国有土地使用权规定》明确规定，商业、旅游、娱乐和商品住宅等各类经营性用地，必须以招标、拍卖或挂牌方式出让。2003 年 6 月 11 日出台的《协议出让国有土地使用权规定》规定，不符合招标拍卖挂牌出让条件的国有土地，方可协议出让。至此，国有土地划拨使用的范围进一步明确，招拍挂制度初步确立，国有土地协议出让行为进一步规范。

规范国有土地市场的同时，集体建设用地进入市场的通路逐步受限。1992 年国务院出台《关于当前经济情况和加强宏观调控的意见》，对集体建设用地采取了关闭市场的态度，包括集体土地必须先征为国有出让才能作为建设用地；集体土地作价入股兴办联营企业的，其土地股份不得转让。1998 年修订的新《土地管理法》，对农村土地进入非农集体建设使用的口子就大大缩紧了，农民使用集体土地从事建设在该法第四十三条已变成任何单位只能使用国有土地的一个除外：

“兴办乡镇企业和村民建设住宅经依法批准使用本集体经济组织农民集体所有的土地的，或者乡（镇）村公共设施和公益事业建设经依法批准使用农民集体所有的土地的除外。”明确提出了“农民集体所有的土地的使用权不得出让、转让或者出租用于非农业建设”，但“农村集体经济组织以土地使用权入股、联营等形式与其他单位、个人共同举办企业”这一条仍予保留。提出了农村村民一户只能拥有一处宅基地，农村村民出卖、出租住房后，再申请宅基地的，不予批准。1999 年，国办发《关于加强土地转让管理严禁炒卖土地的通知》（39 号文）规定：“农村居民点要严格控制规模和范围，新建房屋要按照规划审批用地，逐步向中心村和小城镇集中；乡镇企业用地要严格限制在土地利用总体规划确定的城市和村庄、集镇建设用地范围内；农民的住宅不得向城市居民出售，也不得批准城市居民占用农民集体土地建住宅。”

城乡二元土地制度给地方政府获取巨额土地出让收入提供了制度条件。1994 年分税制改革前，国有土地出让规模不大、收入也不高，土地的作用主要还是满足“招商引资”“办乡镇企业”的用地需求。1990 年和 1991 年，全国的土地出让金分别只有 10.5 亿元和 11.3 亿元。邓小平南方谈话后，全国土地出让规模急剧扩大，1992 年土地出让金快速提高到 525 亿元。但 1993 年以后出让金收入又快速下降，直到 1998 年才逐步上升到 508 亿元。

1.3　2003～2012 年：土地政策参与宏观调控

国家正式提出运用土地政策参与宏观调控始于 2003 年，是从土地政策参与房地产市场、稳定住房价格作为重点而展开的。2003 年 2 月 18 日，《关于清理各类园区用地加强土地供应调控的紧急通知》（国土资发〔2003〕45 号）明确提出："严禁任何单位和个人使用农民集体土地进行商品房开发、严格控制土地供应总量特别是住宅和写字楼用地的供应量，停止别墅类用地的土地供应，防止楼市动荡带来风险。"2004 年 10 月，《关于深化改革严格土地管理的决定》（国发〔2004〕28 号）提出，"必须正确处理保障经济社会发展与保护土地资源的关系，严格控制建设用地增量，努力盘活土地存量，强化节约利用土地""进一步完善符合我国国情的最严格的土地管理制度"。文件还系统提出了禁止非法压低地价招商、推进土地资源的市场化配置等一系列措施，并明确要求"探索建立国有土地收益基金，遏制片面追求土地收益的短期行为"。2006 年，针对土地调控中出现的新动向、新问题，主要是建设用地总量增长过快和低成本工业用地过度扩张，严把土地"闸门"任务仍然十分艰巨，国务院《关于加强土地调控有关问题的通知》（国发〔2006〕31 号）出台，这是单独针对"土地调控"出台的第一个国务院文件，提出"建立工业用地出让最低价标准统一公布制度""禁止通过'以租代征'等方式使用农民集体所有农用地进行非农业建设，擅自扩大建设用地规模等，把严把土地闸门始终贯穿于土地调控政策"。

将农村建设用地减少与城镇建设用地增加相挂钩，是国土资源部推行的重大制度创新。自 2006 年启动城乡建设用地增减挂钩改革试点以来，相关法规制度逐步出台，国土资源部与各省市联动，探索了一套将农民新村建设、保护耕地和解决小城镇建设用地指标相结合的工作方法，对小城镇建设和县域经济发展发挥了积极作用。增减挂钩制度下，农村闲置、废弃建设用地得到了有效的盘活利用，城镇建设得到了新增建设用地指标，农民也得到了一些好处。

借鉴城乡建设用地增减挂钩的制度原理，考虑到重庆农村大面积存在闲置、废弃建设用地的现实情况，总结、提炼增减挂钩改革试点经验，重庆开展了更进一步的制度创新。2008 年，重庆市提出了设立农村土地交易所、开展地票改革试验，用市场化方式发现农村土地价格、开辟城市反哺农村新途径的构想。2009 年 1 月，《国务院关于推进重庆市统筹城乡改革和发展的若干意见》（国发〔2009〕3 号），明确“设立重庆农村土地交易所，开展土地实物交易和指标交易试验，逐步建立城乡统一的建设用地市场，通过统一有形的土地市场、以公开规范的方式转让土地使用权，率先探索完善配套政策法规”。自此，重庆农村土地交易所和地票改革试验拉开了帷幕。农民在参与建设用地复垦和地票交易的过程，其土地财产权利得到显化，价值显著提升。首先，农民直接得到地票价款收入，按照 85∶15 分配原则，当前农民最低可获得每亩 12 万元，比在传统模式下宅基地使用权流转获得的收益高出数倍。以 2011 年以来农户实得地票价款为例，2011～2017 年地票交易价格稳定在 21 万元/亩左右，扣除复垦成本及集体收益，农民可获收益为 14 万～15 万元/亩。

2008 年第三季度起，国际金融危机对我国出口和经济的影响逐步显现。为完成“扩内需”“保增长”任务，国土资源部发布《关于切实做好扩大内需促进经济平稳较快发展的用地保障和管理的通知》（国土资〔2008〕298 号），要求“各省（区、市）国土资源管理部门要重点做好今年新增 1000 亿元投资切块下达地方项目用地的安排，同时抓紧分析明年扩大内需的用地情况，确保所需的计划指标”。2009 年 6 月 12 日，《关于在保增长保红线行动中加快处理批而未用土地等工作的通知》（国土资电发〔2009〕44 号）要求：“在全面清理、摸清底数的基础上，及时制订批而未征、征而未供、供而未用、用而未尽土地的处理意见和整改方案，并认真抓好落实。”2010 年，国土资源部印发《保发展保红线工程2010年行动方案》，稳步推进土地管理制度改革，保障土地调控政策到位。

2010年全国热点城市房价大幅上涨后，土地政策成为国家实施房地产调控的重要工具。为增强土地政策参与房地产市场宏观调控的针对性、灵活性、有效性，持续推进国务院关于房地产市场调控政策措施的贯彻落实，2010年12月19日国土资源部出台《关于严格落实房地产用地调控政策促进土地市场健康发展有关问题的通知》（国土资发〔2010〕204号），提出“控制住房用地供应总量，把握供地节奏和时序，优化供地结构，调整供地方式，坚决抑制地价过快上涨”。2011年和2012年又相继印发《保发展保红线工程2011年行动方案》《关于做好2012年房地产用地管理和调控重点工作的通知》（国土资发〔2012〕26号）、《关于进一步严格房地产用地管理巩固房地产市场调控成果的紧急通知》（国土资电发〔2012〕87号），开始尝试调整土地出让方式来防控地价过快上涨，规定“对预判成交价创历史总价最高，或单价最高，或溢价率超过50%的房地产用地，包括商服、住宅或商住综合，要及时调整出让方案，采用‘限房价、竞地价’或配建保障房、公共设施等办法出让土地”。

从土地出让情况看，2003～2011年是土地出让面积和出让金额增长最快的时期。2003年，全国出让土地面积18.68万公顷，土地出让总收入5421亿元，比2000年的595亿元增长了9倍多。到2011年，全国出让国有建设用地面积33.39万公顷，出让合同价款3.15万亿元。全国通过招拍挂方式出让的土地面积占比从2003年的28%迅速提升到2011年的91.3%。

2012年以来，房地产市场波动较大，加大了土地出让收入的不稳定性。从自然资源部公布的土地出让签订合同总价款来看，2012

年出让总价款为2.69万亿元，2013年迅速上升至4.2万亿元，2014年和2015年分别回落至3.34万亿元和2.98万亿元，2016年大幅上升至3.56万亿元，2017年更是达到4.99万亿元的历史最高点（见图10－1）。

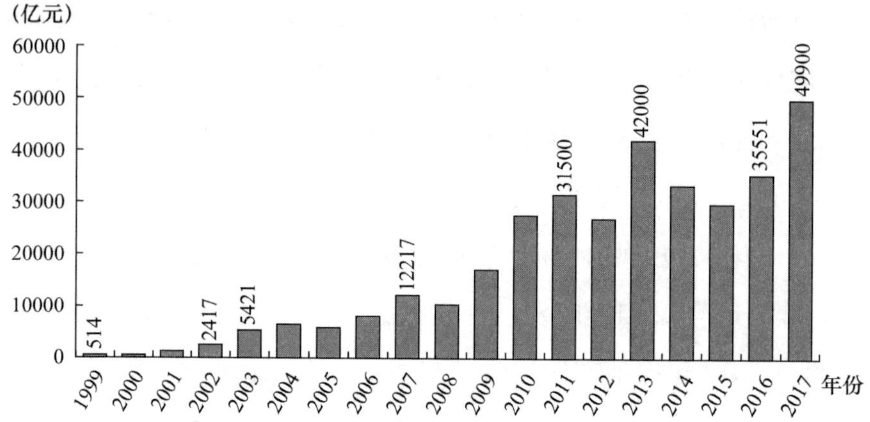

图10－1　1999～2017年土地出让签订合同总价款

1.4　2013年至今："三权分置"改革和城乡一体建设用地市场建设

十八大以来，适应我国经济进入新常态后的发展新要求，深入推进土地供给制度改革，土地供给对新产业、新业态等需求新变化的适应性和灵活性增强，农村承包地和宅基地不断探索完善"三权分置"改革，城乡一体建设用地市场建设取得新突破。

1.4.1　深入推进农村承包地"三权分置"改革

改革开放后，农村土地集体所有权和农户承包经营权"两权"分离，实行"土地集体所有、家庭承包经营"的双层体制，对激发农民积极性和提高农业生产量发挥重要作用。但也出现了与新发展阶段不相适应的地方，比如许多承包家庭成员向城镇迁移，承包地"抛荒"现象严重，受限于农村土地承包采取农村经济组织内部的家庭承包方式，只有集体经济组织成员才有资格承包土地，目前的“两权”分离制将土地承包权和经营权连在一起，承包者就是经营者，全国户均耕地7.5亩、5.7块，农业生产效率难以提升，土地资源配置效率低下。

十八大以来，为增强土地作为生产要素在城乡市场的流动性，适应农业经营方式多样化，推动农业生产经营集约化、专业化、组织化、社会化发展，开始探索土地承包经营权分为承包权和经营权，实行“三权”分置。2016年，习近平总书记主持审定下发《关于完善农村土地所有权承包权经营权分置办法的意见》。十九大报告中明确提出，保持土地承包关系稳定并长久不变，第二轮土地承包到期后再延长30年，并强调“完善承包地‘三权’分置制度”。

“三权”分置改革取得一系列新的成就。一是推动土地经营权流转。截至2017年11月底，全国流转土地的农户超过7000万户，占全国2.3亿农户数量的30%。耕地流转面积达到4.6亿亩，占承包地的1/3，经营耕地50亩以上的规模经营农户超过350万户，农民合作社达到190万个。二是壮大新型职工农民群体。“三权分置”吸引了社会群体参与土地经营，解决了农村“谁来种地”的问题。不完全统计，各类新型经营主体达到270万家，新型职业农民超过1200万人。三是大幅提升土地经营规模和产出效率。“三权分置”实施后，土地入股、土地托管等多种形式规模经营发展迅猛，农业机械化加快推进，主要农作物耕种收综合机械化水平超过65%。

1.4.2　完善节约集约用地制度框架

建立节约集约用地制度，主要从“盘活存量”和“控制增量”两方面着手。在盘活存量方面，建立城镇低效用地再开发激励机制，鼓励利用和改造旧厂房、旧工矿和“城中村”用于养老、文化创意、旅游等新业态。加快已出让土地的供应速度，形成有效供应。截至 2017 年二季度末，全国近 5 年平均供地率达 65.9%（比 2012 年同期提升 12.3 个百分点）。此外，依法依规处置闲置土地的力度持续加大。全国 2015 年专项督察发现的 105 万亩闲置土地中，截至 2017 年底已处置完毕近 100 万亩，处置比例达到 95%。

在控制增量方面，调整完善土地利用总体规划，改革土地利用计划管理制度，实行建设用地总量和强度双控行动，建立“人地挂钩”制度，城镇建设用地增加指标的规模同吸纳农业转移人口落户数量相挂钩，“土地城镇化”与“人口城镇化”速度相匹配。严格落实“十三五”规划中的单位用地 GDP 最低产出目标和能源下降目标，严格控制建设用地总规模，提升土地利用强度，建设占用耕地比重由 2013 年末的 40.6% 下降到 2017 年末的 38.9%。为更好监测和评估土地节约集约利用情况，经过多年试点，已建立起比较完善的全国城市建设用地节约集约利用评价体系，目前已覆盖全国 80% 地级市和 60% 县级市、500 余个国家级开发区和 1100 多个省级开发区。

1.4.3 探索适应新时代住房制度要求的土地供给体系

十九大报告提出，坚持“房子是用来住的、不是用来炒的”定位，加快建立多主体供给、多渠道保障、租购并举的住房制度。土地制度是住房基础性制度，完善土地供给体系是房地产市场稳定健康发展长效机制的重要组成部分。一是出台住宅用地供应中期规划和三年滚动计划，完善中长期土地供应体系。打破过去“工业用地 40 年、商业用地 50 年、居住用地 70 年”的单一出让模式，在工业用地供应上率先实行“先租后让、租让结合”和“弹性年期出让”。二是建设“租购并举”住房体系建设，启动集体土地建设租赁住房试点，在租赁住房用地上探索直接出让、配套建设等新方式，支持土地租赁和作价出资（入股）。

1.4.4　探索城乡统一的建设用地市场建设

十八届三中全会决定明确了深化农村土地制度改革的方向、重点和要求，提出“建立城乡统一的建设用地市场、农村集体经营性建设用地实行与国有土地同等入市、同权同价”。经过多年探索，我国城市建设用地市场发展迅速，制度框架和政策体系比较健全。但农村集体经营性建设用地市场发展长期滞缓，城乡土地市场的长期割裂，成为城乡统筹发展和新市民参与新型城镇化甚至现代化进程的重要阻碍。2013 年，国土资源部开始部署开展“集体经营性建设用地流转指导意见”的研究工作，希望就土地利用规划城镇建设用地范围以外的经营性集体建设用地的有偿出让、交易方式、收益分配方式等方面做出具体规定。2014 年 12 月，中央深改组审议通过《关于农村土地征收、集体经营性建设用地入市、宅基地制度改革试点工作的意见》，33 个试点地区分别承担上述三项改革任务。2017 年中央一号文件提出，将征地制度改革和集体经营性建设用地入市改革的试点范围扩至 33 个县。2017 年初，国土资源部印发《关于完善建设用地使用权转让、出租、抵押二级市场的试点方案》。上述文件和政策的出台，为探索最终建立城乡统一的建设用地市场提供了体制机制和政策依据。

2　当前面临的主要问题或矛盾

改革开放以来，我国土地制度和土地市场建设不断取得新的成就。同时也要看到，同十九大提出的“中国特色社会主义进入了新时代”和“中国经济由高速增长转向高质量发展阶段”的要求相比，现行的这套土地制度和市场体系还有不适应或者不完全适应的地方，在许多方面还存在深层次问题和矛盾。

2.1 市场机制对城乡土地配置的作用发挥不充分

在国有建设用地配置方面，尽管基本实现了商业性用地的招拍挂，但是仍有相当大比重土地以行政划拨和协议形式出让，国有土地有偿使用覆盖面偏小，行政配置土地比重仍然过大的结果就会造成土地利用不集约、工业园区的土地投机以及为官员腐败提供权力资源。在地方竞争模式下，土地被作为招商引资的重要手段，地方政府在土地价格特别是工业用地价格方面实行倾斜性的优惠政策，不少地方采取工业用地“先出让再返回出让金”的做法，实行工业零地价甚至负地价，一方面破坏了土地市场的统一性和公平竞争，另一方面也降低了工业用地配置效率。

在农村集体建设用地配置方面，突出表现在宅基地的商品化资本化问题。随着城市化进程，农民宅基地的商品化越来越显化，房屋出租成为农民收入的主要来源，宅基地开发成为集体和农民股份分红的主要收入来源。对城里人到农村买宅基地、农房以及投资乡村房地产市场，要辩证认识、科学分析。一味采取禁止的办法，只会助长非法用地的蔓延，而且也不利于城乡生产要素互通，不利于农民实现财产性收入，不利于农村城市化进程，下一步需要研究打通城乡资本、土地和住宅市场双向流通，以及乡村房地产与城市国有房地产两个市场接轨的政策和法律问题。

2.2 现行土地税制扭曲国土资源配置效率

现行土地税制存在明显不足。一是在取得和保有环节，城镇土地使用税、耕地占用税采取从量课征，房产税的从价部分采取历史成本，保有环节的税收弹性不足，再加上课税范围狭窄，减免优惠范围过宽，其在不动产课税中的主体地位日益下降。二是在土地流转环节，设置了契税、营业税、印花税以及城建税和教育费附加等多项税费，整体税率过高，抑制了不动产的正常交易和流转。三是对土地流转收益课征的土地增值税和所得税，近年来虽然呈上升趋势，但占不动产税的比重一直很低，未能有效发挥打击土地投机，改进不动产市场效率的作用。

2.3　资源环境难以承载大规模高强度国土资源开发

在过去我国经济高速增长时期，土地主要用于保障经济社会的生产性需求和基础设施性需求，城镇工矿用地和基础设施类用地过度扩张，跟其他经济体相比。我国的生产性用地比例明显偏高。相反，在许多大城市尤其是特大城市的生活生态用地特别是住房用地的供应比重偏低。国有建设用地快速增加，一方面导致大量耕地被圈占；另一方面主要用于工矿和基础设施建设，大幅降低了国土资源的综合承载力，给中央政府耕地保护和国土整治修复带来严峻挑战。许多地方资源环境承载能力已经达到或接近上限，继续实施大规模、高强度的国土资源开发活动，资源难以承载，环境难以容纳。

2.4　“以地谋发展”模式下经济金融风险快速累积

在过去我国经济年均10%以上的高速增长时期，经济增长主要依靠土地、劳动力、资本等要素规模驱动，消耗了大量的建设用地和耕地资源。土地资源被作为保障经济增长的要素，一直处于宽供应阶段。随着我国经济从高速增长阶段转向高质量发展阶段，这种粗放式的、以土地增量扩张为特征的发展模式需要尽快转型。在过去的城镇化发展过程中，土地城镇化快于人口城镇化的现象普遍存在。从城市、土地规划体系看，中长期规划体系的约束力较弱，建设用地只注重增量扩张，对盘活存量资源、提高存量土地效率并不重视，许多地方出现了“一边是大规模土地开发建设，另一边是闲置低效土地大量存在”的现象。1999～2017年土地出让面积单位价格见图10－2。

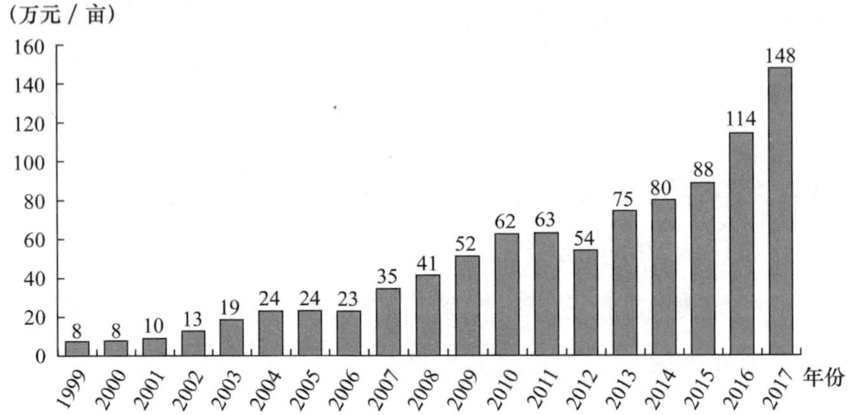

图10－2　1999～2017年土地出让面积单位价格

土地出让收入持续较快上涨的同时，以土地为抵押的各类贷款增速也很快。据统计，2009～2015年84个重点城市土地抵押面积从325.5万亩增加到736.2万亩，抵押贷款总额从2.59万亿元上升至11.33万亿元，平均抵押价格从79万元/亩提高到154万元/亩（见表10－1）。

表10－1　　84个重点城市土地抵押贷款情况

年份	土地抵押面积（万亩）	抵押贷款总额（万亿元）	平均抵押价格（万元/亩）
2009	325.5	2.59	79
2010	387.3	3.53	91
2011	451.2	4.80	106
2012	523.1	5.95	114
2013	605.9	7.76	128
2014	676.5	9.51	141
2015	736.2	11.33	154

注：2015年以后自然资源部（原国土资源部）不再公布84个重点城市土地抵押贷款数据。
资料来源：历年国土资源公报。

党的十九大提出，我国从高速增长阶段转向高质量发展阶段。随着经济增长阶段的转换，潜在经济增长率下降，原来在高速增长时期被掩盖和后推的矛盾与风险将会显露，特别是高速增长惯性引导下的扩张行为，很可能导致增长的大起大落。地方政府过于依赖土地财政和土地抵押贷款的各类隐性风险逐步显化，一旦地方政府的各类隐性负债达到风险临界点，土地问题引发的社会矛盾进一步积累。

3　未来改革的思路与政策建议

经过多年探索，我国逐步形成以公有制为基础，以保护耕地和节约用地为主线，以产权保护、用途管制和市场配置为主要内容的中国特色土地制度。改革的目标是，改变土地权利二元、市场进入不平等、价格扭曲和增值收益分配不公的格局，以权利平等、放开准入、公平分享为重点，深化土地制度改革，促进土地利用方式和经济发展方式转变。

3.1　提供平等保护土地产权的制度基础设施

以落实集体成员权时点和量化集体资产为核心，在十九大提出“承包经营权再延长三十年”的基础上，确保农村土地承包关系长久不变，按照“做实承包权、放活经营权、体现所有权”的改革方向，深入推进“三权分置”改革。加快基础产权登记颁证工作，农村承包地、宅基地、林地、房屋等资源确权、登记、颁证到每个农民，以土地为基础的不动产统一登记制度实施要有明确时间表。在现有土地权属基础上，赋予农民集体土地处置权、抵押权和转让权，特别是探索宅基地所有权、资格权、使用权“三权分置”，在落实宅基地集体所有权、保障宅基地农户资格权、适度放活宅基地使用权方面加快试点，为城乡统一土地市场最终建立提供试点经验。

3.2 构建平等进入、公平交易、城乡一体土地市场

在规划和用途管制下，允许农村集体土地与国有土地平等进入非农用地市场，形成权利平等、规则统一的公开交易平台，建立统一土地市场下的地价体系。完善土地租赁、转让、抵押二级市场。随着农村集体建设用地直接入市，相应收缩政府征地范围，逐步减少直至取消非公益性用地的划拨供应。在集体土地入市交易的架构下，对已经形成的"小产权房"，按照不同情况补缴一定数量的出让收入，妥善解决这一历史遗留问题。借鉴重庆市等地的城乡建设用地增减挂钩试点做法，进一步探索在更大范围内推广增减挂钩，优化土地资源的空间配置效率。按照十九大提出的"加快建立多主体供应、多渠道保障、租购并举住房制度"的总体要求，研究制定权属不变、符合规划条件下，非房地产企业依法取得使用权的土地作为住宅用地的办法，深化利用农村集体经营性建设用地建设租赁住房试点。

3.3 建立公平、共享的土地增值收益分配制度

对被政府征收土地，改原用途补偿为公平补偿，农民房屋按市价补偿，被征地农民纳入城镇社保体系。土地征用必须坚持"公共利益需要"原则，改变目前只要是经济建设用地就实行征用的做法。为阻断地方政府以"公共利益"在法律上难以准确界定为由，任意扩大征地范围，应出台政策明文规定，只要是明显为了营利目的的用地，即可判定为非公共利益，这类用地不得通过征用获得，并列出不属于公共利益用地的名录，作为国土监察的基本依据。鉴于目前行政划拨用

地的用途过于宽泛，占地过多，既浪费土地，又滋生腐败，建议对建设用地中公共设施建设划拨用地的比重做出严格限定，清理一些以公共利益目的划拨土地实际上是进行营利性目的的用地。进行某些类公共目的用地的按市场价赔偿试点。

改革土地出让制度和用地模式，合理确定城市土地用于建设与农民留用比例。应当给被征地的村按一定比例预留一部分建设用地，由村集体经济组织建造标准厂房、铺面等出租，租金收益以股份形式在村民中分配。留用地按规定缴纳各种相关税费后，办理国有建设用地使用权证，由村建造标准厂房、写字楼、商业用房出租，或以土地作价投资入股。对于影响城市规划的留用地采取招、拍、挂办法出让，土地净收益的大头返给村集体。建议中央应出台专门的文件，就留用地的比例、使用办法、收益分配原则等做出具体规定。

3.4　建立与现代社会发展相适应的土地财产税制度

以土地为核心的财产税是发达市场经济国家普遍开征的税种，它是地方政府重要且稳定的财政收入来源。在我国对土地开征财产税，既符合国际经验，也具备征收条件，同时也为改革土地财政提供了现实基础。建立土地价值评估体系。将土地税收计征重点从流转环节转向保有环节，实施从价计征。率先对集体建设用地、储备土地和囤积土地征收土地增值税。

3.5　建立国有土地新型融资制度和资产经营制度

深化土地储备制度改革，“开正门、堵后门”规范土地融资机制。要控制储备用地抵押贷款的规模和用向，避免储备贷款直接转化为地方债务。按照《财政部　国土资源部关于印发〈地方政府土地储备专项债券管理办法（试行）〉的通知》（财预〔2017〕62号）文件要求，地方各级政府不得以土地储备名义为非土地储备机构举借政府债务，不得通过地方政府债券以外的任何方式举借土地储备债务，不得以储备土地为任何单位和个人的债务以任何方式提供担保。在堵住后门的同时，利用发行土地储备专项债券[①]等方式开正门，规范土地储备融资行为，建立土地储备专项债券与项目资产、收益对应的制度。为提高存量国有土地配置效率，探索国有土地资产经营模式，地方政府职能要逐步从卖地转向国有土地资产经营，建立国有土地资产交易市场和资产经营收益管理分配制度。

3.6 建立以权属管理和用途管制为核心的土地管理体系

制定国土空间规划体系。强化土地利用总体规划实施刚性，依法落实用途管制。以2035年为目标年启动新一轮土地利用总体规划编制，探索建立自然生态空间用途管制制度，建立国土空间监测监管制度。加强土地权属管理，建立统一地籍管理体系。逐步取消土地指标审批和年度计划管理，建立中央和地方权责对等的土地管理责任制度。

执笔人：邵　挺

① 土地储备专项债券是指地方政府为土地储备发行，以项目对应并纳入政府性基金预算管理的国有土地使用权出让收入或国有土地收益基金收入（以下统称土地出让收入）偿还的地方政府专项债券。

专题报告十一

我国房地产市场体系建设与改革展望

改革开放40年来，房地产市场体系建设与改革取得显著成效，人民群众居住水平明显改善，房地产市场的发展也成为我国经济增长的重要动力。展望未来，随着我国进入新时代和房地产市场发展阶段的变化，需要进一步深化改革，完善相关政策，并以此促进房地产市场的持续健康发展。

1　房地产市场发展的背景、改革历程与主要经验

我国房地产市场是随着经济体制改革的不断深入而发展起来的，房地产市场体系建设因此与经济体制改革特别是城镇住房制度改革紧密相连。

1.1　房地产市场体系建设和改革的背景

在计划经济时代，我国城镇居民的住房供应实行低租金的福利分配形式。这样的制度安排在当时居民收入很低的情况下，对保证城镇居民的基本住房需求曾起到一定作用。但是这一制度的弊端也比较明

显。一是形成了城镇居民对福利分房的制度性依赖，抑制了居民个人对住房消费的投入。二是这一制度使国家和企业对日益增长的住宅投资需求和大量的住宅维修、保养投资不堪重负。三是排斥了市场机制的作用，抑制了住房市场的发展。由于低租金福利分配制的城镇住房制度存在诸多弊端，到1977年底，全国190个城市平均每人居住面积只有3.6平方米，城镇居民住房极度短缺。1978年以后，我国进行了经济体制改革，为解决城镇居民住房困难问题，从1980年开始，我国逐步探索城镇住房制度改革，并于1998年开始全面深化城镇住房制度改革。

1.2 房地产市场体系建设与改革的主要历程

1.2.1 城镇住房制度改革的起步探索阶段

1980年，邓小平提出了“出售公房、调整租金、提倡个人建房买房”的总体房改设想。1982年，我国选择了郑州等四个城市进行试点，开展新建住房补贴出售，拉开了我国城镇住房制度改革的序幕。从试点实践看，由于当时的住房租金价格太低，租买比价不合理，个人缺乏买房的动力，效果并不很理想，因此1985年停止了这一做法。1986年，我国选定烟台等三个城市试行“提租补贴、租售结合、以租促售、配套改革”的方案。1988年2月，在试点取得经验的基础上，《国务院关于印发在全国城镇分期分批推行住房制度改革实施方案的通知》明确提出了“提租补贴”的方案，从改革公有住房低租金制度着手，将实物分配逐步转变为货币分配。1991年6月，国务院发布了《关于继续积极稳妥地进行城镇住房制度改革的通知》，提出的主要措施包括提高公有住房租金和出售公有住房。1994年，《国务院关于深化城镇住房制度改革的决定》明确提出：“把住房建设投资由国家、单位统包的体制改变为国家、单位、个人三者合理负担的体制；把各单位建设、分配、维修、管理住房的体制改变为社会化、专业化运行的体制；把住房实物福利分配的方式改变为以按劳分配为主的货币工资分配方式；建立以中低收入家庭为对象、具有社会保障性质的经济适用住房供应体系和以高收入家庭为对象的商品房供应体系；建立住房公积金制度；发展住房金融和住房保险，建立政策性和商业性并存的住房信贷体系；建立规范化的房地产交易市场和发展社会化的房屋维修、管理市场，逐步实现住房资金投入产出的良性循环，促进房地产业和相关产业的发展。”此后，商品住房得到较快发展，城镇住房自有率开始提高，城镇居民的住房条件快速改善。

1.2.2　城镇住房制度改革的深入推进阶段

在总结前期城镇住房制度改革经验基础上，1998 年 7 月《国务院关于进一步深化城镇住房制度改革加快住房建设的通知》决定：“停止住房实物分配，逐步实行住房分配货币化；建立和完善以经济适用住房为主的多层次城镇住房供应体系；继续推进现有公有住房改革，培育和规范住房交易市场；发展住房金融，扩大个人住房贷款的发放范围，所有商业银行在所有城镇均可发放个人住房贷款。取消对个人住房贷款的规模限制。”《国务院关于进一步深化城镇住房制度改革加快住房建设的通知》的发布，标志着我国城镇住房制度改革出现重大突破，住房市场化的制度框架正式确立，房地产市场从此开始进入快速发展时期。

2003 年以后，为进一步促进房地产市场持续健康发展，鼓励居民扩大住房消费，并解决一些地区房地产价格和投资增长过快等问题，2003 年 8 月《国务院关于促进房地产市场持续健康发展的通知》进一步明确“要坚持住房市场化的基本方向，不断完善房地产市场体系，更大程度地发挥市场在资源配置中的基础性作用”，提出“完善供应政策，城镇多数家庭购买或承租普通商品住房，经济适用住房主要提供给低收入家庭，廉租住房提供给最低收入家庭”，强调“要搞活住房二级市场，要认真清理影响已购公有住房上市交易的政策性障碍，鼓励居民换购住房”，并在“发展住房信贷、完善个人住房贷款担保机制”方面做出了安排。《国务院关于促进房地产市场持续健康发展的通知》中还提出“改进规划管理，调控土地供应”，对“土地供应过量、闲置建设用地过多的地区，必须限制新的土地供应。普通商品住房和经济适用住房供不应求、房价涨幅过大的城市，可以按规定适当调剂，增加土地供应量”。2004 年，国土资源部出台文件规定经营性用地在 2004 年 8 月 31 日后必须采用招标拍卖挂牌方式供应，不得继续采用协议方式出让经营性土地使用权，土地供应方式的重大调整由此开始。

1.2.3 住房保障制度的加快推进阶段

1998 年深化城镇住房制度改革之后，房地产市场快速发展。但 2003 年之后，由于部分城市房价涨幅较大，低收入家庭住房困难问题较为突出。为此，2007 年《国务院关于解决城市低收入家庭住房困难的若干意见》提出以廉租住房制度为重点，多渠道解决城市低收入家庭住房困难，改进完善经济适用住房制度和住房公积金制度，重点向低收入家庭倾斜。2008 年国际金融危机之后，我国的住房政策更加重视完善住房保障制度，显著加大了保障房体系建设力度，对包括公共租赁住房、集中成片棚户区改造在内的多种保障性住房建设提供资金、土地、基础设施配套等方面的支持。

经过 1998 年以来住房相关政策的不断调整完善，目前我国已形成以市场为主满足多层次需求、以政府为主提供基本保障的城镇住房供应制度体系。

1.3　房地产市场体系建设与改革的成效

我国城镇住房制度改革和市场体系建设极大促进了房地产市场的发展，特别是1998年下半年开始停止住房实物分配，逐步实行住房分配货币化，为城镇住房市场化和扩大住房消费奠定了制度基础，不仅使居民居住条件得到极大改善，也带动了经济的持续较快增长。

一是城镇居民居住条件显著改善，住房自有率大幅提高。城镇住房制度改革以来，特别是1998年以来住房投资持续较快增长，住房供给显著增加。1998～2016年，全国城镇商品住宅销售面积从1.08亿平方米增加到14.5亿平方米，年均增长14%，累计销售面积达到137.2亿平方米。随着住宅新开工面积、销售面积和竣工面积的持续较快增长，城镇居民住房条件改善明显。1998年，我国城镇常住人口为41608万人，当年城镇人均住宅建筑面积18.66平方米，2016年我国城镇常住人口增加到79298万人，城镇人均住宅建筑面积提高到36.6平方米（见图11－1）。居民自有住房数量也大幅度提高，估计2016年我国城镇居民产权住宅拥有率超过80%。

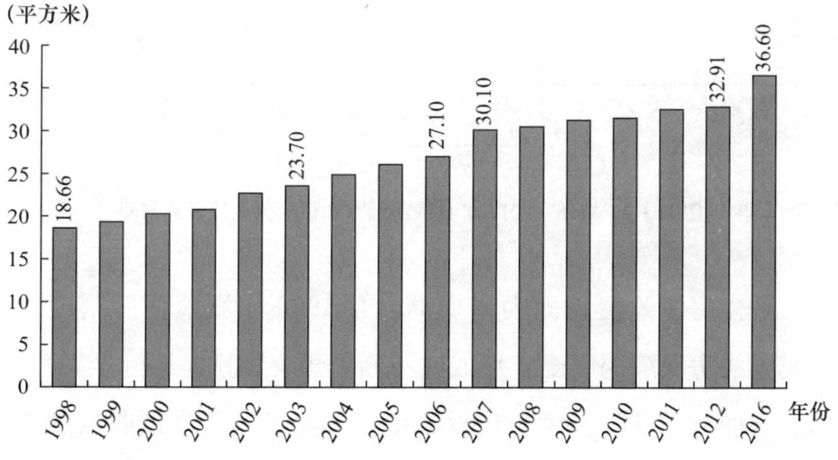

图11－1　1998～2016年我国城镇居民人均住宅建筑面积

资料来源：国家统计局。

二是房地产投资持续较快增长，成为我国经济持续较快增长的重要动力。1998 年实施城镇住房制度改革以来，住宅投资快速增长。1998 ~ 2017 年，我国城镇房地产开发投资额由 3614 亿元增加到 109799 亿元，年均增长 18.6%。其中，住宅投资额由 2082 亿元增加到 75148 亿元，年均增长 19.6%（见图 11 -2）。其间，住宅投资占房地产投资的比重基本稳定，各年比例都在 60% ~70%，平均占比是 65%。1998 ~2017 年，房地产开发投资完成额占城镇固定资产投资完成额的比重保持在 20% 左右，成为我国经济持续较快增长的重要带动力。住房市场的快速发展还对冶金、家电、金融、物业管理业、房屋中介等诸多行业的增长都产生较为明显的带动作用。

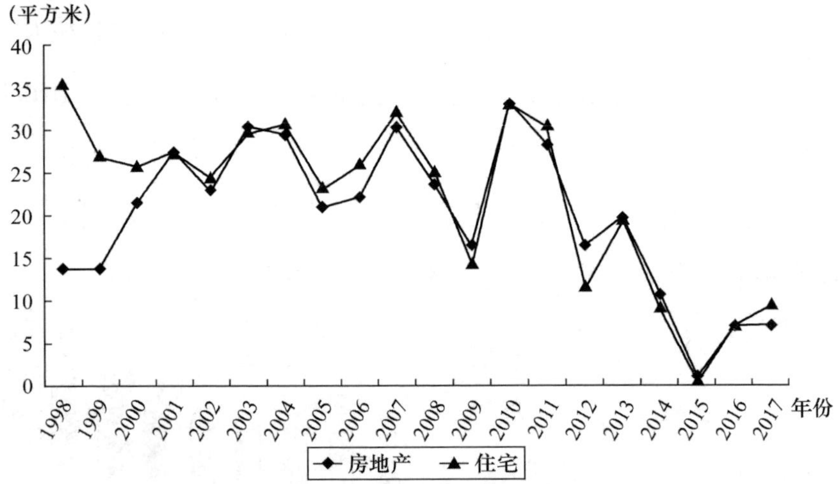

图 11 -2　1998 ~2017 年我国房地产和住宅完成投资额增幅

资料来源：国家统计局。

三是住房保障覆盖面大幅提高。自 1998 年城镇住房制度改革以来，我国住房保障制度逐步形成并不断完善，特别是国际金融危机后，我国显著加大了各类保障房建设力度，解决了大量中低收入家庭的住房困难问题。2011 ~2015 年，我国累计开工建设各类保障性安居工程超过 4000 万套，基本建成 2000 多万套（见表 11 -1）。综合测算，截至2015年末，我国城镇家庭住房保障覆盖率[①]已达到20.5%左右。

表11-1　“十二五”保障性安居工程建设及完成情况　单位：万套

工程项目		2011年	2012年	2013年	2014年	2015年	合计
新开工	目标	1000	700	630	700	740	3770
	实际	1043	781	674	740	783	4021
基本建成	实际	432	601	470	480	772	2755

资料来源：课题组整理。

2　房地产市场发展面临的主要问题和矛盾

虽然我国房地产市场体系建设取得了显著成就，但也要看到，在房地产市场发展过程中，仍面临一些突出的矛盾和问题，需要通过进一步改革加以解决。

2.1　对房地产市场发展目标认识不到位，调控机制和调控政策有待完善

一是对房地产发展的目标认识不到位，将房地产与宏观经济走势捆绑，成为宏观经济的调控工具。当经济低迷时，往往采取扩张性的房地产调控政策（如2008年应对危机的宽松政策，2015年经济和投资增速回落时的“去库存”政策等），力图以房地产扩张拉动经济增长；当经济过热时，则通过多种调控手段竭力遏制房地产需求。这种以宏观经济走势为目标的房地产调控，在一定程度上背离了房地产发展的目标，调控虽然实现了宏观经济的一些目标，但却对房地产市场

① “住房保障覆盖率”是指城镇常住家庭户数（2015年按26052.7万户计算）中通过保障性住房和棚户区改造改善住房条件的家庭户数比例。

的持续健康发展带来不利影响。

二是对房地产市场发展规律的认识不到位，调控更加重视行政性和短期性措施，在一定程度上扭曲了市场机制的作用，调控虽然取得了预期中的一些效果，但同时也带来了新的问题。

三是尚未建立前瞻性、稳定性和可预期的调控机制，调控政策的被动性和滞后性问题较为突出。2008 年以来的几轮调控都是在问题已十分突出后开始调控，并在原有调控政策引发新的问题后进行调控政策的再次转向。由于政策频繁转向，市场参与者无法形成对政策和市场的稳定预期。

2.2 大城市住房支付能力不足的问题日益突出

1998 年以来商品房销售价格总体呈持续上升态势，但全国的房价涨幅仍低于收入涨幅，个别城市房价涨幅显著高于收入涨幅。1998～2017 年，我国城镇商品住宅销售均价从 1854 元/平方米提高到 7614 元/平方米，年均上涨 7.3%。虽然全国城镇商品住宅销售均价涨幅较高，但由于这一阶段也是我国经济增长最快、居民收入水平提高最快的时期，城镇居民人均可支配收入年均增长 10%，仍明显高于同期住宅均价涨幅。虽然从全国看，住宅价格涨幅低于城镇居民可支配收入涨幅，但部分大城市受新建商品住宅供应量持续下降和人口快速增长等因素影响，2007 年以来北京、深圳等部分核心城市的房价涨幅显著超过同期居民收入涨幅，当地居民购房支付能力明显下降。

2.3 房地产开发企业追求数量快速扩张的原有模式与高质量发展的矛盾有待解决

城镇住房制度改革初期，我国面临的是尽快解决住房短缺的问题，商品房预售制度、房地产金融制度等一系列制度安排主要着眼于加快住房建设，房地产开发企业也因此形成了追求数量扩张型的发展模式。随着“十二五”中期我国城镇户均住房超过1.0套，我国已总体解决住房短缺问题，新阶段人民群众对住房的需求正在从“有没有”向“有没有”和“好不好”并重转变，但房地产开发企业追求数量快速扩张的原有模式尚未改变，因此，在房地产市场体系建设和相关改革方面，需要适时调整完善相关制度和政策，尽快建立起与高质量发展和人民群众对美好生活向往相适应的制度体系。

2.4　房地产市场发展与住房保障的关系仍有待进一步完善

城镇住房制度改革以来，在房地产市场快速发展的同时，住房保障工作也不断加强，特别是2008年之后，实物型保障房建设力度显著加大，对改善中低收入住房困难家庭住房条件发挥了重要作用。但也要看到，实物型保障房的大规模建设并未改变北京等部分大城市房价明显偏高和居民住房支付能力下降的问题，从其他国家住房保障的实践看，低收入居民聚居还容易引发各种社会问题。住房保障是政府的重要职责所在，在房地产市场未来发展过程中，有必要进一步调整和完善住房保障方式，理顺房地产市场发展与住房保障的关系，切实解决好房地产市场平稳健康发展、低收入居民住房保障和经济社会协调发展问题。

3　房地产市场中长期发展趋势与房地产市场体系建设目标

随着城镇户均住房超过1.0套，我国房地产市场已从总量供不应求阶段进入供求基本平衡、区域分化的阶段，房地产市场也开始呈现新的特征。由于房地产市场发展阶段发生重大变化，中长期发展趋势也将呈现新的特征。

3.1 从住房新建规模扩张转向居住品质提升

从中长期发展看，城镇人口总量和结构的变化仍将是影响未来房地产需求的最主要因素。根据《国家人口发展规划（2016—2030年)》，我国人口数量将在2030年前后达到峰值，峰值数量预计为14.5亿人左右。虽然不同机构对未来人口增长的具体预测值存在一定差异，但总体趋势基本一致。按照2020年、2035年和2050年的人口数量将分别达到13.97亿、13.68亿和12.70亿。结合国际经验和国内城镇化推进情况，按照2020年、2035年和2050年我国城镇化率将相继达到60%、75%和80%测算，届时城镇人口将分别达到8.38亿人、10.26亿人和10.16亿人。在城镇人口增加过程中，家庭小型化趋势明显。城镇家庭户的户均人口数量由1998年的3.2人减少到2010年的2.85人。参照发达经济体户均人口规模变动的一般规律，结合我国人口结构变化情况，预计到2050年前家庭户均规模仍将呈平稳下降趋势。预计2020年、2035年和2050年城镇家庭户均人口分别降至2.75人、2.5人和2.3人。2020年前，住房需求主要依靠城镇人口增加带动，2010~2020年，城镇人口预计增加16700万人，家庭户均规模仅减少0.1人。2020~2035年，住房需求增加将转为人口增加、家庭小型化和住房条件改善等因素共同带动，其间城镇人口预计增加18800万人、家庭户均规模将减少0.25人。2035~2050年，带动住房需求的主要因素将是家庭小型化和住房条件改善，其间城镇人口减少1000万人、家庭户均规模将减少0.2人。

虽然新增住房需求仍将持续增加，但由于“十二五”中期城镇户均住房已超过1.0套，城镇住房新开工面积峰值已经出现，我国城镇新建住房市场数量扩张的阶段已经结束，这意味着未来我国新建住房规模将稳中有落，住房施工面积峰值也将在“十三五”期间出现，此后开始正常回落。

伴随居民收入水平持续提高，2020～2050年住房市场的主要矛盾是住房质量、居住环境和公共基础设施配套等方面难以满足居民的居住要求，发展重点将从解决数量不足的问题转向提升整体居住品质等方面，提供功能更加合理、建筑质量更加优良、人居环境更加舒适的住房产品，形成节约型、环保型、生态友好型的住房建设模式。

3.2　房地产业增加值占GDP的比重将持续上升但建筑业增加值占比将回落

借鉴国际经验，在一国房地产市场新开工量等实物建设指标达到峰值后，房地产投资增速将出现趋势性回落。在这个回落过程中，以房地产市场为主的建筑业，其增加值占GDP比重会相应降低。同时，与房地产市场相关的交易、咨询、金融等附加值高的服务类项目增加值将持续增加，房地产业增加值占GDP的比重将有所上升。

2010～2017年，我国房地产业增加值占GDP的比重从5.7%提高到6.5%、建筑业增加值占GDP的比重从6.6%增加到6.7%。参照OECD经济体一般发展规律，预计2020年、2035年和2050年，房地产业增加值占GDP的比重将分别提高到6.8%、9.0%和9.6%，建筑业增加值占比将分别回落至6.6%、6.0%和5.5%。

3.3　未来新增住房供应和需求将主要向城市群集中

从发达经济体城市发展历程看，大都市区的经济效率更高，吸纳的人口数量、产生的 GDP 都持续增加。据统计，2016 年我国京津冀、长三角、珠三角这三个具有较大影响力的城市群，以 2.8% 的国土面积集聚了 18% 的人口，创造了 36% 的国内生产总值。参照城市化的一般规律，基于我国城市化的现状和发展潜力，预计 2020 ~ 2050 年我国以城市群为主体带动大中小城市协调发展的区域发展格局加快形成。

2020 年预计将全部完成全国 19 个城市群的规划编制工作，2035 年城市群内部的大中小城市功能布局进一步优化、协同发展效应充分显现。在继续提升三大城市群发展水平的同时，在中西部如成渝、中原、长江中游、哈长等资源环境承载力较强的地区，培育发展若干城市群，促进人口经济均衡分布。初步测算，到 2050 年 19 个城市群将集聚全国 80% 以上的城镇人口、占用全国 65% 左右的城镇建设用地。随着城镇人口进一步向城市群集中，未来我国城镇新增住房的供应和需求也将主要集中在 19 个城市群。

3.4 存量住房市场的重要性将显著提高

随着住房新开工面积达到峰值后稳中有落、户均套数超过 1.0 套，我国城镇住房需求将越来越依赖存量住房市场来解决。这符合发达经济体住房市场发展的一般性规律：人均 GDP 接近 1 万美元、户均住房数超过 1 套，由建设开发主导的住房市场趋于稳定和成熟，以房屋流通和住房资产管理为主要特征的存量住房市场将逐步开始占据主导地位。事实上，目前北京等一线城市存量住房的交易量已显著超过新房交易量，并且二手房交易量超过新房交易量的城市在不断增多。

在存量房占主导地位的新阶段，居民基本住房问题的解决和改善性住房需求的满足主要依靠存量住房市场来实现，提高存量住房效率对实现住有所居、持续改善居住条件将发挥越来越重要的作用。同时，市场规模足够大的存量住房市场不论对提高住房资源配置效率，还是对建立租购并举的住房制度都具有重要意义。存量房交易量的增加，还会带动相关房地产经纪、装饰、装修等行业的持续发展，对解决就业问题也将发挥重要作用。

3.5　城镇人均住房面积继续稳中有升，但住房自有率将平稳回落

展望未来，新建房屋的户均面积将大体保持稳定，住房存量将持续增加。但随着户均人口数量的下降，单人家庭和二人家庭的比重逐步上升，人均住房面积将继续提升。预计到2020年我国城镇人均住房建筑面积将达到38.5平方米左右，基本达到人均1间房；到2035年城镇人均住房建筑面积将达到42.5平方米左右，高于目前英国和日本的住房面积水平，略低于目前法国、德国等国家的住房面积水平，住房成套率将接近100%，居住质量将显著提高；到2050年，人均住房建筑面积将保持在46平方米左右，略高于目前德国、法国的人均住房建筑面积（见表11－2）。

表11－2　　2020～2050年我国城镇人均住房面积和住房自有率

项　目	2010年	2020年	2035年	2050年
城镇人均住房建筑面积（平方米）	31.6	38.5	42.5	46.0
城镇家庭户均住房套数	0.98	1.13	1.05～1.1	1.05～1.1
城镇住房自有率（%）	80	80	75	70

从典型经济体住房市场发展历程看，发达经济体住房自有率提高最快的阶段总体在解决住房短缺阶段，并在户均住房达到1.0套左右时住房自有率开始达到相对稳定的状态。如日本1968年户均住房达到1.0套，当年住房自有率为60.3%，此后住房自有率基本在60%左右波动，到2013年其住房自有率也只有61.7%（见表11－3）。美国住

房自有率在20世纪60年代末达到62%左右，但到2013年其住房自有率也只有65.3%。

表11-3　　部分发达国家住房存量结构（按所有权划分）　　单位:%

国家	总计	自有住房	出租住房
法国（2006年）	100	57.2	42.8
德国（2010年）	100	45.7	54.3
英国（2013年）	100	64.4	35.6
美国（2017年）	100	64.2	35.8
日本（2013年）	100	61.7	35.5

资料来源：《国外住房发展报告2016》、Wind。

我国住房自有率目前在80%左右，显著高于发达经济体，这主要与我国在住房制度改革中将住房以“低价”销售给居住的职工有关。由于我国户均住房已超过1.0套，经济结构正处于调整过程中，居民收入差距在一定时期内仍将存在，参照发达经济体在户均住房超过1套后的住房自有率变化趋势，基本可以判断我国住房自有率将难以继续提高，预计2020年住房自有率保持在80%左右，2035~2050年将保持在70%~75%的水平（见表11-2）。

4　新时代房地产市场体系的改革建议

随着我国房地产市场进入新的发展阶段，需要适时调整房地产市场发展目标，并根据发展阶段的变化进一步调整完善相关政策。

4.1　对新时代房地产市场发展目标的建议

十九大报告提出“加快建立多主体供给、多渠道保障、租购并举的住房制度”，明确了未来住房制度改革和房地产市场发展的方向。

基于我国房地产市场已从“总量供不应求”转向“总量供求基本平衡，结构性、区域性矛盾突出”的新阶段，建议在十九大所确立的住房制度改革方向下，尽快研究提出适应我国房地产市场发展新阶段的发展目标。在确定新阶段的发展目标时，建议可重点考虑如下三个方面。

一是全面改善住房质量，提升居住品质。在以人为本、保护环境、节约资源、优化生态的基础上，提供功能更加合理、建筑质量更加优良、人居环境更加舒适的住房产品，实现更高水平的住有所居。加快房地产开发建设模式实质性转变，形成节约型、环保型、生态友好型的住房建设模式。

二是实现经济、社会和住房市场协调发展。从经济社会长期发展目标出发，处理好住房市场发展与国民经济、人口结构、城市规划以及产业布局之间的关系，形成住房政策与短期宏观调控政策、中长期国民经济发展规划、区域城市群发展、城市内部空间布局与功能升级相协调，实现经济、社会和住房市场协调发展。

三是全面提高防范住房市场系统性风险的能力和水平。随着住房供求关系进入新的发展阶段，我国住房市场面临的潜在风险显著加大。要准确把握住房市场风险的主要类型和成因，调整完善住房金融、土地等公共政策工具，防范可能出现的各类系统性风险，保持住房市场供求总量和结构基本平衡，逐步缓解结构性、区域性矛盾。

4.2　建立与经济发展水平相适应的现代化房地产市场体系和制度体系

实现新时代房地产市场的发展目标，需要建立与经济发展水平相适应的现代化房地产市场体系，建立健全有利于提高房地产资源配置效率、促进市场平稳健康发展、实现住有所居、推动居住质量稳步提高的制度体系。优化住房供应体系，发展住房租赁市场，完善多主体供给、多渠道保障、租购并举的住房供应制度。建立统一的住房市场体系，简化商品住房和保障房种类，推进住房保障方式转型，实现各类住房平等入市、公平竞争，提高住房资源配置效率。健全住房金融体系，优化住房投融资模式，强化住房金融宏观审慎管理，防范房地产金融风险。改革住房用地供应体系，完善用地供应机制，建立城乡一体化住房用地市场，实现住房用地动态供求平衡。完善住房规划体系，强化规划的前瞻性、系统性和协调性，提高住房规划质量，持续提升居住品质和居住环境。建立和完善金融、土地等要素市场协调发展的机制。

4.3 政策建议

由于我国房地产市场发展阶段已发生重大变化，市场发展态势将呈现与以往不同的特征，要更加重视从经济社会长期发展目标出发，在准确把握新阶段的市场特征和运行规律基础上，研究建立房地产基础性制度和长效机制，适时调整完善相关政策，努力实现房地产市场持续平稳健康发展。

一是优化住房供应体系。坚持以普通商品房为主的住房供应体系，坚持多数家庭购买或承租普通商品住房的政策。大力发展和规范租赁住房市场，提高住房使用效率。发展租赁市场应重视发挥市场机制的作用，引导包括房地产开发企业、规模化的租赁企业、各类机构投资者和个人住房拥有者在内的各类市场主体能够提供更多高品质、可负担的住房，完善租赁市场体系，提高租赁住房使用效率，真正形成多主体供应、多渠道保障和租购并举的新格局。适时转变住房保障方式，增强保障体系可持续性。在我国城镇家庭户均住房达到1.1套的新形势下，建议尽快实现住房保障方式的转型。在保障覆盖范围不变的前提下，更加重视通过货币补贴等方式解决保障对象的住房困难问题，逐步形成以货币补贴为主、实物配租配售为辅的住房保障体系。要抓紧做好现有保障房的后续管理，通过有效的管理不断提升保障房社区的综合服务水平。

二是健全宏观审慎的住房金融体系。实行中性的住房金融政策。尽量保持首付比例和利率水平的基本稳定。如因宏观经济形势变化需要调整利率时，建议实行利率水平和首付比例反向调节机制，即在贷款利率下调时，适当上调首付比例；在贷款利率上调时，适当下调首付比例。发展以支持居民购买自有住房为目标的政策性住房金融机构。稳健发展房地产投资信托基金（REITs）。

三是完善土地供应体系。构建平等进入、公平交易的城乡土地市场。完善土地供应机制，重视根据当地房地产总体供求情况和阶段性的供求形势变化，合理确定土地供应规模。完善人地挂钩制度，增强中长期土地规划的引导作用。按照城市常住人口规模和流入情况，合理确定居住用地总体规模。

四是健全房地产税收体系。明确房地产税收政策的目标，建议将完善房地产税收政策的出发点放在完善税制、筹集财政收入等方面，而不宜将其作为房地产调控的主要政策选择。降低房地产交易环节税费，鼓励梯度消费。随着我国住房总量规模的不断扩大，完善有利于居民持续换购住房的税收等方面的政策，不仅有利于不断提高居民居住水平，而且居民换购住房会对房产中介、建材、家具、家电、装修等相关行业形成较大的带动作用，这也会在一定程度上对冲房地产投资增速正常回落的影响。从完善税制的目标出发，稳妥推进个人住房的房产税试点，择机开征房产税。

五是完善规划体系。增强住房建设规划编制的科学性和前瞻性，要更加重视根据人口总量和结构变化情况确定住房供应规模，各地要根据存量住房状况和人口总量、结构变化趋势，合理确定年度新增住房供应规模。加强居住区规划，不断提高居住区的居住质量。加强住房规划与城市规划、土地利用规划等有序衔接，实现城乡规划一体化和“三规合一”。提高规划质量，为城乡住房质量的全面改革和城乡住房市场的一体化奠定基础。

六是强化房地产市场监管体系。逐步取消商品房预售制。完善市场监管体系。强化房地产开发、销售、租赁和中介活动监管。加强执法队伍建设，加大执法力度，坚决打击扰乱市场秩序的违法违规企业，净化市场环境。加大对房屋综合质量的监管力度。在房屋的品质居性、节能环保等方面提高监管要求，并以此促进房地产业从传统的数量扩张向品质提升转变。

执笔人：邓郁松

专题报告十二

我国价格形成机制改革与完善

价格机制是市场机制的核心，市场机制配置资源的作用是通过市场的价格信号完成的，价格改革的深度，将充分反映我国市场化的程度。改革开放40年来，价格改革作为我国经济体制改革的突破口、建立社会主义市场体制的核心，始终坚持以建立市场形成价格为主的改革方向，逐步向前推进，逐步实现由政府定价为主向经营者根据市场供求自主定价为主的转变，97%的商品和服务价格已经由市场决定，市场决定价格的机制已经基本建立，积极推动经济、社会发展和改革开放，价格改革取得了伟大的成就，为建立我国社会主义市场经济体制奠定了坚实的基础。

1 我国价格改革的主要进展与成效

1.1 价格改革的主要进展

40年来随着我国价格市场化改革加快推进，政府定价范围进一步缩小，市场价格在优化配置资源方面正在发挥着决定性作用，我国价格改革取得了伟大成就。

1.1.1 市场决定价格机制基本确立

到目前为止，除了一些与国计民生关系重大的少数重要商品和服务项目外，我国竞争领域的价格已经放开，尤其是党的十八大以后，市场化进程加快。据国家发改委测算，到2017年初，我国市场化程度达97.01%，比2012年累计提高2.68个百分点（见图12-1）。其中：第一产业价格市场化程度达到100%；第二产业的市场化程度为97.37%，比2012年提高1.77个百分点；由于国家先后放开了电信资费和部分交通运输、邮政、建设项目服务价格，第三产业的市场化程度比2012年大幅提高5.40个百分点，达到了95.90%。市场机制在配置资源方面发挥着决定性作用。

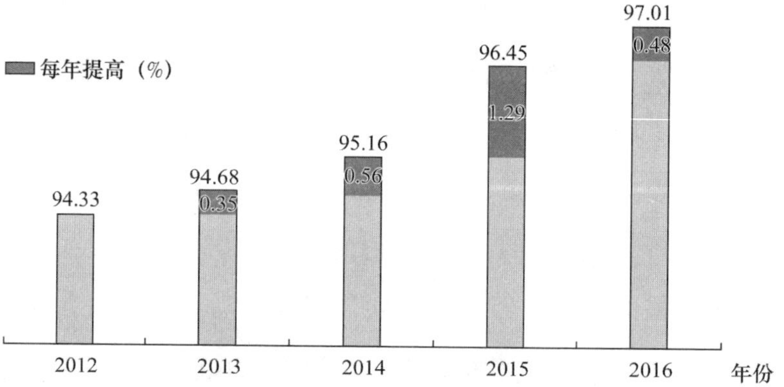

图12-1 2012~2016年我国价格市场化程度（%）

资料来源：国家发改委网站。

1.1.2 加快形成科学、规范、透明的政府定价体系

随着市场化程度的提高，由政府定价的范围大幅度减少。2017年初，中央政府定价项目由约100项缩减为20项，地方定价项目也由平均100项缩减为平均45项。按照价值量测算，中央、地方政府定价比重分别为1.45%、1.54%，政府定价范围已基本集中在网络型自然垄断环节、重要的公用事业和公益性服务三个领域。保留的极少数政府

定价项目，已全面实行清单化管理，并按照“准确核定成本、科学确定利润、严格进行监管”的思路，初步建立以“准许成本 + 合理收益”为核心的科学定价制度和及时反映市场供求变化的价格动态调整机制。

1.1.3　建立与完善价格监督与管理机制

在价格形成机制改革的同时，价格管理体制也发生了质的变化，管理职能由以“定价”为主向“放价、监管、服务”转变，加强市场与价格监管，立足于形成公平竞争的市场环境，促进合理市场价格形成和稳定价格总水平。一是依法治价。1997 年末，在总结 20 年价格改革经验的基础上，制定了《中华人民共和国价格法》，是近 20 年来形成合理价格和监督管理物价的法律依据。二是为了提供“公平、公正、公开”充分竞争的市场环境，依据《反垄断法》，起草了知识产权、汽车、经营者承诺、宽大制度适用、垄断协议豁免、违法所得与罚款计算等 6 部反垄断指南，加大了对价格垄断案件的查处力度，对维护市场竞争秩序、形成合理价格创造了良好的市场环境。三是适应价格市场化的改革，各级价格主管部门相应转变管理方式。根据国家发改委印发的《关于建立完善价格监管机制的意见》，建立和完善预警防范、应急处置、举报处理、市场监管、反价格垄断、专项治理、社会监督、经营者自律、协作联动等工作机制，加强价格监管，保护消费者合法权益，促进合理价格的形成和物价稳定。

1.2　价格改革对经济和社会发展的推进作用

经过 40 年的价格改革，取得了伟大的成就，为社会主义市场经济体制的建立和经济快速发展做出了积极贡献；促进了对外开放的进程，提高了我国的国际地位；对于调节供求，优化结构，促进供给侧改革起到了重要作用；保持物价平稳运行，对增加人民大众的幸福感具有伟大的意义。

1.2.1 激发市场活力、促进经济较快发展

经过深化改革，市场形成价格机制基本确立，市场在经济的主要领域发挥配置资源的决定性作用，标志着社会主义市场经济体制的总体框架已经形成并逐步完善。价格的放开，绝大多数商品和服务价格由市场形成，使各种商品的生产者和经营者拥有了对自身商品的定价自主权，真正成为市场经济的主体，促进了公平竞争市场环境的形成，市场主体开始成熟，市场体系逐步健全，市场机制基本形成，市场调控效果显现，市场力量已经从总体上占据优势，释放出巨大的活力，促进我国经济较快发展。从1978年至2012年，35年我国GDP年均增长9.8%，创造了世界经济增长的奇迹。虽然从2013年开始，我国经济增长方式从追求数量转换到提高质量和效益，经济进入中高速增长阶段，但年均GDP增速仍然保持在7%左右（见图12-2），远远高于全球经济增长的水平。2017年我国GDP总量达82.7万亿元，稳居世界第二，对世界经济增长贡献率超过30%。

1.2.2 促进了我国对外开放水平的不断提高

我国市场形成价格机制的建立，价格管理体制的改革，为我国融入国际市场，提高对外开放水平创造了条件。一方面，我国的价格体制和价格管理方式更加符合市场经济的要求，大部分商品价格与国际市场联动，国内外市场接轨，使我国有资格于2001年11月10日加入了世界贸易组织（WTO），开通了我国走向国际市场的通途。我国国际贸易规模不断扩大，我国货物进出口总额已经从1978年的355亿元到2017年扩大到277923亿元，40年来增长了783倍；2017年服务进出口总额46991亿元，非金融对外直接投资额8108亿元。据世

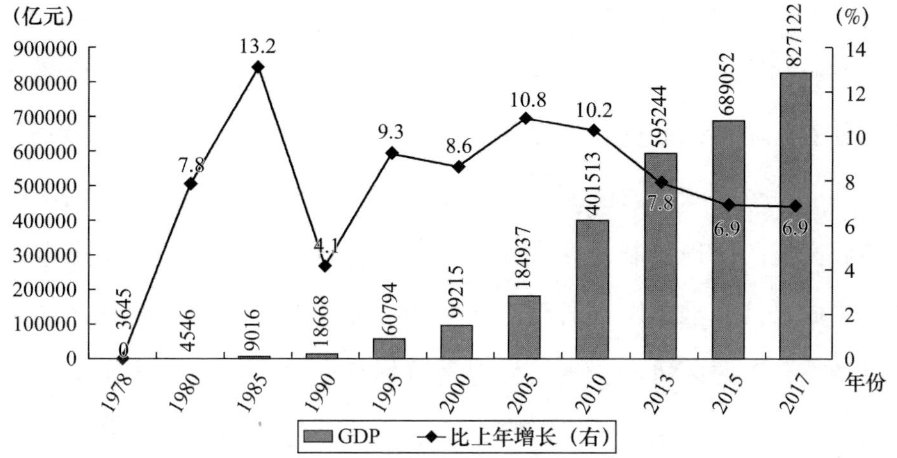

图 12－2　1978～2017 年国内生产总值及增速

资料来源：国家统计局网站。

界贸易组织统计，2013 年我国已成为世界第一大货物贸易大国。另一方面，社会主义市场经济体制也为我国吸引外资、引进国外先进技术和管理经验创造了较好的体制、政策环境。2017 年全年吸收外商直接投资（不含银行、证券、保险）新设立企业 35652 家，实际使用外商直接投资金额 8776 亿元（折 1310 亿美元），我国对外开放实现跨越式发展，有力推动了我国经济发展，也为世界经济做出了重要贡献。

1.2.3　优化配置资源，促进经济结构调整

价格改革紧紧围绕使市场在资源配置中起决定性作用和更好地发挥政府作用，在推进供给侧结构性改革、优化配置资源、促进经济结构调整方面成效显著。一是发挥市场机制促进产业结构转型升级。由市场供需形成的价格引导，通过优胜劣汰的市场竞争，让市场来选择，促进创新，淘汰落后产能和生产方式，引导生产要素和资源的优化配置，提高全社会资源配置效率。2017 年全年规模以上工业战略性新兴产业增加值比上年增长 11.0%。高技术制造业增加值增长 13.4%，占

规模以上工业增加值的比重为12.7%，比2015年提高0.9个百分点，促进产业结构转型升级效果明显。二是发挥政府的作用，利用价格杠杆服务宏观调控，促进产业结构调整、“去产能”。对电解铝、水泥、钢铁等产能过剩领域用电实行阶梯或差别价格政策，形成了有利于淘汰落后产能的倒逼机制，促进结构调整；实行上网电价支持燃煤电厂超低排放政策，推动煤炭清洁高效利用，促进节能减排和大气污染治理；调整分资源区风电、光伏发电上网标杆电价，促进可再生能源健康发展，引导能源结构转型。三是通过价格调整、清理降低各种收费标准，降低企业成本。两次较大幅度降低电价，减轻工商企业负担，进而降低企业成本；大幅降低油气价格，直接减轻下游成本负担；多次调整国内汽油、柴油等成品油最高零售价格，减轻用油行业负担；完善银行卡刷卡收费定价机制，大幅度下调费率水平，降低商贸流通企业成本；开展进出口环节收费清理规范，清理航运、交通、港口行政事业性收费，降低收费标准，降低企业的流通成本。

1.2.4 保持物价平稳运行，保障和改善人民生活

在推进价格改革的同时，建立了价格监测制度和价格监测、预警系统；建立了相当规模的粮、棉、肉、糖等重要商品储备制度和价格调节基金；开展平价商店建设，探索开展农产品价格保险，完善生猪价格调控预案等配套政策。运用商品吞吐、价格补贴以及货币、财税等经济手段、法律手段以控制社会总需求和总供给间接调节为主，辅之以必要的行政手段进行管理的价格调控体系已经初步建立，保持了价格总水平平稳运行（见图12－3），保障了人民群众的基本生活水平，顺应了广大群众对美好生活的期待，增强了人民群众的幸福感。

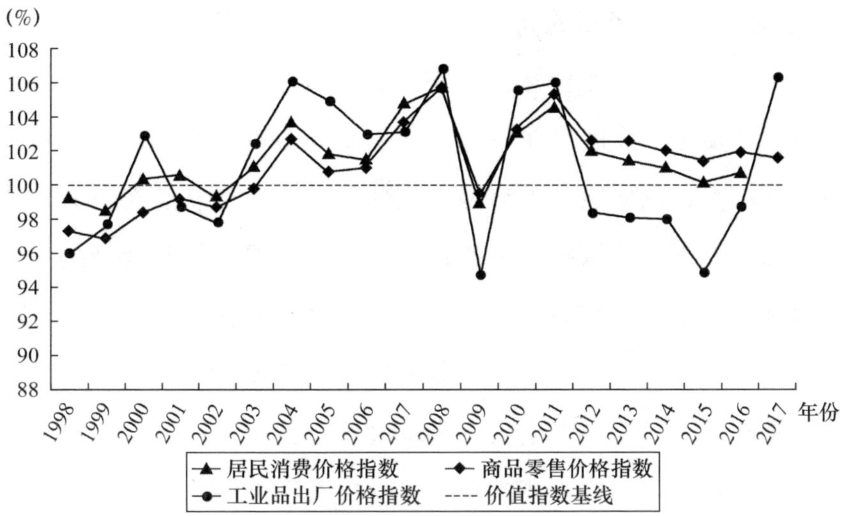

图 12－3　1998～2017 年我国主要价格水平波动情况

资料来源：国家统计局网站。

2　新时代对深化价格改革的内在要求

2.1　新时代我国经济发展的特点和目标

经过近 40 年的改革开放，我国经济社会得到快速发展，我国特色社会主义已经进入新时代，我国经济发展进入全面建设社会主义现代化强国，实现“强起来”的新阶段。党的十九大明确了未来一个时期我国发展的主要任务和发展目标：主要任务是解决发展不平衡不充分问题，更好满足人民日益增长的美好生活需要；“三步走”的发展目标是：到 2020 年，全面建设小康社会；从 2020 年到 2035 年，在全面建设小康社会的基础上，再奋斗 15 年，基本实现社会主义现代化，我国经济实力、科技实力将大幅跃升，跻身创新型国家前列；从 2035 年到 2050 年，在基本实现现代化的基础上，再奋斗 15 年，把我国建设成富强民主文明和谐美丽的社会主义现代化强国。

我国经济经过多年的高速增长，已经进入中高速增长的新时期，要实现伟大梦想和宏伟目标，经济社会发展也将面临许多突出的矛盾和挑战，主要是：发展存在一些不平衡不充分的突出问题，发展质量和效益还不高，创新能力不够强，实体经济供求结构有待优化、水平有待提高，生态环境保护任重道远。因此，需要我们坚持新的发展理念，由高速增长转向高质量发展。必须坚持质量第一、效益优先，以供给侧结构性改革为主线，在充分发挥市场机制配置资源的决定性作用同时更好地发挥政府的作用，推动经济发展质量变革、效率变革、动力变革，建设现代化经济体系，不断壮大我国经济实力和综合国力。

2.2 新时代经济发展对深化价格改革的要求

新时代实现高质量发展、解决面临的困难和挑战，必须提高市场配置资源的效率，进而对深化价格改革提出了更高的要求。

第一，是全面深化改革的需要。我国改革开放40年，取得了举世瞩目的伟大成就，但要实现中华民族伟大复兴的中国梦，还存在一些深层次利益矛盾和妨碍社会生产力发展的体制机制障碍，必须在新的历史起点上全面深化改革。党的十八届三中全会《中共中央关于全面深化改革若干重大问题的决定》指出："经济体制改革是全面深化改革的重点，核心问题是处理好政府和市场的关系，使市场在资源配置中起决定性作用和更好发挥政府作用。"对深化价格改革提出了更高的要求，既要继续坚持市场化改革方向，进一步完善市场形成价格机制，更好地发挥市场在资源配置中的决定性作用，破除体制机制弊端，进一步解放和发展生产力，完善社会主义市场经济体制；又要深化价格管理体制改革，更好地发挥政府作用，科学制定和管理好垄断行业、公共服务行业的价格；监督、管理市场主体的价格行为，创造公平竞争的市场环境，提高市场配置资源的效率。

第二，是建设现代化经济体系的需要。党的十九大指出建设现代化经济体系是我国战略发展目标，也是新时代转变经济发展方式、优化经济结构、转换经济增长动力的迫切要求。建立现代化经济体系核心是深化供给侧结构性改革，大力发展实体经济。实现经济高质量发展，必须依靠资源使用效率和资源配置效率的提高来实现，其根本是需要深化资源、要素等方面价格改革，提高市场运行效率，尤其是提高价格机制配置资源的效率，运用灵活的价格信号，引导实体经济积极地进行自我调整和转型，促进经济结构、产业结构和产品结构转换升级，鼓励自主创新，使用新技术，开发新产品，降低成本，增加附加价值，更好满足人民日益增长的美好生活需要。

第三，是建设美丽中国的需要。党的十九大报告中指出："必须坚持节约优先、保护优先、自然恢复为主的方针，形成节约资源和保护环境的空间格局、产业结构、生产方式、生活方式，还自然以宁静、和谐、美丽。"为建设美丽中国明确了基本路径和重点任务。我国人均资源短缺，环境承载能力脆弱，经济发展面临日益加剧的资源和环境的压力。要求我们必须深化生态环境领域价格改革，创新完善促进资源节约、环境保护的生态环保价格机制，利用市场手段推进绿色发展，构建资源消耗低、环境污染少、科技含量高的产业结构，形成绿色生产、生活方式，满足人民大众对优美生态环境的需要。

第四，是坚持以人民为中心的发展理念的需要。习近平总书记在十三届全国人大一次会议上强调"始终要把人民放在心中最高的位置"，宣示了以人民为中心的发展思想。要树立全心全意为人民服务的根本宗旨，把人民对美好生活的向往作为奋斗目标。坚持在发展中保障和改善民生，在发展中补齐民生短板。需要加快完善城市供水供电、供气供热、医疗服务、教育等公用事业和公共服务价格机制，切实做好稳价安民工作，解决人民最关心最直接最现实的利益问题，兜住民生底线，保证全体人民在共建共享发展中有更多获得感。

2.3 我国价格领域中存在的问题和短板

40 年的价格改革虽然取得伟大成就，但我国价格领域中还存在一些问题和短板，一些重点领域和关键环节价格不合理的问题仍比较突出。同时随着经济社会发展变化和科技发展带来的市场新变化，对价格管理提出了新要求，价格改革任重道远。

第一，制约资源要素自由流动的价格机制障碍还没有完全消除。由于资源行业垄断程度较高，缺乏竞争，长期以来资源定价机制缺乏活力，资源价格一直不能充分反映市场供求，导致资源低效配置，严重阻碍了我国经济发展方式的转变。资源行业处于供应链的上游，其价格改革滞后，会扭曲市场主体行为，对下游和终端产品的定价也会受到影响，难以实现完全意义上的市场化定价；资金、土地、劳动力等大部分要素价格还没有完全市场化，政府管制的要素价格偏离了供需均衡，低于实际价值，扭曲了要素价格，导致要素利用低效率，不仅浪费有限资源，而且将直接影响整体竞争力的提升；国内市场环境不够健全、完善，国内统一市场尚未完全形成，物流成本、区域市场进入壁垒、地方保护主义等均对统一市场的形成造成制度障碍，竞争环境不公平导致要素流动受限，投入结构扭曲。

第二，生态环境成本在价格形成中还没有充分体现。随着我国经济快速发展，环境压力日益严峻，但目前环境损害成本和修复效益并没有在价格形成中得到充分的体现，企业节能减排积极性、主动性也没有得到充分调动，无法激励环境治理，加剧了我国的环境恶化。

第三，民生价格稳定长效机制还不够健全。居民生活必需的食品价格时常呈现剧烈波动，农产品价格形成和调控政策有待进一步协调和完善；医疗、教育、房地产等价格监管不力，损害群众利益的价格违法行为还时有发生，直接影响居民基本生活支出，公共服务事业价格改革需要进一步深化。

第四，政府定价制度需要进一步健全，需要更加科学和透明；企业反映突出的价格收费问题还需要着力有效解决，地方各种收费需要规范和清理。随着科技进步，互联网平台成为流通和服务的主要载体，大量的商品流通和服务通过互联网平台实现，互联网平台形成的价格有别于实体市场，对价格监管提出了新要求。

可以预见，未来价格改革将进入“深水区”，改革难度也将进一步加大。

3　进一步深化价格改革的方向、目标和主要任务

3.1　明确新时代价格改革的方向和目标

党的十九大报告中明确提出“经济体制改革必须以完善产权制度和要素市场化配置为重点，加快要素价格市场化改革”，为进一步深化价格改革指明了方向。2015 年 10 月，中共中央、国务院颁布《关于推进价格机制改革的若干意见》（中发〔2015〕28 号），对新时代深化价格改革进行了全面部署。2017 年 11 月，国家发展改革委为了深入贯彻落实党的十九大精神，进一步落实《中共中央、国务院关于推进价格机制改革的若干意见》要求，出台了《关于全面深化价格机制改革的意见》（发改价格〔2017〕1941 号），明确了未来价格改革的目标：到 2020 年，市场决定价格机制基本完善，以“准许成本 + 合

理收益”为核心的政府定价制度基本建立，促进绿色发展的价格政策体系基本确立，低收入群体价格保障机制更加健全，科学、规范、透明的价格监管制度和反垄断执法体系基本建立，要素自由流动、价格反应灵活、竞争公平有序、企业优胜劣汰的市场价格环境基本形成。

3.2 准确把握新时代价格改革新任务

党的十九大对新时代中国特色社会主义建设进行了全面部署，做出了我国社会主要矛盾转化的重大判断，要求价格领域适应新形势发展的需要，全面深化价格机制改革，着力建立健全与现代化经济体系相适应的反应灵活、调控有度的价格形成机制。价格改革将准确把握新时代的特点，围绕充分发挥市场决定价格作用，聚焦重点、难点领域，着力解决发展不平衡不充分问题，更好满足人民日益增长的美好生活需要，逐步向纵深推进。

3.2.1 进一步深化垄断行业价格改革

垄断行业在资源要素领域占有重要地位，深化垄断行业价格改革对于优化资源要素配置、提高资源要素效益具有重要意义。按照“管住中间、放开两头”的思路，坚持稳步放开竞争性领域和环节价格、科学管理政府定价相结合的原则，深化垄断行业价格改革。一是推进电力、成品油、非居民用天然气等竞争性领域和环节价格市场化改革，建立主要由市场决定能源价格的机制。有序放开上网电价和公益性以外的销售电价，扩大市场形成发电、售电价格的范围，加快推进电力市场交易；择机放开成品油价格，适时放开天然气源价格和销售价格。逐步形成反映市场供求的合理价格，引导资源优化配置。二是建立科学、合理的成品油、铁路货运等价格动态调整机制，使价格灵活反映市场供求，更加贴近市场。三是建立健全以“准许成本 + 合理收益”

为核心、约束与激励相结合的网络型自然垄断环节定价制度，准确核定成本，科学确定利润，建立合理的市场化疏导机制，严格进行监管。促进垄断企业技术创新、改进管理、降低成本、提高资源利用效率，维护消费者、经营者合法权益。

3.2.2 加快完善公用事业和公共服务价格机制改革

深化公用事业和公共服务价格改革，既要保证这些行业具有可持续发展的能力，满足人民不断增长的各种生活需要，又要收费合理，保障人民的基本需求。一是建立健全公用事业和公益性服务财政投入与价格调整相协调机制，促进政府和社会资本合作，保证行业可持续发展，满足多元化需求。二是全面实行居民用水用电用气阶梯价格制度，推行供热按用热量计价收费制度，用经济手段促使居民增强节约资源的意识。三是分类管理教育、文化、养老、殡葬等服务价格。政府肩负的公益性事业，扶弱济贫要到位，收费要合理、透明；营利性服务收费在保证质量的前提下要放开，促进发展，满足居民多样化需求。四是积极稳妥推进医疗服务价格改革，合理调整医疗服务价格，确保医疗机构发展可持续、群众负担不增加。建立以成本和收入结构变化为基础的价格动态调整机制，逐步理顺医疗服务比价关系。进一步完善药品采购机制，发挥医保控费作用，药品实际交易价格主要由市场竞争形成。加强监管，放开非公立医疗机构医疗服务价格。

3.2.3 创新和完善生态环保价格机制

坚持市场化的改革取向，统筹运用税收、收费及相关服务价格政策，建立能够反映生态环境成本的价格形成机制，利用价格杠杆促进生态环境的保护。一是完善生态补偿价格和收费机制，加大经济杠杆调节力度，提高企业主动治污减排的积极性。按照“污染付费、公平负担、补偿成本、合理盈利”原则，合理提高空气治理、污水处理收费标准，对空气治理、污水处理资源化利用实行鼓励性价格政策。二是积极推进排污权有偿使用和交易试点工作，完善排污权交易价格体系，运用市场手段引导企业主动治污减排。三是在总体不增加农民负担的前提下，扎实推进农业水价综合改革，统筹农业水价形成机制与精准补贴和节水奖励机制、工程建设和管护机制、用水管理机制的协同推进，促进农业节水和发展方式转变。四是完善可再生资源价格机制，实施风电、光伏等新能源标杆上网电价退坡机制；完善大型水电跨省跨区价格形成机制；探索通过市场化招标方式确定新能源发电价格，研究有利于储能发展的价格机制；围绕污水和垃圾处理、再生水回收利用等领域制定完善绿色消费价格政策。灵活有效发挥价格杠杆的激励约束和利益调节作用，更好体现生态产品价值，利用经济手段调动市场主体绿色生产、绿色消费的积极性，促进绿色发展。

3.2.4 稳步推进农产品价格改革

农业是国民经济的基础，农产品价格直接影响农民的收入，又关乎普通老百姓的生活水平。多年来国家给予极大的政策支持和财政补贴，但仍存在价格结构不合理、供给结构不合理的问题。为推进农业供给侧结构性改革，服务实施乡村振兴战略，必须积极稳妥改革完善粮食等重要农产品价格形成机制。一是在确保国家粮食安全的基础上，坚持市场化改革取向和保护农民利益并重的原则，改革“价补合一”的收储政策，农产品价格主要由市场决定，改革完善玉米收储制度，继续实施棉花、大豆目标价格改革试点，稳步推进小麦、水稻等主要农产品的市场化改革，建立完善相应的补贴机制和配套政策。利用市场机制，理顺农产品价格，调整优化农产品供给结构。二是调整改进“黄箱”支持政策，逐步扩大“绿箱”支持政策实施规模和范围，保护农民生产积极性，促进农业生产可持续发展，确保谷物基本自给、口粮绝对安全。三是扩大开展“保险＋期货”试点，探索利用市场机制保障农民收入的有效途径。四是加强农产品成本调查和价格监测，加快建立全球农业数据调查分析系统，为政府制定农产品价格、农业补贴等政策提供重要支撑。

3.2.5　转变价格管理方式，更好为实体经济服务

在建立市场化价格形成机制的同时，要转变价格管理方式，更好地发挥政府作用，为实体经济服务。一是加强政府定价管理。进一步缩小政府定价的范围，将政府定价范围主要限定在重要公用事业、公益性服务、网络型自然垄断环节，实施定价目录管理。进一步规范定价程序，定价机制由定标准向定规则转变，由事前审批向事中、事后监管转变，主动接受社会监督，有效约束政府定价行为。二是严格行政事业性收费管理，清理规范经营服务性收费，建立收费清单制度和具体监管办法，减轻实体经济收费负担。三是积极营造有利于公平竞争市场环境，全面实施公平竞争审查制度，推进反价格垄断执法常态化精细化，加强和创新市场价格监管方式。四是坚持以人民为中心，加强价格监测分析预警，丰富调控手段，防范价格异常波动；不断学习和接受新事物，适应新形势发展变化，加强对互联网平台价格的监管；完善社会救助和保障标准与物价上涨挂钩的联动机制，加强价格改革中的民生保障。将围绕充分发挥市场决定价格作用，更好满足人民日益增长的美好生活需要。

执笔人：廖英敏

参考文献

[1] 国家发改委．关于全面深化价格机制改革的意见（发改价格〔2017〕1941 号），2017－11－08

[2] 发展改革委有关负责人就全面深化价格机制改革答问．国家发改委网站，2017－11－11
[3] 许光建，丁悦伟．深入推进价格改革，着力提升“放管服”水平——十八大以来价格改革的回顾与展望．价格理论与实践，2017（5）
[4] 许光建．价格改革30年的回顾与展望．中国国情国力，2008（9）
[5] 十八大以来价格改革稳步向纵深推进．经济日报，2017－10－17
[6] 我国价格市场化程度升至97.01%．经济日报，2017－07－27
[7] 简政放权　创新机制——十八大以来价格改革取得新突破．国家发改委政策研究室网站，2017－10－20

专题报告十三

我国市场竞争机制的形成与改革

竞争是指在市场经济条件下市场主体为了获取更多的经济利益而采取的策略性行为，是市场经济的本质特征。竞争机制是在供求机制和价格机制的作用下，市场主体通过高效率、低成本地向市场提供满足需求的产品和服务，以此获取正常的利润或超额利润。在竞争机制的作用下，市场主体通过激烈的竞争实现优胜劣汰，从而不断提高资源的利用效率和配置效率，不断改进社会福利水平。

1 竞争机制的形成与主要作用

1.1 竞争机制发挥作用的条件基本具备

经过40年的市场化改革，目前我国市场竞争机制发挥作用的条件基本具备，竞争机制呈现出新的特征。

第一，市场竞争主体大幅增加。截至2017年9月，全国实有企业总量2907.23万户，相比2012年9月底的1342.80万户，增长116.5%。十八大以来，企业数量年平均增长率达到16.7%。尤其是2014年商事制度改革以来，企业数量每年以20%左右的速度增长。从注册类型来看，截至 2017 年 9 月，全国实有内资企业 2854.96 万户，相比 2012 年 9 月底增长 119.8%；私营企业实有企业数量 2607.29 万户，相比于 2012 年 9 月底增长 146.0%；外国（地区）投资企业实有 52.27 万户，相比 2012 年 9 月底增长 18.8%①（图 13－1）。

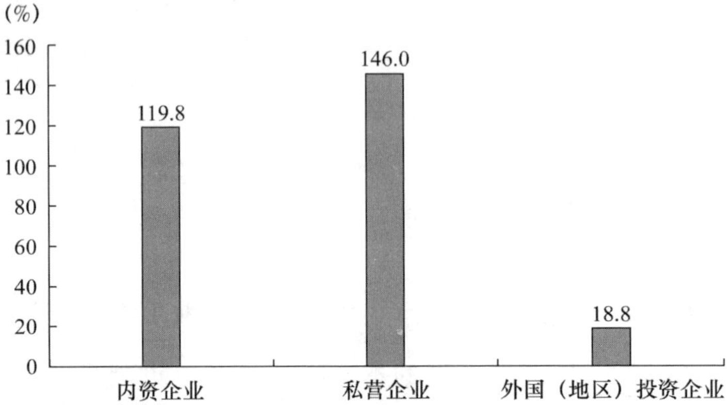

图 13－1　2012 年 9 月至 2017 年 9 月各类企业数量增速

资料来源：国家工商管理总局。

第二，市场竞争程度越来越激烈。随着市场主体的不断增加，市场竞争日趋激烈，企业整体平均回报率不断下降。以国有企业为例，2008～2017 年，全国国有企业全行业净资产收益率平均值由 5.8% 下降到 5.6%，总资产报酬率平均值由 4.5% 下降到 3.4%，销售利润率平均值由 9.5% 下降到 5.0%，资本收益率平均值由 6.5% 下降到 6.2%（见图 13－2）。

第三，市场竞争规则基本完备。《中华人民共和国反不正当竞争法》《中华人民共和国反垄断法》等有关市场竞争规则的主要法律已建立，并先后经过修订、趋于完善。出台《国务院关于实行市场准入负面清单制度的意见》（2015 年），经过多次修订外商投资准入负面清

① 资料来源："党的十八大以来全国企业发展分析"，国家工商行政管理总局，http：//home. saic. gov. cn/sj/tjsj/201710/t20171026_ 269949. html。

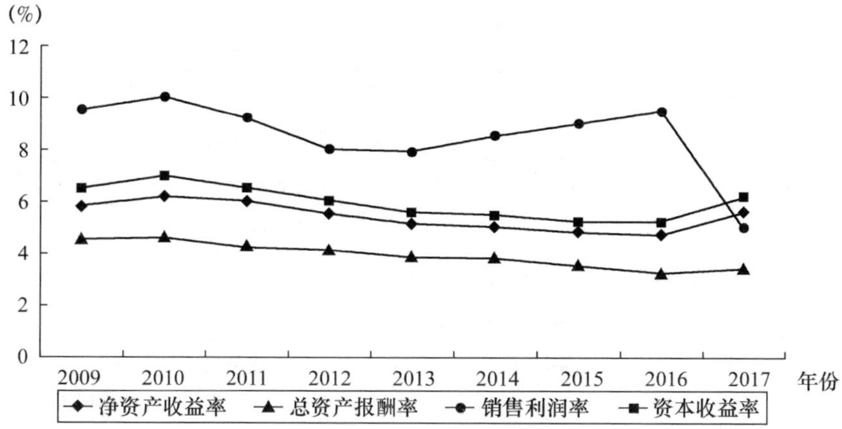

图 13－2　2009～2017 年全国国有企业绩效

资料来源：Wind。

单目录，有关市场准入的制度规章和规定基本健全。同时，出台《关于在市场体系建设中建立公平竞争审查制度的意见》和《公平竞争审查制度实施细则（暂行）》，公平竞争审查制度正在建立。此外，立法机构通过了涉及电子商务的相关法律，政府有关部门印发了共享经济、平台经济、数字经济发展的指导意见。2018 年 8 月 31 日，十三届全国人大常委会第五次会议表决通过《电子商务法》，自 2019 年 1 月 1 日起施行。2017 年，国家发改委等八部委印发《关于促进分享经济发展的指导性意见》，对分享经济发展提出了规范性意见（见表 13－1）。

表 13－1　有关竞争和反垄断的主要法律法规

类　型	年　份	法规名称
法律	1993[①]	《中华人民共和国反不正当竞争法》
	1997	《中华人民共和国价格法》
	1999	《中华人民共和国招投标法》
	2007	《中华人民共和国反垄断法》
	2018	《中华人民共和国电子商务法》

续表

类　型	年　份	法规名称
规定	1980	《关于开展和保护社会主义竞争的暂行规定》
	1993	《关于禁止公用企业限制竞争行为的若干规定》
	2001	《国务院关于禁止在市场经济活动中实行地区封锁的规定》
	2001	《国务院关于整顿和规范市场经济秩序的决定》
	2003	《制止价格垄断行为暂行规定》
意见	2014	《国务院关于促进市场公平竞争维护市场正常秩序的若干意见》
	2015	《国务院关于实行市场准入负面清单制度的意见》
	2016	《关于在市场体系建设中建立公平竞争审查制度的意见》 《公平竞争审查制度实施细则（暂行）》
	2017	《关于促进分享经济发展的指导性意见》

注：①已于2017年重新修订。

资料来源：作者整理。

第四，竞争机制的作用范围和领域不断扩大。据相关研究测算，2008～2016年，我国市场化进程指数由5.48提高到6.64（见图13－3）。2008～2014年，产品市场发育指数由7.59提高到7.78，要素市场发育指数由4.01提高到5.93，中介组织发育和法律指数由3.58提高到6.13，非公有制经济发展指数由5.40提高到7.33①（见图13－4）。随市场化进程的深入，竞争机制的作用范围覆盖了几乎所有的商品市场。

第五，市场监管新机制基本建立。十八大以来，市场监管新机制建立提速，基本建立了精简事前审批、加强事中事后监管的市场监管新模式。建立了包括企业信息公示制度、经营异常名录制度和严重违法失信企业名单制度等在内的以信用为核心的新型监管机制，强化企业自我约束功能。依托全国信用信息共享平台，建立政府部门之间信

① 王小鲁、樊纲、余静文：《中国分省份市场化指数报告（2016）》，社会科学文献出版社2017年版。

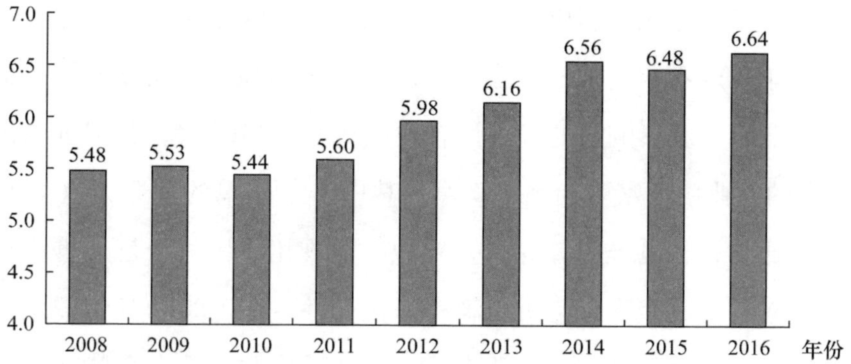

图 13－3　2008～2016 年我国市场化总指数变化趋势

资料来源：王小鲁、樊纲、余静文：《中国分省份市场化指数报告（2016）》，社会科学文献出版社 2017 年版。

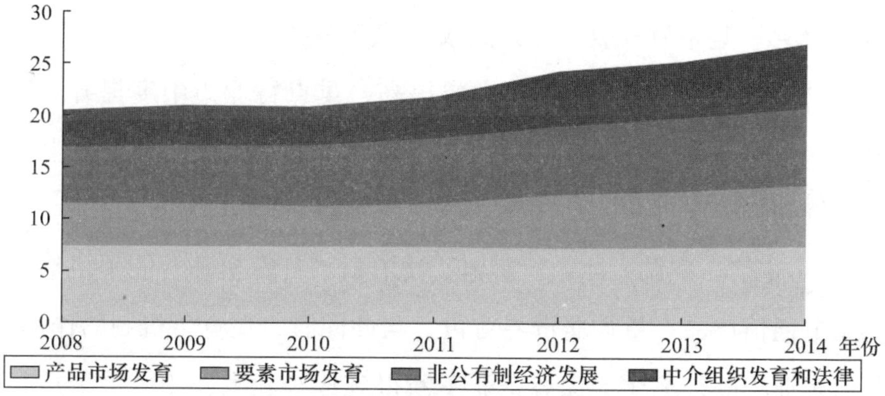

图 13－4　2008～2014 年我国市场化各方面指数变化趋势

资料来源：王小鲁、樊纲、余静文：《中国分省份市场化指数报告（2016）》，社会科学文献出版社 2017 年版。

息共享与联合惩戒机制，建设完成国家企业信用信息公示系统和“信用中国”网站。通过建立信用监管机制，不断提高信息透明度，降低了市场交易风险，减少了政府监管成本。

1.2　竞争机制的作用日益显著

随着我国市场经济的发展，竞争机制在促进市场主体成长、增加供给能力以及提高产业竞争力等方面的作用日益显著。

第一，企业成长加快，出现了一批具有国际影响力的企业。随着市场竞争程度不断增强，我国企业活力显著提高，成长壮大了一批具有国际竞争力和影响力的代表性企业。1995～2018年，我国进入世界500强的企业由3家增加到120家，其中进入榜单的制造企业达到60家。再比如，在电子商务等新兴领域，涌现出了阿里巴巴、腾讯、百度、京东、蚂蚁金服、美团和滴滴等代表性企业。2017年，腾讯、阿里巴巴的市值分别达到3.2万亿元、2.8万亿元，进入全球互联网公司市值前10名。在信息通讯行业，涌现出了诸如华为和小米等一大批具有国际竞争力和影响力的企业。2017年，华为实现全球销售收入6036亿元，其中海外收入占到其收入的近一半。

第二，主要工业产品产能大幅提高，重点行业集中度提升。市场机制和竞争机制的引入，极大地提高了我国主要工业产品的生产能力。例如，2017年煤炭、粗钢和水泥产量比1978年增长4.7倍、25.2倍和34.8倍；空调、冰箱、彩电、洗衣机、计算机和智能手机等一大批家电通信产品产量均居世界首位。与此同时，在竞争机制的作用下，落后企业不断被淘汰，优势企业不断得到成长壮大，相应地重点行业的市场集中度不断提高。例如，2010～2016年，我国煤炭行业市场集中度CR10由32.1%提高到38.3%，CR4由20.8%提高到24.1%（见图13－5）；水泥行业市场集中度CR10由41%提高到75.1%，CR4由23%提高到54.6%（见图13－6）。

第三，企业创新不断加快，产业竞争力明显提高。随着市场竞争机制作用的日益增强，在日益增强的市场竞争压力下，企业不断加大创新投入，企业创新能力稳步增强。1999～2016年，大中型工业企业R&D人员全时当量由305000人年提高到1964441人年，大中型工业企业R&D研发经费投入由249.9亿元提高到8289.5亿元（见图13－7）。

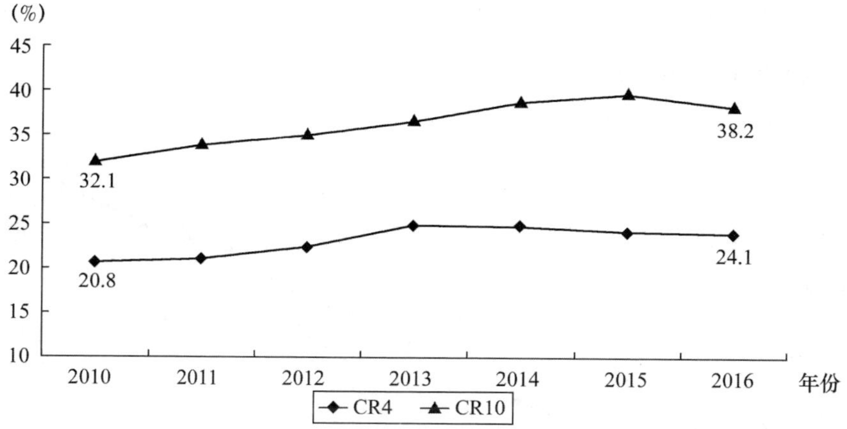

图 13 -5　2010 ~ 2016 年我国煤炭行业市场集中度

资料来源：作者计算。

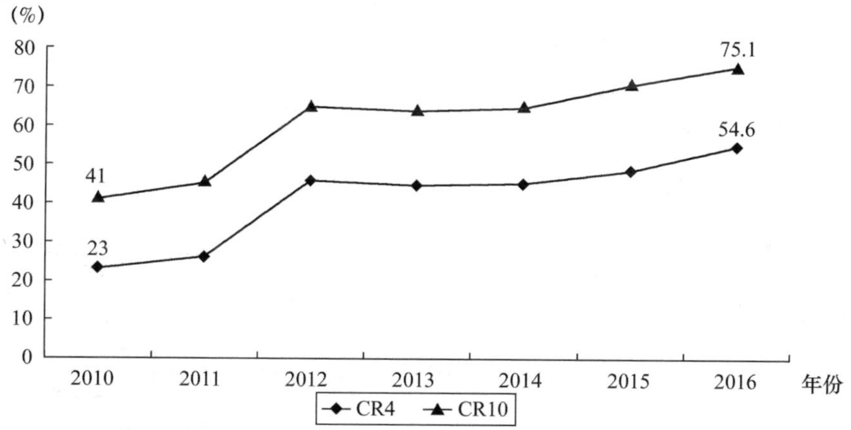

图 13 -6　2010 ~ 2016 年我国水泥行业市场集中度

资料来源：作者计算。

相应地，我国专利申请数量和授权数量也不断增加。特别是 2001 年加入 WTO 以后，随着对外开放的深入和竞争的加剧，研发投入和专利数量均出现大幅增加（见图 13 -8）。与此同时，在竞争机制的作用下，我国生产的产品质量不断提高，许多产业的国际竞争力明显增强，出口产品在全球市场中的份额不断提高。我国出口总值由 1980 年全球排名第 26 位，跃升到 2009 年全球第 1 位，现已连续 9 年保持全球货物贸易第一大出口国地位。2017 年我国出口额达 2.3 万亿美元，占全球份额达到 12.8%①。

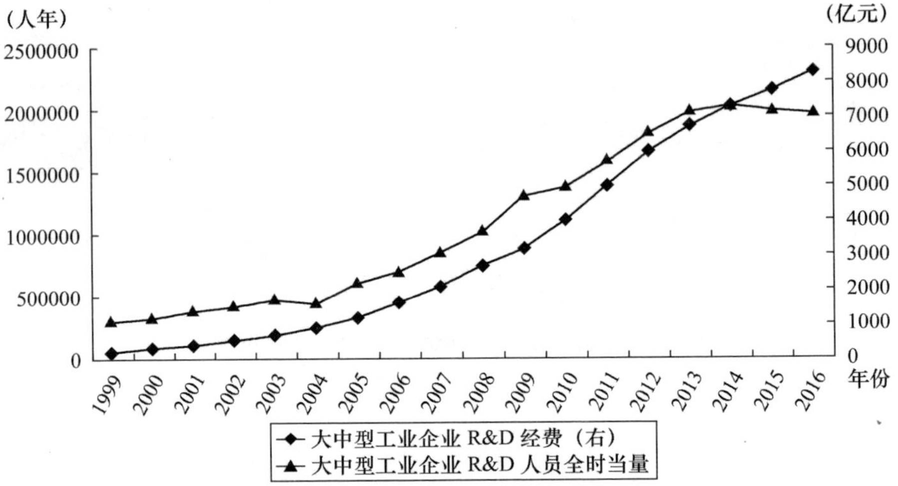

图 13－7　1999～2016 年我国大中型工业企业研发投入

资料来源：Wind。

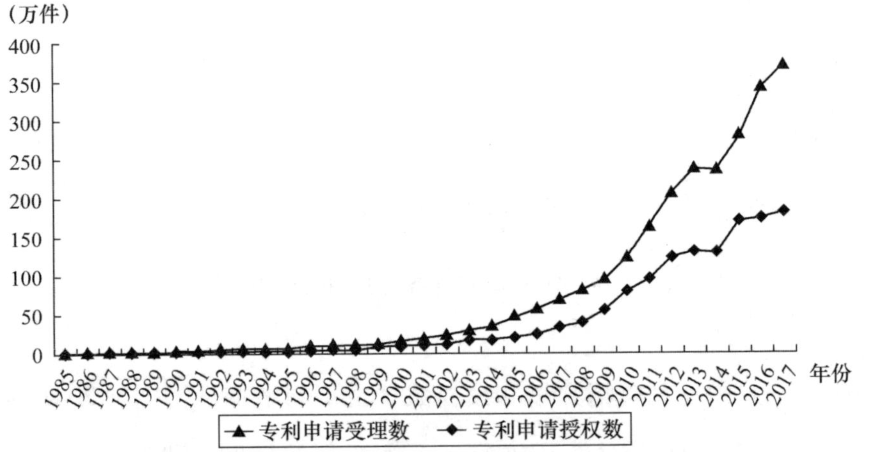

图 13－8　1985～2017 年我国专利申请受理和专利申请授权数

资料来源：Wind。

① 国家统计局："改革开放铸就工业辉煌　创新转型做强制造大国"，http：//www. stats. gov. cn/ztjc/ztfx/ggkf40n/201809/t20180904_ 1620676. html。

2　完善竞争机制面临的问题和挑战

尽管随着市场化改革的深入，市场竞争机制不断健全，但是受转型尚未完成以及相关制度和体制改革不彻底等因素的制约，当前我国市场竞争机制仍然存在一系列问题。同时，着眼于未来发展阶段和新技术变革，特别是与完善的现代化市场体系目标要求相比，我国市场竞争机制还有待进一步完善，作用还需要进一步强化。

2.1　存在的问题

我国市场化改革仅有 20 多年，相关制度和体制仍然处于继续完善过程中。与此相对应，当前我国市场竞争机制同样存在不少问题。

第一，部分领域仍然存在不当准入限制。当前，政府对经济活动的直接干预和管制仍然较多，部分行业和领域的显性和隐性准入限制仍然未完全消除，一些市场主体难以获得同等便利的市场准入条件。特别是民营企业和外资企业在进入要素市场和服务业的准入限制相对较多、也更为严格。例如，在资本、土地等要素获得以及电信等服务业市场准入方面，民营企业仍然面临着“弹簧门”“旋转门”和“玻璃门”等障碍。尽管先后出台有关支持非公有制经济发展的“非公 36 条”等文件，但仍然没有彻底消除这种不公平的市场准入限制条件。

第二，行政性垄断和自然垄断依然比较突出。当前，我国行政性垄断问题仍然比较突出，涉及的前置审批、核准、认证项目较多，执行层面变相设置的不合理规定现象也比较普遍，有些行政机关或其授权组织甚至滥用行政权力限制竞争。例如，2012 年，广西壮族自治区道路运输管理局在推广使用机动车驾驶员计时培训管理系统工作中，要求全区各市驾培机构安装系统车载硬件设备的车辆，使用同一套计时培训监控系统，不允许再委托建设第二套计时培训监控系统，出现了只允许一家计时培训系统运营商独家运营的现象。上述做法违反了《反垄断法》第三十二条所列“行政机关滥用行政权力，限定或者变相限定单位或者个人经营、购买、使用其指定的经营者提供的商品”行为，构成滥用行政权力，排除、限制竞争的行为[①]。此外，部分行业和领域的自然垄断问题也较为常见。例如，电信行业普遍存在的资费偏高、捆绑销售、不明扣费和垃圾短信退订难等问题。

第三，妨碍统一市场和公平竞争的规定和做法在一些地区领域和行业仍然存在。部分地方政府出台了许多地方保护政策和规定，对外地企业、产品和服务设置歧视性市场准入限制和市场壁垒。对外地和进口商品、服务实行歧视性价格和歧视性补贴政策，招标、采购、项目审批等方面向本地区企业倾斜，竞争规则和市场运行透明度不够。为本地企业提供各类政府补贴、隐性担保，影响了市场公平竞争。采用行政划拨手段等直接干预市场的方式为本地企业提供更低成本的资金和土地等。对经营业绩不佳的本地“僵尸企业”提供输血式补贴、避免其退出等干预市场正常竞争和淘汰的行为。

第四，不正当竞争问题时有发生。一些企业滥用市场支配地位，限制相关企业发展。还有一些企业，采取仿冒名牌、虚假宣传、价格欺诈、商业贿赂、违法有奖销售、商业诋毁、销售无合法进口证明商品等、模仿商标包装、侵犯专利和版权、采用不恰当广告语或引人误解的虚假宣传等不正当竞争手段，影响了市场竞争的公平和有序。例如，深圳市腾迅实业有限公司使用与腾讯计算机系统有限公司相似的

---

① 国家发改委：“广西壮族自治区道路运输管理局纠正滥用行政权力排除限制竞争行为”，http：//www. gxdrc. gov. cn/xsjg/ecjg/zzqjgjdjcfj/jdjc_ 39111/201709/t20170908_ 744458. Html。

企业名称，违反了诚实信用原则，具有主观恶意和不正当性，足以造成市场混淆，法院一审判被告构成不正当竞争，立即停止在信息咨询领域、电子游戏机领域使用含有“腾迅”文字的企业字号[①]。

第五，新经济领域竞争行为规制缺乏可适用的法律法规。新经济领域出现的平台组织，具有连接消费者和生产者的双边性质，网络外部性特征和边际成本递减效应非常突出，市场集中度和市场支配力远高于传统企业[②]，平台组织在采取经营者集中、滥用市场支配地位或合谋等行为方面条件更为有利。目前，新经济领域出现了一系列不同于以往的竞争行为。例如，新经济领域中经常以免费方式提供服务等；平台对内部经营商户以及生产制造企业实施限制性措施或排他性交易等，平台之间的跨界竞争，平台对消费者实施掠夺性定价或价格歧视等。但是，平台组织兼具市场和企业双重属性的特征，决定了在界定其行为是否构成不正当竞争或垄断存在较大难度。目前，仍然缺乏有效且完善的理论来分析其市场结构、市场行为和市场绩效，特别是难以对其行为的社会福利效应做出明确判断。

2.2　完善竞争机制面临的挑战

着眼于未来发展阶段和新技术变革，特别是与完善的现代化市场体系目标要求相比，我国市场竞争机制还面临一系列新要求和新挑战。

第一，建设现代化经济体系更高的要求对完善竞争机制提出了新要求。党的十九大提出了未来较长一段时期的总体发展目标和要求，

---

① 腾讯研究院：“诉腾迅实业不正当竞争一审胜诉　腾迅实业被责令停止使用‘腾迅’字号”，http：//www. tisi. org/4791。

② 阿里研究院、德勤：“平台经济协同治理三大议题”，http：//www. aliresearch. com/blog/article/detail/id/21402. html。

特别是要求在加快完善社会主义市场经济体制过程中，全面实施市场准入负面清单制度，清理废除妨碍统一市场和公平竞争的各种规定和做法；深化商事制度改革，打破行政性垄断，防止市场垄断，加快要素价格市场化改革，放宽服务业准入限制，完善市场化监管体制①。上述目标要求，不仅对政府职能转变提出了很高的要求。而且对政府的治理能力也提出了很高的要求，但是政府职能转变、政府治理能力的提高涉及全方位、深层次的改革，而且这些改革都是以往改革过程中遗留下来的“硬骨头”。这些改革不仅任务艰巨复杂，而且面临的难度和阻力非常大。

第二，全面开放后与世界规则的全面接轨对完善竞争机制提出了挑战。新的发展阶段，我国将全面扩大开放，不断放宽对外资在农业、制造业和服务业等各个领域的市场准入限制，持续市场竞争规则与国际全面接轨，塑造更加优良的市场竞争环境。但是，这一过程离不开政府治理体系的完善和政府治理能力的提高，而这又涉及深层次的政府管理体制的根本性变革。同时，全面对外开放意味着国内企业更多地走向全球，但是国内相关竞争法规不可避免地要与相关国家发生摩擦和冲突，需要全面推动国内相关竞争规则和法律体系等与国际全面接轨，这又涉及一系列相关法律法规的修订与完善。

第三，电子商务、共享经济等新经济的快速发展对完善竞争机制提出了挑战。以大数据、云计算等为代表的新一轮科技革命和产业变革不断深入，电子商务、数字经济、共享经济等新产业、新业态、新模式不断涌现，颠覆了许多传统的生产经营模式和消费模式，对完善竞争机制提出了新要求、新挑战。例如，数字经济发展和个人信息隐

① 《党的十九大报告学习辅导百问》，党建读物出版社、学习出版社 2017 年版。

私保护，平台经济中规模经济与滥用市场支配地位界定困难等难题，电子商务与实体商业不正当竞争的界定。特别是，上述领域作为全新的经济形态，缺乏成熟的可借鉴经验，对其的市场竞争行为规制需要全新的规则理念和理论作为支撑，需要更高的规制能力和更多样的规制手段，以及全新的法律法规来适应新经济领域的机制，这对未来竞争机制的完善提出了较大的挑战。

3 完善竞争机制的思路与政策建议

按照问题导向和目标导向双重要求，积极应对现代化经济体系建立、全面对外开放、数字经济发展等带来的挑战，以全面深化改革为主线，按照“除保护、宽准入、破垄断、强执法、立规范”的思路，以市场竞争机制在资源配置中发挥决定性作用为目标，促进市场竞争主体更具活力，市场竞争机制在更大范围发挥作用，市场竞争规则更加完善公平，市场竞争政策更加规范有效，市场竞争环境更加优良。

3.1 消除地方保护，加快建立统一市场

引导地方政府转变竞争方式。适应高质量发展和现代化经济体系建设需要，加快推动地区竞争理念转变，以“一带一路”国内段互联互通为重点，推动地区间逐渐改变以邻为壑的传统竞争行为，强化地区间市场统一开放。积极推动由以低成本和优惠政策为主的竞争方式，向以改善营商环境为主的制度创新式地区竞争转变。加快构建完善地区间横向财政转移和地区间合作机制，积极推动地区间融合发展、协同发展和共同发展。

消除地方政府的市场保护行为。严格落实竞争审查制度，采取自

我审查、社会监督、强化执法监督等多种方式，全面加大对地方性法规、政策规定的审查力度。加快在地区层面推广市场准入负面清单管理制度，清除对外地企业、产品和服务设置的歧视性市场准入限制和市场壁垒。清除针对产业发展、招商引资等方面的显性和隐性补贴政策，以及对外地和进口商品、服务实行歧视性价格和歧视性补贴政策。进一步增强在招投标、政府采购、项目审批等方面竞争规则和市场运行的透明度。强化市场规则的统一性、市场监管执法的统一性，建立统一协调的执法体制、执法规则和执法程序，提高市场监管的公开性和透明度。

遏制地方政府对“僵尸企业”退出的不当干预。结合供给侧结构性改革，减少或消除地方政府对扭亏无望、缺造血能力、没有生存能力企业的财政输血、不当补贴和拖延式救助等行为。消除利用行政力量推动企业兼并重组，消除对辖区内企业施加超出其负担的就业压力和财税压力。减少地方政府对辖区内银行等金融机构的行政干预，减少强制为“僵尸企业”提供贷款、授信等不当要求。

3.2 放宽准入限制，不断促进市场开放

进一步取消或放宽市场准入限制。在积极稳妥的前提下，继续放开对外资和民营企业在石油、天然气、电信、军工等基础性领域和服务业领域的不合理限制和隐性壁垒，特别是加大消除对研发、金融、咨询、信息服务等生产性服务业以及医疗、教育、文化、体育等社会服务业的开放和市场准入限制，取消对民营企业单独设置的附加条件和歧视性条款。

减少市场准入的审批环节和流程。减少涉及经营资质、许可及评级等方面的行政审批、核准、认证项目，不断降低准入成本。加大改

革力度，继续削减商事登记前置、后置审批，完善商事登记前置、后置审批事项目录管理，并适时动态调整完善。整合构建国家、省、市三级互联的网上政务服务平台，加快建设全流程、一体化政务服务在线平台，提高市场准入审批效率，降低审批成本。编制各级政府公共服务目录清单，实行办事要件和流程标准化，进一步优化审批流程和环节，不断缩短审批时限。

扩大对外资的开放范围和加大开放力度。继续完善市场准入负面清单制度和外商投资准入负面清单制度，对确需保留的准入限制，应建立公平、透明、规范的准入规范，明确市场准入的质量安全、环境和技术等标准。重点加大对禁止进入、限制市场主体资质、限制股权比例、限制经营范围和商业模式等直接或者变相限制市场准入等行为的审查。加快落实对外资放开领域的政策。

加快价格改革和价格放开。加快推进电力、石油、天然气等能源领域的价格放开，深化铁路、民航、邮政等重要领域价格改革，建立主要由市场决定价格的机制，促进市场主体多元化竞争。按照“公益性服务领域以政府定价为主，盈利性服务领域以市场自主定价为主”的分类管理思路，稳步推进医疗服务、公用事业和公益性服务价格改革。

3.3　破除垄断行为，强化市场竞争

加大反行政垄断力度。进一步遏制和禁止部门立法，清除已有的不合理行政性垄断文件，对相关行政性文件和规范性文件加以限制。通过行政命令，废除和禁止行政部门自我授权的行政垄断权，鼓励各类企业进入没有现行法律规定垄断权的产业领域中。修改相关立法，使法院对行政性垄断案件享有实质的审查权以及对企业垄断地位的处

分权。完善现行的反垄断行政执法机制，重点推进机构和职能整合，提高反垄断机构的权威。保证程序的正当性，确保反垄断过程的公正性、透明性和参与性。建立对行政性垄断的公诉制度。

深化自然垄断领域改革。进一步放松或取消国有控股的自然垄断部门中的竞争性业务进入管制，通过采取混合所有制等形式，积极吸引民营资本和国外资本进入，对外商开放的领域应同等对民营资本开放。在垄断行业进一步推广特许经营方式，不断完善社会资本进入特许经营领域的办法和规定。在开放竞争性业务的同时，放松或取消价格管制，逐步由市场来确定竞争性业务领域产品或服务的价格。进一步加强对供水、供电、供气、烟草、邮政等行业的监管和规制，严厉打击滥收费用、强迫交易、搭售商品、附加不合理交易条件等限制竞争和垄断行为。

规制平台组织垄断行为。进一步规范和限制平台组织对商家限制交易、排他性交易或选边站队等行为，加大对平台组织滥用市场支配力量行为的处罚力度。同时，加强规制平台组织利用数据信息优势对消费者采取的掠夺性定价、歧视性定价等行为，维护消费者合法权益。此外，依照国际经验和惯例，加强对平台组织跨界进入金融、媒体等领域的规制，避免出现不公平竞争。

3.4 强化市场执法与监管，促进有序竞争

强化反不正当竞争执法力度。将常态化监管和专项整治相结合，重点围绕仿冒、虚假宣传、价格欺诈、商业贿赂、侵犯商业秘密、侵犯知识产权等不正当竞争行为，强化反不正当竞争执法力度。健全跨部门、跨区域的反不正当竞争执法信息共享、协作查处联动机制，提高执法的统一性、权威性和协调性。按照新修改的《反不正当竞争

法》有关互联网领域的条款规定，进一步加强对互联网领域、共享经济以及高技术领域存在的滥用市场支配地位、经营过度集中、窃取信息、删除差评、虚构交易和流量劫持等不正当竞争行为或恶性竞争行为的执法力度。

提高反不正当竞争执法能力。加快反不正当竞争和执法监管信息化建设，加强大数据、云计算、人工智能等新技术在反不正当竞争执法监管中的运用。大力推进不同部门间执法监管平台的开放共享，加强对相关数据信息的整合、分析和研判，形成执法监管合力。

强化社会信用的约束引导作用。推进社会信用体系建设，建立健全政府部门间协同监管和联合奖惩机制，完善国家企业信用信息公示系统，加强信用监管。加强信用信息的征集、存储和应用，健全守信联合激励和失信联合惩戒机制，提高违法失信成本。建立完善生产经营主体诚信档案和"黑名单"制度，相关信息纳入全国信用信息共享平台和企业信用信息公示系统，实施市场主体信用分类监管。

提高市场监管的公平透明和对称监管。进一步消除所有制、不同规模企业、不同类型企业之间的歧视，按照统一规则，实现市场监管的公平和一视同仁。全面推动市场监管由正面清单转向负面清单管理转变，进一步减少市场监管机构监管的自由裁量权，完善市场监管信息公开制度，不断拓展信息公开渠道，推动公开责任、公开内容、公开监督到位。适应电子商务、共享经济等新经济发展特点，加快推动监管理念、监管规则、监管方式和监管手段的调整和变革，实现监管行为与企业行为的同步、实时、对称。

3.5　完善相关法律法规，保障市场竞争环境

加快修订完善相关法律。根据经济发展及市场竞争中的新情况、

新特点，及时修订《反不正当竞争法》《反垄断法》《专利法》《广告法》《知识产权法》以及《商业秘密保护法》等与市场竞争相关的法律条款，增强法律法规的适用性和统一性。积极借鉴国际立法经验，按照审慎监管的原则，鼓励地方政府探索数字经济立法或制定地方条例，加快数字经济和共享经济领域的立法工作。

加快完善相关行政性法规、政策规定和标准体系。针对电子商务、数字经济等新兴领域，及时修订完善《电子商务模式规范》《网络商品交易及有关服务行为管理暂行办法》《网络零售第三方平台交易规则制定程序规定》《电子商务经营服务规范》已有的政策法规，同时结合新现象新特征，进一步出台相关行政法规、规范或暂行管理办法等。推广健全企业标准领跑者制度，加快制定完善新兴产业各类服务规范。

加强新经济领域理论研究。加大对新经济领域研究的投入，在国家哲学社会科学基金、国家自然科学基金等重大科研项目中设立新经济领域研究专项，鼓励和引导高校、科研机构开展相关研究。鼓励有条件的高校，设立新经济领域相关专业，开设相关课程，加快高水平研究人才培养。积极支持相关机构建立新经济领域的合作研究平台和网络，推动国内外高校、研究机构、国际组织和代表性企业共同开展研究。

执笔人：赵　勇

参考文献

[1] 党的十九大报告学习辅导百问. 北京：党建读物出版社，学习出版社，2017
[2] 吴敬琏. 当代中国经济改革教程. 上海：上海远东出版社，2010
[3] 张卓元，房汉廷，程锦锥. 市场决定的历史突破. 广州：广东经济出版社，2018

[4] 田国强．中国改革：历史、逻辑和未来．北京：中信出版社，2016
[5] 王小鲁，樊纲，余静文．中国分省份市场化指数报告（2016）．北京：社会科学文献出版社，2017
[6] 刘华涛．发达国家自然垄断行业的政府管制改革及启示．行政论坛，2018，25（3）

专题报告十四

我国信用体系建设与改革方向

改革开放40年来，加快社会信用体系建设，成为国家完善社会主义市场经济体制、提升和创新国家治理体系和治理能力现代化的重要手段。“社会信用体系建设是社会主义市场经济体制和社会治理体制的重要组成部分。它以法律、法规、标准和契约为依据，以健全覆盖社会成员的信用记录和信用基础设施网络为基础，以信用合规应用和信用服务体系为支撑，以树立诚信文化理念、弘扬诚信传统美德为内在要求，以守信激励和失信约束为奖惩机制。”[①] 加快推进社会信用体系建设，对于改善和优化市场诚信环境，降低交易成本，促进经济健康平稳运行，提升公众获得感具有十分重要的意义。

1 社会信用体系建设的进展

1.1 政务诚信：以双公示为抓手推动政务公开，辅以专项治理让政务失信清零

在政务诚信方面，为提高行政管理透明度和政府公信力，国家以

---

① 引自《国务院关于印发社会信用体系建设规划纲要（2014—2020）的通知》（国发〔2014〕21号）。

行政许可决定公示和行政处罚决定公示即“双公示”为抓手推动政务公开，并辅以对政府机构失信问题专项治理，成效显著。

1.1.1　建立“双公示”评估机制

自2015年《国务院办公厅关于运用大数据加强对市场主体服务和监管的若干意见》（国办发〔2015〕51号）印发以来，国家建立了“双公示评估制度”，规定将行政许可、行政处罚这两项信息自做出行政决定之日起7个工作日内上网公示，以推动政务公开。2017年，国家发改委引入13家信用服务机构开展双公示评估工作。2018年每季度开展一次。[①] 工作已经进入常态化阶段效果显著。据“信用中国”网站后台统计，2017年初，“双公示”数据归集量约2000万条。截至2018年5月，“双公示”数据归集量已逾8000万条，增幅约300%。[②]

1.1.2　政务失信专项治理

2017年5月19日，国家发改委、最高法院开展政府机构失信问题专项治理，对未在规定时限内履行法定义务的政府机构，将采取约谈相关负责人、限制发放贷款、降低城市信用级别、纳入政务失信记录等惩戒措施。同年7月28日，国务院常务会议明确开展政务失信专项治理。9月，国务院办公厅发布《关于进一步激发民间有效投资活力促进经济持续健康发展的指导意见》，明确对造成政府严重失信违约行为的主要负责人和直接责任人要依法依规追究责任，惩戒到人。是年11月，在国家发改委召开的“省区市社会信用体系座谈会”上

---

① 评估内容涉及“双公示”目录编制和公开情况，建立“双公示”专栏情况，累计数据量占比，季度上传数据覆盖范围，季度数据更新情况，季度数据质量等。

② 《国家发展改革委办公厅关于通报2017年行政许可和行政处罚等信用信息公开工作第三方评估结果暨启动2018年评估工作的通知》，http：//www.ndrc.gov.cn/gzdt/201805/t20180518_886561.html。

公布的数据显示，被列入失信被执行人的各级地方政府整改率达到99.68%。[①] 2018年以来集中部署推动了19个领域的失信专项治理，通过加大失信曝光和失信联合惩戒力度，大量的失信行为得到纠正。根据第三方机构的监测，专项治理实施以来，19个专项治理领域失信案件的发生率大幅下降60%以上。[②]

1.2 商务诚信：形成红黑名单和联合奖惩治理的条线信用监管模式

商务诚信方面，主要通过联合奖惩制度和行业红黑名单专项治理为主线进行信用监管，近年来联合奖惩范围不断扩大、力度增强。

1.2.1 联合奖惩政策体系填补了空白

目前国家已经形成了“3+51+N”联合奖惩监管体系，并继续扩展。[③]“3”是指国家的3份顶层设计文件，即《国务院关于建立完善守信联合激励和失信联合惩戒制度加快推进社会诚信建设的指导意见》（国发〔2016〕33号）、国家发改委办公厅出台的《关于加强和规范守信联合激励和失信联合惩戒对象名单管理工作的指导意见》（发改办财金〔2018〕87号）和《关于对失信主体加强信用监管的通知》（发改办财金〔2018〕893号），这3份文件从红黑名单确定、联合奖惩实施、异议申请、信用修复以及红黑名单退出等方面都明确了相关原则，为各地区抓工作落实指明依据。“51”是指由51个国家部

---

① 东湖信促会：《武汉东湖示范区2017年社会信用体系建设总报告》。

② 连维良：“从根本上扭转失信问题高发态势需要标本兼治”，http://xhpfmapi.zhongguowangshi.com/vh512/share/5819601?from=groupmessage&isappinstalled=0。

③ 截至2019年1月底，国家公共信用信息系统在“信用中国”网站于2019年2月1日公布情况。

委签署联合奖惩合作备忘录①。“N”是指各地方各协会（团体组织）等制定了联合奖惩依据。“3 + 51 + N”联合奖惩监管体系是实现“一处失信，处处受限”，深入推进社会信用体系建设的基础。

1.2.2　通过专项治理公示失信黑名单，实现重点行业领域突破

目前，国家发改委会同有关部委，在政务、涉金融、电子商务、农民工工资以及知识产权等领域，通过集中收集失信行为，公示失信黑名单，② 分别开展专项治理行动。根据国家公共信用信息中心提供的数据，截至 2018 年 5 月，全国信用信息共享平台累计归集失信黑名单信息 1295 万条，涉及 840 万失信主体。截至 2019 年 1 月，相关部门向全国信用信息共享平台推送失信黑名单信息新增 215582 条，涉及失信主体 190531 个，其中法人及其他组织 54484 家，自然人 136047 人。1 月退出失信黑名单主体 98511 个，其中法人及其他组织 26883 家，自然人 71628 人。③ 涵盖慈善捐助领域、金融专项治理领域、社会组织、失信被执行人、重大税收违法案件当事人、违法失信上市公司等领域。据统计，359 万名失信被执行人，慑于联合惩戒履行了还款义务，各类案件的执行金额超过 4.4 万亿元，清理各类欠税 100

---

① 目前这 51 个联合奖惩备忘录共涉及 38 个行业、领域或群体，超过 40 个部门参与联合执法和执行奖惩措施，但需要指出的是其中在食品药品、环境保护、优秀青年志愿者等领域属于社会诚信范畴。

② 2017 年以来，据中国诚信集团信用研究院不完全统计，包括国家发改委、交通运输部、最高法院、中国银行业协会、国家质检总局（现归海关总署）、国家税务总局、中国证监会、应急管理部、国家民航局、生态环境部、国家安全监管总局、民政部等多家部级行业管理部门，均发布或者分批次发布了行业管理黑名单。仅国家发改委一个部门，在 2016 年 11 月至 2018 年 1 月，就在电子商务、涉金融两大领域，先后分 10 批次发布失信黑名单。

③ 信用中国：“1 月份新增失信联合惩戒对象公示及公告情况说明”，https：//www. creditchina. gov. cn/lianhejiangcheng/lianhejiangchenganliguiji/lianhejiangchengbuwei/201902/t20190202_ 146129. html。

亿元。[①]

国家发改委已将信用信息嵌入行政审批，建立了“逢报必查、逢办必查”新机制，在有关资金和企业债券申报过程中，多家“黑名单”企业受到限制。

1.3 社会诚信：通过重点领域和重点人群信用建设加快提升

在医药卫生和计划生育、劳动用工、科研、环保等领域，主要做法包括：建立健全市场主体诚信档案，通过行业黑名单制度和市场退出机制，建立信用联动机制，以此加快联合激励与惩戒机制的建立。通过完善跨地域、跨部门、跨行业的失信联合惩戒机制，让违法经营者付出高昂代价。

在医药卫生和计划生育领域，通过建立健全部分医疗机构及从业人员信用记录，并纳入全国信用信息共享平台和企业信用信息公示系统，形成监管信息常态化披露制度。2017 年 7 月医师执业信用系统上线，系统通过“红名单”“白名单”“黑名单”和信用积分管理对医师进行奖惩，促进行业自律。

在劳动用工领域，2016 年 7 月 25 日，人力资源和社会保障部印发《企业劳动保障守法诚信等级评价办法》，各地对企业劳动用工行为信用等级进行评价并实行信用管理。

在科研诚信方面，加强科研活动全流程诚信管理，推进科研诚信制度化建设、净化科研生态环境。2016 年 3 月 25 日，科技部印发《国家科技计划（专项基金等）严重失信行为记录暂行规定》，对参与科技项目计划、项目管理和实施的相关承担人员、咨询评审专家等自

---

① 连维良：“从根本上扭转失信问题高发态势需要标本兼治”，http：//xhpfmapi. zhongguowangshi. com/vh512/share/5819601？from = groupmessage&isappinstalled = 0。

然人，按照信用机制进行分类分级管理[①]。2018 年 5 月 30 日，中共中央办公厅、国务院办公厅印发《关于进一步加强科研诚信建设的若干意见》，7 月初两办又印发《关于深化项目评审、人才评价、机构评估改革的意见》（中办发〔2018〕37 号），明确要通过改革"三评"，加强科研诚信建设。7 月 18 日国务院印发《关于优化科研管理提升科研绩效若干措施的通知》（国发〔2018〕25 号），提出"开展基于绩效、诚信和能力的科研管理改革试点"。

教育领域，在学术诚信、招生考试和师德建设方面出台了系列措施[②]开展教师诚信承诺活动，发挥教师诚信执教、为人师表的影响作用；探索建立教育机构及其从业人员、教师和学生的信用评价制度，将信用评价与考试招生、学籍管理、学历学位授予、科研项目立项、专业技术职务评聘、岗位聘用、评选表彰等挂钩；强化诚信教育，将信用管理专业纳入了课程。据统计，有 26 所高校开设信用管理本科专业[③]。

在环保信用方面，2017 年继续深化改革，重点提出健全环保信用

---

① 中国诚信集团信用研究院于 2015 年承接科技部发展规划司项目《科技信用评价理论与方法》，提出建立完善、健全的科技信用评级体系。科技信用评级是指由独立客观的第三方信用评级机构或人员或由专门独立的信用评级机构根据一定程序、运用公认的指标和特定的评估方法，对参与科技项目研发、科技成果产业化的执行者以及科技成果验收和成果绩效的评估、评审专家或评估机构在各阶段执行国家相关法律法规及政策、遵守科技界公认行为、履行相关合约的能力和意愿进行的综合评价，并用专用的符号或简短的文字表述其信用行为风险的大小的过程。最终将根据科技项目参与主体的违约概率以及违约后的预期损失，评定预期损失率，从而确定主体的信用等级。科技信用管理的核心机制是以提高失信成本为基本出发点，保证诚实守信者的合法权益，让失信者受到应有的惩罚，承担相应的责任、付出高昂的失信代价。

② 《教育部关于切实加强和改进高等学校学风建设的实施意见》（教技〔2011〕1 号）、《学位论文作假行为处理办法》（教育部令第 34 号）、《关于进一步加强国家教育考试诚信档案管理工作的通知》（教试中心函〔2010〕209 号）、《关于建立健全中小学师德长效机制的意见》（教师〔2013〕10 号）、《关于建立健全高校师德建设长效机制的意见》（教师〔2014〕10 号）等。

③ "以诚筑教，稳步推进教育行业信用体系建设——访教育部有关负责人"，http://www.creditsd.gov.cn/21/2476.html。

评价和加强环保信息强制性披露制度，各地在环保信用管理工作中进行了有益探索。

在社会组织诚信建设方面，民政部完善了社会组织登记管理信息，开通了“中国社会组织公共服务平台”，该平台提供了全国社会组织查询、社会组织活动异常名录查询、严重违法失信名单查询、涉嫌非法社会组织名单查询等服务功能，健全了社会组织信息公开制度。

1.4 司法公信：公检法齐动手，推进社会诚信正义

司法公信是社会信用体系建设的重要内容，是树立司法权威的前提，是社会正义的底线。

在法院公信建设方面，通过健全制度机制，加大惩戒力度，提高恶意逃债者的失信成本，着力根治“执行难”的顽疾，促使被执行人主动履行债务、回归诚信。最高人民法院先后出台《最高人民法院关于限制被执行人高消费及有关消费的若干规定》[①]（法释〔2015〕17号）和《关于公布失信被执行人名单信息的若干规定》（法释〔2017〕7号）[②]，针对有能力履行而拒不履行人民法院生效法律文书的被执行人，确立公布失信被执行人名单信息制度。同时，最高法院开通了“中国执行信息公开网”，公众可以在网上查询全国法院失信被执行人名单信息、被执行人信息、执行案件流程信息和执行裁判文书。截至

---

① 2010年5月，最高人民法院公布《最高人民法院关于限制被执行人高消费的若干规定》（法释〔2010〕8号），2015年7月6日最高人民法院审判委员会第1657次会议通过的《最高人民法院关于修改〈最高人民法院关于限制被执行人高消费的若干规定〉的决定》修正，将《最高人民法院关于限制被执行人高消费的若干规定》修改为《最高人民法院关于限制被执行人高消费及有关消费的若干规定》（法释〔2015〕17号），并提出13条修改意见。

② 2013年7月，最高人民法院公布《最高人民法院关于公布失信被执行人名单信息的若干规定》（法释〔2013〕17号），2017年1月16日最高人民法院审判委员会第1707次会议审议又通过最高人民法院关于修改《最高人民法院关于公布失信被执行人名单信息的若干规定》的决定（法释〔2017〕7号），针对形势发展，在吸收各地实践经验的基础上，提出了12条修改意见。

2018年末，全国法院累计发布失信被执行人名单1277万人次，累计限制购买飞机票1704万人次，限制购买动车高铁票544万人次，346万失信被执行人慑于信用惩戒主动履行法律义务，有效地推动了社会诚信建设①。

在检察公信建设方面，充分发挥法律监督职能作用，进一步加大了对破坏生态环境和资源保护、食品药品安全领域侵害众多消费者合法权益等损害社会公共利益的行为提起检察公益诉讼的力度。完善行贿犯罪档案查询制度，规范和加强查询工作管理，建立健全行贿犯罪档案查询与应用的社会联动机制。

在公共安全方面，公民交通安全违法情况纳入了诚信档案。定期向社会公开火灾高危单位消防安全评估结果，并作为单位信用等级的重要参考依据。将社会单位遵守消防安全法律法规情况纳入诚信管理，强化社会单位消防安全主体责任。

在司法执法和从业人员信用建设方面，建立各级公安、司法行政等工作人员信用档案，依法依规将徇私枉法以及不作为等不良记录纳入档案，并作为考核评价和奖惩依据。推进律师、公证员、基层法律服务工作者、法律援助人员、司法鉴定人员等诚信规范执业。

1.5　建设信用立体网络和平台，信用城市建设取得明显成效

1.5.1　信用信息共享共用的全国“大动脉”已经贯通

以全国信用信息共享平台、“信用中国”网以及各级政府的门户网站为载体，形成国家部委到地方立体的信用建设网络，全国信用信息共享平台成为信用信息归集共享的总枢纽，“信用中国”网站成为

① 国家发改委：“宏观经济运行情况并回答记者提问”，http://sh.qihoo.com/pc/9cb4b89f19e7c5f4b?cota=3&refer_scene=so_1&sign=360_e39369d1。

面向社会公众，弘扬诚信惩戒失信的总窗口。

各地方在国务院社会信用体系建设《纲要》的指导下，搭建了地方性的线上信用信息共享交换平台，对区域内的信用信息进行归集整理。截至2018年12月底，全国信用信息共享平台已连接44个部门和全国32个省级信用平台，全国信用信息共享平台归集总量持续增长，联通范围不断扩大，累计归集各类信用信息突破300亿条。[①] 并与所有接入部门和地方平台实现了核心数据机制化共享，每周定时向各部门和地方推送行政许可和行政处罚、各类红黑名单、企业经营异常名录等信息。又据中国诚信集团信用研究院不完全统计，到2018年6月底全国已经有170多个城市完成了信用信息共享平台建设。

1.5.2 实现了企业基础信用信息的全覆盖

中国人民银行于1997年开始建设企业信用信息基础数据库，2006年7月实现全国联网查询，截至2018年6月底，已收录2500余万户企业和其他组织的相关信息。2014年2月，由国家工商总局建设的国家企业信用信息公示系统上线，该系统全面提供了全国企业、农民专业合作社、个体工商户等市场主体信用信息的填报、公示、查询和异议等功能，是我国企业基础信用信息最全的系统平台。

1.5.3 个人征信系统极大满足金融服务需求

2005年8月底中国人民银行完成与全国所有商业银行和部分有条件的农信社的联网运行，2006年1月，个人信用信息基础数据库正式运行。目前，中国人民银行开发的国家金融信用信息基础数据库系统已成为全球最大的个人征信系统，截至2018年6月底，已收录9.6亿自然人信息，个人信用信息报告日均查询达530万次。

---

① 国家发改委："宏观经济运行情况并回答记者提问"，http：//sh.qihoo.com/pc/9cb4b89f19e7c5f4b? cota=3&refer_ scene=so_ 1&sign=360_ e39369d1。

1.5.4　城市信用体系建设取得突破

国家发改委、中国人民银行鼓励地方开展试点示范、积极探索实践，自2015年起分三批将68个城市列入全国创建社会信用体系建设示范城市。到2018年1月，国家发改委、中国人民银行公布首批杭州市、南京市等12个城市为信用示范城市，2019年8月，又公布了青岛市、武汉市等16个城市为第二批信用示范城市。

1.6　初步形成第三方参与协同治理模式

2016年4月，国家发改委出台了《国家发展改革委与信用服务机构合作开展行业信用体系建设暂行办法》，2017年10月16日国家发改委发布了《关于引入第三方信用服务机构协同参与34个行业的信用建设和信用监管工作的函》。2018年2月，《国家发展改革委办公厅关于充分发挥信用服务机构作用加快推进社会信用体系建设的通知》（发改办财金〔2018〕190号），要求各地发改委充分认识各类信用服务机构在社会信用体系建设中的重要作用，从七个方面发挥它们的积极作用：参与重点领域信用记录采集；参与红黑名单的认定；加强与信用服务机构信用信息的共享；在行业特定领域协助参与备案工作；协同开展联合奖惩与失信专项治理工作；定期编制行业信用监测分析报告；探索信用大数据分析应用。

2　社会信用体系建设面临的主要问题

党的十八大报告在揭示存在的问题部分，坦诚指出，“一些领域存在道德失范、诚信缺失现象”。十八大以来，我国社会信用体系建设取得的成就是显著的，但同时要看到，我们的工作还存在不足和问题，有些问题还很严重。

2.1 区域信用体系建设发展不均衡

一方面，各地信用体系建设的牵头单位不一，从事该项工作的具体机构职能还未完善，全国大部分省、地市政府还未建立区域信用信息平台。在已建系统中，受当地部门信息化水平限制和我国部门设置条块分割、信息采集和交换标准不同影响，各个地区信用信息归集质量及应用情况有差别。近年来，长三角、珠三角和京津冀等区域开始探索区域信用建设，但还未形成稳定和制度化的过程。其他跨域建设和交流很少。

另一方面，信用体系建设的成效很大程度上取决于政府部门的推进力度，因工作力度、重视程度不同，各地方信用建设发展程度不一。先行先试经验又推广不足，示范性效应不够。这导致社会信用体系建设在总体上呈现出不平衡。

2.2 政府失信问题依然不同程度存在

我国一直高度重视政府诚信建设，但政府失信、法治缺失、监管失位等现象不同程度存在，在局部领域、个别地方甚至还比较突出。主要表现在少数地方政府数据造假、政府施政过程不透明、不诚信、政府监管不力导致政府公信力下降等，在政务领域失信问题专项治理中，被列入全国法院失信被执行人名单的政府机构共5006家。[①] 2018年7月长春长生生物科技有限责任公司严重违法生产假疫苗重大案件事发，情节严重，性质恶劣，造成严重不良影响，8月中央政治局常

① 连维良："创造性地做好新形势下的社会信用建设工作"，《信用中国》2018年第10期。

委会决定严肃问责。

2.3　法律法规不完善，《信用法》尚未出台

美国有信用专门法律16部，我国尚未通过专门《信用法》，仅陕西、湖北、上海、浙江、河北、江苏、北京和山东等省市出台地方性相关条例。另外，在现存的一些法律法规中，虽然或多或少地涉及有关信用管理的内容，但不够深入和全面，与信用管理和信用市场发展需求还有差距。

2.4　联合惩戒工作机制没有完善

在联合惩戒制度执行落实方面，有些地方政府和行业“下不了手”，担心影响小微企业的生存，造成失业；联合惩戒机制的系统性、协同性和规范性还有待进一步提升；联合惩戒工作还处于探索阶段，工作的常态化运行还没有健全；惩戒的领域范围需要进一步拓展；惩戒的具体措施的实现方式也需要进一步完善。

2.5　公民的社会诚信意识有待加强

虽然我国社会信用体系建设取得了重要进展，但只是在部分领域形成了“不敢失信”的初步氛围，从整个社会来看，规则意识、契约精神和诚信修养欠缺，传统道德的支持力有弱化的现象，信用交易风险问题仍较突出。违背法律法规、不执行合同契约、不兑现承诺和不遵守公共道德现象依然严峻。比如考试作弊、学历造假、食品安全问题、商业欺诈、偷税漏税、公共部门数据造假、以权谋私等问题的存在就是社会诚信意识滑坡的表现。这些失信现象已超出经济交易范畴，涉及社会交往、商务交易、政务诚信和司法公信等领域。

3 社会信用体系的建设思路与政策建议

3.1 建设思路

3.1.1 构建开放信用秩序，让信用成为社会运行的新规则

针对我国信用现状，李克强总理2019年3月5日在第十三届全国人民代表大会第二次会议上的政府报告中特别强调，要“推进信用监管改革”，要“健全社会信用体系”。而这一目标，需要信用市场的发展作为保障，对信用市场也提出了更高的要求，不仅要培育和完善我国信用服务市场，形成多层级信用服务体系，同时，社会信用体系建设是营商环境优化的基础和抓手，未来要进一步加大社会信用体系建设，激发市场主体活力，着力优化营商环境，推行信用监管改革，构建以信用为秩序的规则。此外，要加快放开金融服务市场，加强国际交流合作，以推进“一带一路”倡议、适应国际国内市场不断融合的趋势，做好国别信用工作和外商信用工作，不断提升我国在国际信用评级领域的话语权，构建开放信用秩序，让信用成为社会运行的新规则。

3.1.2 建设与新技术和数字时代相适应的社会信用体系

现代信息技术的应用，是社会信用体系建设的有效加速器，让信息的获取手段变得更为丰富，获取信息的成本也大大降低，信息的流动性加速，信息传递的半径扩大。全国建立的大小公共信用信息平台，数据在质和量上都有了提升和保障，我们应该依靠人工智能、云计算、区块链等技术，发挥和创新平台经济和数字经济的商业模式，让社会信用产品和服务朝着更智能、更普惠的方向发展，推进社会信用体系建设从制度设计、平台建设到业务流程都更为成熟和完善。

3.1.3　形成“政府推动、社会共建、信息共享、行业自律、智能普惠”的新格局

在市场经济成熟国家，社会信用体系建设主要靠政府、法律，靠第三方专业信用服务机构征信、评信，靠整个社会用信，靠公民守信。在未来的建设中，社会信用体系建设的大发展离不开信用服务机构和信用服务市场的大发展，通过政府推动，社会共建，形成行业自律、智能普惠的新格局。

3.2　政策建议

3.2.1　跨域建设与协同推进

社会信用体系建设是一项系统工程，需要高度敏锐性认识信用建设的重要性。[①] 一方面，需要在制度上理顺跨域建设和协同推进机制，统一信用体系建设的牵头单位，重视信用建设工作，明确机构职责，在技术上统一信息采集和交换的标准；另一方面，鼓励地方政府探索区域合作、促进“信用”治理模式转变和创新，大力推进先试先行经验的交流和推广，社会信用产品和服务应用在各地能有效应用和落地。

3.2.2　强化政务诚信，提升政府公信力

政务诚信的根本抓手是将《国务院关于加强政务诚信建设的指导意见》执行到位。各级政务机构和政务人员在执政过程中，需“内诚于心”和“外信于行”，坚持依法行政、坚持政务公开、坚持勤政高效、坚持守信践诺、坚持失信惩戒。政务诚信的关键在于能严格执法、依法办事；在法律框架下“加快推进决策公开、执行公开、管理公开、服务公开和结果公开”，保障公共资源使用的公开、公平、公正，

---

① 连维良：“创造性地做好新形势下的社会信用建设工作”，《信用中国》2018 年第 10 期。

实现公众利益的最优化，取信于民。勤政高效是政务诚信的实现途径。守信践诺是政务诚信的内在要求。对于政务人员来说，履行职责，行使职权，应当行诚信之事并对公民负责，由此来提升政府公信力。加强诚信立法，夯实诚信体系建设的法治根基。

党的十九大报告指出，完善以《宪法》为核心的中国特色社会主义法律体系。《社会信用体系建设规划纲要（2014—2020)》指出，社会信用体系要“以法律、法规、标准和契约为依据”。可见，“法律先行”是社会信用体系建设的基本原则，是规范诚信行为的法律保障，关键在于制定专门《信用法》以及信用部门法。全国人大常委会为信用立法，已是迫在眉睫的任务。

3.2.3 继续推进信用立法工作

2018 年信用立法纳入全国人大常委会立法规划。但在十三届全国人大常委会公布的立法规划显示，社会信用方面的立法项目，属于第三类项目，因立法条件尚不完全具备，需要继续研究论证。但推进诚信建设，要不断采取各类措施推进社会信用体系建设，而加快推进信用立法、完善信用法律法规体系作为社会信用体系建设的基础工程，具有重大而深远的意义。因此，我们应该从以下几方面着手：一是推进信用立法，把法律的规范性和引领性结合起来，通过设定相应的权利义务，使其转化为具有权威性、引导性、激励性、约束性的刚性规定。二是信用立法既涉及公权力与私权利之平衡，也涉及法律与道德之交叉；既需要国家的顶层设计，也需要社会主体的通力合作；既要立足本土资源，也要具有国际视野，总结参考地方立法和国外立法的先进经验，平衡把握信用主体信用信息的利用和保护。[①]

---

① 廖永安、谭曼：“以信用立法推进社会信用体系建设”，http：//theory. people. com. cn/n1/2018/0219/c40531 –29826153. html。

3.2.4 大力推行信用监管改革

以联合奖惩为主的信用监管已经成为社会治理的核心手段。李克强总理在2019年3月5日第十三届全国人民代表大会第二次会议的《政府工作报告》中强调，加强和创新社会治理，要健全社会信用体系；为激发市场主体活力，着力优化营商环境，需要以公正监管促进公平竞争。“推进‘双随机、一公开’跨部门联合监管，推行信用监管和‘互联网+监管’改革，优化环保、消防、税务、市场监管等执法方式，对违法者依法严惩、对守法者无事不扰。”因此，这项系统的工程需要整体推进。

第一，从根本上扭转失信问题高发态势需要标本兼治，突出三个着力：着力加大失信联合惩戒力度；着力拓展守信联合激励；着力构建以信用为核心的新型监管机制。[①] 加强联合奖惩机制的系统性、协同性和规范性。通过加快信用法规制度建设，建立较为健全的法律体系，形成规范，以此来威慑和惩戒失信者，使法律真正成为维护信用关系的有力武器；鼓励政府、行业协会、专业信用服务机构和社会公众共同参与，形成监督协同合力，约束各失信主体行为。

第二，建立常态化的工作机制，鼓励各地方和城市试点开展联合惩戒工作，创造性地下好“四个功夫”：一是扩围联合奖惩领域。各地方可结合实际在本辖区内，针对重点领域建立区域性联合奖惩机制。二是升级联合惩戒措施。在合法、合规和社会可接受程度内不断升级联合惩戒措施，将限制乘坐火车和民用航空器等措施的适用领域延伸到税收违法、财政性资金管理失信、保险失信以及证券、期货违法等领域，并鼓励各地方依照这种做法。三是丰富联合激励措施。鼓

---

① 连维良：“从根本上扭转失信问题高发态势需要标本兼治”，http：//xhpfmapi. zhongguowangshi. com/vh512/share/5819601？from = groupmessage&isappinstalled = 0。

励各地方推出具有地方特色的个人信用分和市民诚信卡，创新联合激励场景，通过优先办理、降低门槛、简化程序、免交押金等形式激励群众的守信行为。比如，让守信者享受乘坐公交地铁优惠，享受信贷服务“绿色通道”待遇，享受先诊疗后付费服务，享受参观文博场馆费用减免，享受图书借阅免押金服务，享受公益奖励和社会福利等。四是在形成自动启动奖惩机制上下功夫。按照党中央、国务院关于推进审批服务便民化有关要求，各地方要加快构建以全国信用信息共享平台为枢纽、以网上政务服务平台为基础的全流程一体化在线联合惩戒平台，形成自动启动惩戒机制。依托全国信用信息共享平台联合奖惩子系统，为各地方网上政务服务提供公共入口、公共通道和公共支撑，实现惩戒名单即时更新、惩戒措施即时显现、惩戒反馈即时推送。①

第三，建议在卫生大健康领域突破性开展信用联合惩戒。中共中央、国务院2016年10月印发《“健康中国2030”规划纲要》，提出了今后15年我国推进“健康中国”建设的行动纲领，确立了“以促进健康为中心”的“大健康观”“大卫生观”，提出将这一理念融入公共政策制定实施的全过程，将健康纳入经济社会发展全局，对于推动经济社会发展方式转变、改善百姓生活具有重要意义。可是，近年来违背诚信原则、危害人民健康的恶性事件如“长春长生生物公司假疫苗事件”不断发生，如果不在这一领域开展信用体系建设，实施信用联合奖惩，必将后患无穷。

3.2.5 加强诚信教育和营造诚信文化

美国制度经济学家埃里克·佛鲁博顿说过：“诚信是具有社会心

---

① 连维良：“创造性地做好新形势下的社会信用建设工作”，《信用中国》2018年第10期。

理学意义上的准宗教式的信念。”诚实守信的理念是社会信用体系运行的支撑。家庭、市场和政府是现代市场经济中信用主体的组织载体，要从三个层面来营造信用文化：一是普及诚信教育，推进公民道德建设工程，加强社会公德、职业道德、家庭美德和个人品德教育。二是树立诚信典型，深入开展诚信主题互动。三是从制度层面加强对信用文化的培育，遵守制度、法律、契约和承诺。

3.2.6　创新性推进专项治理

信用建设工作要与时俱进，要创新手段、创新举措、创新领域。重点包括七个创造性：创造性专项治理、创造性信用惠民、创造性信用监管、创新性运用红黑名单、创造性联合奖惩、创造性信用评价、创造性信用修复。[①] 我们要通过一系列制度安排，运用信用监管手段，加强事中事后监管，加快化解存量失信行为的社会影响，建立防范和减少增量失信行为发生的长效机制，实现标本兼治，全面增强市场监管能力，增进各类主体诚信意识，提升全社会诚信水平。

执笔人：张英杰　何亚斌

参考文献

[1] 任兴洲．建立市场体系——30年市场化改革进程．北京：中国发展出版社，2008

[2] 连维良．创造性地做好新形势下的社会信用建设工作．信用中国，2018（10）

[3] 中国人民银行征信管理局．现代征信学．北京：中国金融出版社，2015

[4] 吴晶妹．三维信用论．北京：中国当代出版社，2013

[5] 秦池江．强化信用观念，提供信用透明度——建立中国信用评级制度问题研讨会综述．中国金融，1988（5）

[6] 上海财经大学信用研究中心，上海国际金融中心研究院．2015中国金融发展报告——社会信用体系建设的理论、探索与实践．上海：上海财经大学出版社，2016

[7] 东湖信促会．武汉东湖示范区2017年社会信用体系建设总报告

① 连维良：“创造性地做好新形势下的社会信用建设工作”，《信用中国》2018年第10期。

[8] 以诚筑教稳步推进教育行业信用体系建设——访教育部负责人．中国改革报，2016 - 04 - 14，http：//www. creditsd. gov. cn/21/2476. html

[9] 刘梦雨，王砾尧．第三方力量．信用中国，2017（12）

[10] 李可，张子谏．大数据为诚信体系建设提供新契机．光明日报，2018 - 01 - 29，http：//theory. people. com. cn/n1/2018/0129/c40531 - 29791760. html/

[11] 王丽媛．中央文明委组织有关部门开展诚信缺失突出问题集中治理，着力提升全社会诚信水平．光明日报，2018 - 08 - 07

[12] 毛振华，闫衍，袁海霞，李诗．中国债券市场信用风险与违约案例研究．北京：中国社会科学出版社，2017

[13] 何亚斌．论产权市场信用风险防范．见《中国产权市场发展报告（2009 ~ 2010）》．北京：社会科学文献出版社，2010

[14] 张英杰，刘茜．六步走打造信用闭环，建立多层级社会信用治理模式．信用中国，2018（1）

[15] 2019 年政府工作报告．http：//www. xinhuanet. com/politics/2019lh/2019 - 03/05/c_ 1124194454. htm

[16] 连维良．从根本上扭转失信问题高发态势需要标本兼治．新华网，2019 - 03 - 06，http：//xhpfmapi. zhongguowangshi. com/vh512/share/5819601？from = groupmessage&isappinstalled = 0

专题报告十五

我国经济鉴证服务体系的发展与改革

从世界主要国家的市场经济发展实践来看，各类经济鉴证服务是构成市场经济体系的重要内容，其所提供的服务已成为市场机制对经济运行产生作用的一个重要环节，对市场经济体系的完善和治理发挥着十分重要的作用。大力培育和发展经济鉴证类体系，是我国深化经济体制改革的必然要求，也是转变政府职能的一项重要举措。经过改革开放40年的发育，我国经济鉴证类专业体系发展迅速，基本形成了市场化为主体的专业服务体系，以及适合我国国情的经济鉴证类专业服务的理论、方法和技术标准，并建立了相应的管理制度和相关的法律法规体系，拥有了一定规模的专业服务机构和专业人员，在维护正常的社会经济秩序，保证市场竞争的公平和公正，促进市场经济的发展，适应政府职能转变等方面发挥了重要作用。

1 经济鉴证类服务体系的发展现状与特征

伴随40年的改革开放历程，经济鉴证类专业服务体系已经发展成为社会主义市场经济体系重要的组成部分。

1.1 服务人员和机构数量规模不断扩大

随着我国社会主义市场经济的建立和发展，政府管理从全能型政府向服务型政府转变，专业化服务逐步从政府监管职能中分离出来，这为经济鉴证类专业服务迅猛发展提供了历史性机遇。目前，具有中国特色的经济鉴证类服务体系和服务标准形成并逐步完善，符合市场准入门槛的相关机构规模不断扩大和拥有专业资质的从业人员数量不断增加。

以律师专业服务为例，律师专业服务的快速发展是我国改革开放法治化进程的重要表现之一。1978 年五届全国人大通过了新的《宪法》，标志着司法制度和律师制度开始恢复。1979 年 12 月 9 日司法部发出一个关于恢复律师制度的通知，当时全国只有 212 名律师，律师业务仅限于刑事辩护、民事代理、代写法律文书、法律咨询等简单传统项目。自 20 世纪 90 年代开始，随着我国法治化进程加快，律师提供法律服务的范围不断丰富，更多地介入经济、金融、房地产等领域。截至 2016 年，全国律师事务所达到 2.6 万家，律师工作人员 32.6 万人（见图 15－1）。

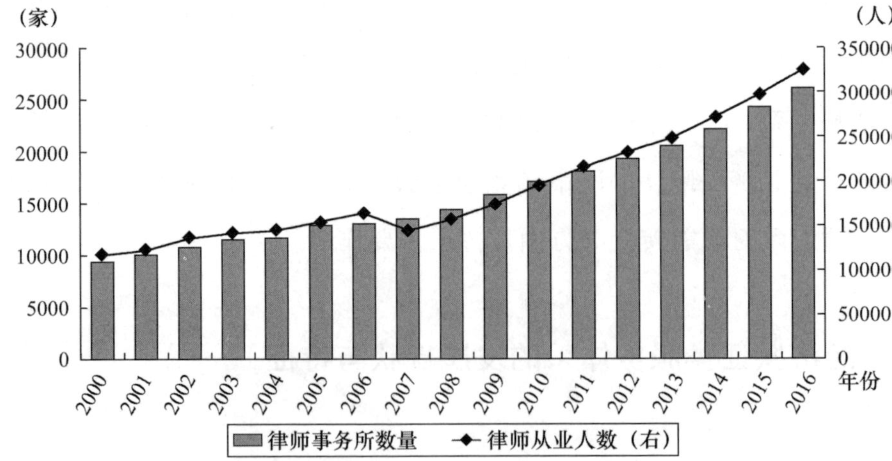

图 15－1　律师事务所与律师从业人员数量

资料来源：国家统计局。

公证服务是根据自然人、法人或者其他组织的申请，依照法定程序对民事法律行为、有法律意义的事实和文书的真实性、合法性予以证明的活动。截至 2016 年底，全国公证处 3006 个，有公证员 1.3 万人，办理公证文书 1221.6 万件，为社会主义市场经济信用体系建设提供了重要支撑。

在注册会计师领域，改革开放初期，我国急需引进外资参与国内经济建设，三资企业因此纷纷涌现。为此，按照国际通行做法，我国建立了注册会计师独立审计制度，为三资企业提供验资、查账和清算等审计服务，成为我国改善投资环境、吸引外资的必要条件。1991 年，全国会计师事务所有 459 家，批准注册会计师仅 6722 人，对改善当时的投资环境，吸引境外投资，发挥了积极的促进作用。由于经济社会的快速发展，各类经济组织和公共服务机构对注册会计师的需求激增，更多会计师事务所和从业人员应运而生。截至 2018 年一季度，全国有会计师事务所已达到 8674 家，年业务收入超过 10 亿元的会计师事务所 12 家，中国注册会计师协会的个人会员总数超过 24 万人，2017 年全行业业务收入超过 918 亿元，行业服务对象由 7 年前的 350 万家增至 420 万家以上。资产评估是评估机构及其评估专业人员根据委托对不动产、动产、无形资产、企业价值、资产损失或者其他经济权益进行评定、估算，并出具评估报告的专业服务行为。20 世纪 80 年代末期，由于社会主义市场经济的需要，资产评估应运而生。随着国有企业股份制改革推进，资产评估机构和从业人员数量迅速增长，我国资产评估行业进入一个高速发展的时期。目前，注册资产评估机构 3000 余家，注册资产评估师近 4 万人。

1.2 制度体系不断健全规范

一方面，在会计、审计、律师、资产评估等领域相继出台法律法规，为专业服务发展提供更加规范的路径。在会计领域，1980 年颁布的《中外合资经营企业所得税法实施细则》规定，合营企业向税务机关报送所得税申报表和会计决算报表时，应附送注册会计师查账报告。同年 12 月财政部发布了《关于成立会计顾问处的暂行规定》，这是我国注册会计师制度恢复重建的一个重要标志。1993 年 10 月八届全国人大四次会议通过《注册会计师法》，对注册会计师资格取得、会计师事务所设立、业务范围、执业准则、法律责任以及注册会计师协会职责做出系统规定，全面规范注册会计师行业的建设发展。在律师领域，1993 年 6 月，国务院批准了司法部《关于进一步深化律师工作改革的方案》，对律师体制进行了一次重大改革，律师不再是国家行政干部，成为社会提供法律服务的执业人员；律师事务所也不再是国家行政机关，成为社会主义市场经济条件下的法律服务机构。1996 年八届人大常委会第十九次会议通过了我国第一部《律师法》。2007 年《律师法》修订后，又出台了《律师置业管理办法》《律师事务所管理办法》等一系列法律法规。在资产评估领域，1991 年国务院 91 号令《国有资产评估管理办法》，使资产评估进入有法可依的阶段。2003 年《国务院办公厅转发财政部关于加强和规范评估行业管理意见的通知》（国办发〔2003〕101 号），针对企业改制、资产重组、中外合资与合作、产权交易，以及出租、抵押、保险等重大经济活动面临的新形势，提出严格评估专业资格设置管理，加强评估行业行政和自律性管理。2016 年《资产评估法》颁布，对于规范资产评估行为，保护资产评估当事人合法权益和公共利益，促进资产评估行业健康发展，维护社会主义市场经济秩序发挥了重要作用。

另一方面，在重点领域开展专项规范工作。由于专业服务发展初期，出现了一些“乱办、乱管、乱执业”等问题，为此，2000 年，国务院办公厅下发了《关于经济鉴证类社会中介机构与政府部门实行脱钩改制意见的通知》（国办发〔2000〕51 号），明确要求经济鉴证类机构必须与挂靠单位在人员、财务（包括资金、实物、财产权利等）、业务、名称等方面彻底脱钩。这项专项规范工作大大推动了与社会主义市场经济相适应的经济鉴证类机构管理体制建设，形成了更加符合市场经济要求的自律性运行机制，进一步促进经济鉴证类中介机构独立、客观、公正地执业，使这些机构真正成为自主经营、自担风险、自我约束、自我发展、平等竞争的经济组织。

1.3　国际化进程不断推进

2017 年 5 月习近平主席在“一带一路”国际合作高峰论坛上，深刻阐释了以和平合作、开放包容、互学互鉴、互利共赢为核心的丝路精神，为我国专业服务国际化提供了新的历史机遇。在全球经济一体化的大背景下，在构建符合我国国情的专业服务体系的同时，专业服务也不断与国际对接，这既是提升对外开放水平的要求，也是全面实现行业国际化发展的需要。

第一，服务标准与国际准则对接。例如，2006 年中国注册会计师协会正式发布 48 项审计准则，建立起一套适应市场经济发展要求、顺应国际趋同大势的新审计准则体系，实现了我国审计准则与国际准则的趋同。在此基础上，中国审计准则与发达市场经济国家和地区准则的互认工作不断推进，率先实现与中国香港审计准则的等效互认，为中国注册会计师职业国际化发展提供有力的技术支持。

第二，专业服务人才的国际化特征更加显著。例如，资产评估行业在规范境外并购市场经济秩序、引导资源全球范围内的合理配置、服务境外国有资本管理、维护公共利益等方面也将发挥重要的作用。

越来越多的资产评估人才更加熟悉国际商务规则，更加适应国际资产评估工作需要。此外，在部分专业服务领域与境外职业组织做出考试科目互免，更多的我国专业服务从业人员取得境外认可的职业资格。更加开放的行业后备人才培养机制形成，国内院校相关专业教学中也增加国际化内容，大力培养国际化后备人才。

第三，服务机构正在“走出去”。为了满足国内企业集团服务需求，以及应对日益激烈的国际竞争的需要，2007 年，中国注册会计师协会发布《关于推动事务所做大做强的意见》，其中提出大力发展能够服务于我国企业“走出去”战略，提供跨国经营综合服务的国际化事务所。同年，国务院九部委联合发布《关于支持会计师事务所扩大服务出口的若干意见》，支持有条件的事务所积极“走出去”，建立国际化服务网络，树立国际化品牌，服务我国企业“走出去”战略。在专业服务企业做大做强战略的指导下，国内大型专业服务机构展开了强强联合和走向国际的步伐，在设立境外执业机构、开拓境外业务方面取得阶段性成果。

2　我国经济鉴证类服务体系发展存在的突出问题

经过改革开放 40 年的发育完善，虽然我国经济鉴证类服务体系取得了长足的进展，但还存在一些不容忽视和亟待解决的问题和制度性障碍。

2.1　专业服务机构多而不强，综合竞争力较弱

随着经济体制改革和对外开放的推进，市场经济不断发展，客观上对各类经济鉴证专业服务的需求快速增长，各类专业服务中介机构

迅速兴起，中介机构数量迅速膨胀，但由于管理经验不足，准入机制不健全，出现了盲目发展的现象。加之人才队伍跟不上机构发展的速度，从业人员良莠不齐，执业水平偏低，综合竞争力不强，严重制约和影响着专业服务中介市场的发育，也降低了人们对专业服务社会中介机构的信任度。以会计师事务所为例，截至2017年3月31日，仅在中国注册会计师协会注册的非执业的个人会员227728人，团体会员（会计师事务所及其分所）8461家。扣除40多家证券所和100强的大中型所，中小所应该有8000多家。而世界四大会计师事务所中，仅普华永道在全球152个国家中就设有860余家分公司和办事处，超过155000名的专业人才。正因为如此，我国证监会要求上市公司必须有境外会计师事务所出具的审计报告；由于我国长期缺乏熟悉国外会计制度和相关法规的人才，以至于国内企业到海外上市，往往是聘请国外会计师事务所、律师事务所和资产评估机构。我国专业服务中介机构多而不强，综合竞争力明显偏低。

2.2　行政干预和条块分割依然存在，各类专业服务机构的独立性和公正性有待加强

独立、客观、公正是经济鉴证类服务中介机构最突出的特征。我国经济鉴证类服务中介机构最初基本上实行由行政单位发起设立的体制模式，形成了一开始中介机构依靠行政权力承揽和垄断专业中介服务业务的市场格局，引发种种弊端。针对这种制度带来的弊端，1999年和2000年，先后出台《国务院办公厅关于清理整顿经济鉴证类社会中介机构的通知》和《关于经济鉴证类社会中介机构与政府部门实行脱钩改制的意见》，要求挂靠单位必须与以本单位名义兴办或挂靠本单位的中介机构在人员、财务、业务和名称等方面彻底脱钩改制，中

介机构由具有专业执业资格的人员投资发起以合伙制或有限责任制设立。实践证明，脱钩改制在很大程度上摆脱了挂靠单位的行政干预和执业人员对挂靠单位的依赖，较好地还原了专业中介机构“独立、客观、公正”的地位。但仍有部分地方存在虚假脱钩改制、标准不一的问题，加之以行业主管部门为依托的房地产交易所、土地交易所、拍卖公司等未列入清理整顿的范围，使得部分专业服务社会中介机构脱钩改制存在不彻底的情况，行政干预和条块分割依然存在，导致种种弊端难以消除。一是市场分割，垄断执业，大大削弱了专业服务中介机构所必须具备的独立性和公正性。在专业服务领域仍存在条块分割的体制障碍。以资产评估业务为例，分别被国资、国土、建设行政管理、乡镇企业行政管理以及农经管理部门分割和垄断，不仅如此，行政干预主导下的地区封锁问题也十分突出。二是政府职能市场化，强制服务收费的现象时有发生，提高了交易成本。以房地产交易为例，无论交易当事人是否要求评估，交易当事人都必须无条件先交房地产评估费。三是行政干预现象仍然突出，影响专业服务的公正性和独立性。一些职能部门利用行政手段干预专业服务中介机构依法行使职责。如：变相干预注册会计师、律师执业甚至是律师的办案程序，部分政府职能部门将行政权力以各种方式渗透到专业服务执业中去，或者将一些属于专业服务的业务抓在手里，尚未真正实现政府职能的转变。

2.3 法律法规体系不尽完善，执业法律环境有待进一步改善

经济鉴证类专业服务是依据法律规定以及按照政府的调控和治理要求开展各类鉴证和监督服务活动，是市场经济活动的监督者。因此，与其他服务行业相比，经济鉴证类专业服务对法律制度和法律环境有

更高的要求。目前，我国经济鉴证类专业服务相关法律、法规体系仍不完善，专业服务执业环境有待改善。一是法律、法规和制度体系不健全，致使部分专业服务中介机构在执业中无法可依。除律师和注册会计师有《律师法》和《会计师法》外，其余专业服务行业都存在法律法规不健全、法律层级过低甚至规章制度混乱的情况，对部分中介机构的职责义务界定不清，一些中介机构借机钻法律空子，置委托人的信任于不顾，采取不负责任的态度，只顾收取中介费，却不顾委托人的满意程度和服务质量要求，常常导致委托人受损，而法院又无法支持委托人的诉讼。二是相关法律法规过于笼统、原则，给专业服务中介机构执业造成困扰。以律师为例，《律师法》中律师事务所和法律事务所、律师与法律工作者、企业法律顾问等也存在职责不明、范围不清的问题，有些地方律师事务所、法律事务所并存，群众不明白它们有什么区别，难以选择。部分法律对某些执法程序和执法环节缺乏更明确的规定，一些法律规定弹性太大，不同中介机构的理解和执行标准不统一，给依法服务带来困扰。

2.4　行业监管和行业自律相对不足，无序竞争和低水平执业问题依然存在

经济鉴证类专业服务门类较多，服务面向经济发展的各个领域，部分专业服务机构如会计师事务所、律师事务所、资产评估事务所已初步实现了规范化和法制化的管理，但有关部门对各类中介机构的有效、全面的规范和监管还停留在较低的层次上，缺乏有效、统一的监管措施，对许多中介机构尚处于无序和缺乏有效管理状态。互联网、知识经济的出现，催生了新型的企业管理模式及经营方式，进而创造出许多新型的中介服务项目，迫使不同类型的中介机构提供的服务不

断进行分解与重新组合，跨部门、跨行业的中介机构之间联合、重组不断出现，会计、评估与律师业之间的界限也由此变得越来越模糊，也导致了监管领域的空白。加之部分专业服务行业自律缺失，部分专业服务业的行业协会未能有效承担起行业管理、服务、自律、代表、协调职能，一些市场中介机构的经营行为很不规范。如：一些中介机构出现诸如压价竞争、业务回扣等低水平无序竞争的问题，在社会上引起了某种程度的混乱；有的专业服务中介机构内部管理混乱，层层承包经营，出具虚假验资报告和内部审计报告，提供虚假证明材料；有的市场中介组织还勾结不法分子，出具和伪造虚假的验资报告来非法牟利。

2.5 行业诚信体系建设滞后，执业诚信环境仍需继续完善

诚信是经济鉴证类专业服务赖以生存和发展的基础，靠长期客观、公正、独立执业和高水平执业水准和业务成果积累而来。在我国众多的证券公司、会计师（审计师）事务所、律师事务所和资产评估机构等专业中介服务机构和执业人员中，资信很高、深受投资者信任的却并不多。特别是与国外知名的中介机构相比，我国证券市场中介服务机构的资信相距甚远。一些专业服务中介机构和执业人员甚至为各种利益所诱惑，陷入五花八门的鉴证造假事件中。例如：我国就先后出现过“银广夏”等上市公司报表造假及“中天勤”事务所舞弊事件，执业的注册会计师编造虚假财务报表，出具虚假审计报告，有的在国有资产、评估、土地评估和工程审计时，有意高估或者低估，造成国有资产的大量流失，资产评估师出具虚假的验资报告等违规违法行为并不鲜见。这在很大程度上与我国诚信体系建设整体滞后，专业服务中介机构和从业人员缺乏必要的监督机制、执业操守和诚信规范

密不可分，同时，对失信机构及个人缺乏必要的惩戒机制，惩戒的强制力和处罚力度不足，也恶化了专业服务执业的诚信环境。

2.6　扩大对外开放，放宽外资准入限制，内资专业服务机构面临较大的竞争压力

由于涉及的门类较多，专业特点各异，经济鉴证类专业服务市场开放程度和步伐不尽相同。加入 WTO 以后，特别是近年来，随着我国服务业的快速发展，大幅扩大了专业服务业的对外开放，基本形成了全方位、多领域、深层次的对外开放格局。对外开放对我国专业服务业来说，其影响是一把“双刃剑”。一方面，由于外资专业服务中介机构发展历史较长，规模大，服务范围广，执业水平高，信誉好，抗风险能力强，与国际同行的竞争、合作和交流将给内资专业服务机构带来更多的直接经验，有利于国内专业人才素质的提高以及职业道德和执业水平的进一步提升，加快我国专业服务领域运行机制的不断完善以及行业管理的国际化、规范化，直接推动我国专业服务业的发展。同时还会产生一些间接的积极影响：如促进国内社会中介专业服务市场的加速整合、规范，加速政府转变职能，国内市场体系加速建立和完善；同时，也有利于国内企业的外向型发展。

另一方面，对于执业水平相对低下、信誉较差、规模中小的专业服务中介机构来说，也不可避免地面临巨大压力甚至生存的挑战。突出表现为垄断性竞争加剧，在激烈的竞争中内资机构被迫让出部分国内优质高端市场。以注册会计师服务为例，根据我国的现行政策，要求在境外（B 股、H 股）上市的企业应当分别聘请中外两家会计师事务所进行审计，境外会计师事务所自然垄断了一部分业务；同时，外资机构还通过中外合作事务所、成员所占领了一部分国内业务。全国

业务收入前10名均为涉外会计师事务所，其中中外合作所占8家。对外开放中，外资跨国企业在带来投资、技术、人才、管理方法的同时，也带来了国际专业服务机构，内资机构被迫让出部分国内专业服务市场在所难免，面临更大的竞争压力。

3 我国经济鉴证类专业服务体系发展思路与改革建议

经济鉴证类专业服务的发展关系到现代市场体系的建设和完善，也关系到经济发展和产业结构的优化，其发达程度是衡量一国市场经济发展水平的基本标志。加快完善现代城市体系，迫切需要加快相关体制机制改革，更好促进经济鉴证类专业服务体系发展。

3.1 进一步促进各类专业服务机构发展

一是要进一步促进整合和统一管理，做大做强各类专业服务中介机构。鼓励专业服务中介机构跨地区联合、兼并、重组，培育一批综合实力强的中介机构，发展一批有专业特色的中介机构，走产业化发展的路子。

二是进一步转变政府职能，杜绝行政干预，减少条块分割，还原专业服务机构的社会中介服务职能。结合政府职能转变，进一步明确专业服务中介机构在经济社会活动中的作用，应由中介机构承担的社会职能交由中介机构行使。杜绝行政干预，防止垄断、鼓励竞争，按照公平、竞争的原则择优选定中介机构。除现行法律、行政法规另有规定外，法人、自然人有权自主选择并委托具有相应资质的中介机构为其提供服务，行政管理部门不得以任何形式进行干预。

三是严格准入制度，确保各类专业服务中介机构的独立性和公正性。对专业服务中介机构实行严格的专业资质认定制度和执业人员执业资格制度，除法律、行政法规另有规定外，中介机构的设立不进行前置审批，新设立的中介机构可直接到登记管理部门登记注册。

四是加强与国外相关专业服务机构的交流与合作，提升执业水平。积极吸引国内、国际知名中介机构在设立分支机构或总部，大力促进国内中介机构与国外同业机构进行业务交流等多种形式的合作。拓展海外市场，借助国际知名中介机构的品牌、人才、网络资源，重点发展一批与国际惯例接轨的会计师、律师、资产评估、房地产中介服务等专业服务社会中介机构。

五是重视人才队伍建设。多渠道引进和培养具有中介机构执业资格的各类人才。

3.2　进一步改善执业环境和加强监管

一是不断完善各类专业服务行业的法律法规和规章制度，改善和提升执业环境。大力借鉴国内外先进的管理办法和经验，结合我国的实际情况，不断改进和完善对专业服务机构的市场准入与监管等的法规、制度和办法。认真执行国家有关部门制定的《中介机构服务收费管理办法》，对中介机构收费实行政府定价、政府指导价和市场调节价分类管理。对实行政府定价和政府指导价的中介服务，要合理制定收费标准，并严格加强监管；对实行市场调节价的中介服务，要严禁强制服务。

二是规范中介机构的组织形式。专业服务中介机构的设立应当采用合伙制或有限责任公司制，条件成熟时可积极探索新的设立形式。

三是加强专业服务中介机构的诚信建设。坚持“法律规范、政府监督、行业自我管理”的原则，规范专业服务中介机构。按法律、行政法规的规定实行专业资质认定制度，其执业人员实行执业资格制度，健全中介机构和执业人员的年度资格审核制度。严格按照执业资格、资质等级、经营范围从事中介服务。逐步建立和完善专业服务中介机构信用评估机制，在行业内建立违法违规记录制度，实行行业停业整顿制度，探索机构违规禁入的处罚办法。要切实加强自身建设，坚持独立公正原则，健全内部管理制度，提高从业人员素质和服务质量，强化法律责任、诚信意识、职业道德和社会责任感，从根本上改善中介机构的公众形象和公信力。

四是改善行政管理部门的指导和监督。各行业业务管理部门要加强对本行业中介机构的业务指导和监督，依法审批进入本行业的中介机构和执业人员；加大行政执法力度，依法监督、依法查处中介机构和执业人员的违法违规行为；对行业协会制定的执业规则和操作程序实行备案监督等。登记管理部门要继续把好中介机构的行业准入关，与行业业务管理部门一起严格执行有关规定，严禁执业人员资格不符合条件的中介机构进入本行业。对已经不具备继续执业资格的中介机构和执业人员要及时依法停止执业。

五是充分发挥社会舆论的宣传、监督作用。新闻媒体或大型招商活动要向社会推介有实力、信誉高的专业服务中介机构，树立中介机构的优秀品牌和良好的公众形象。对中介机构的无照执业、弄虚作假等违法行为，进行曝光揭露。行业协会应定期向社会公布对经济鉴证类社会中介机构的信用升级、降级及重大违规行为的处罚情况。

3.3 加强行业组织建设和强化行业自律

一是加强和完善各类专业服务行业组织建设协会。改变过去由政府有关行政管理部门发起组建行业协会的办法，原则上由中介机构依法自发组建行业协会，与政府行政管理部门彻底脱钩，一些行业特点不明显的行业协会要进行归并、重组，实行规范管理。专业服务中介机构的行业协会应按照国际惯例和推广律师协会、注册会计师协会的做法，逐步实行当然会员制，即进入专业服务行业的执业人员和机构都应加入行业协会，成为个人或团体会员，接受行业协会的监管。

二是强化行业组织作用，增强行业管理、服务、自律、代表、协调职能，维护会员的合法权益。各行业协会应制定和完善本协会的章程、行业职业道德准则、执业人员执业规范、行业内机构和人员惩戒制度等规范性管理办法。清理不适应行业协会发展的政府规章和政策措施，进一步转变政府管理经济社会活动的方式和方法，逐步形成政府管理行业协会，行业协会管理中介机构的新型管理体系。

三是加强行业协会的组织建设。行业协会要进一步明确工作定位、转变职能，健全民主决策和选举制度，完善内部工作制度。

四是加强政府监管和推动同业互检。各专业服务行业协会要采取多种途径和方式，与政府有关行政管理部门建立密切联系和合作关系，通过业内互查、巡检、年检和各种方式的抽查，进一步制定和完善日常监管的行业准则。建立行业内的"执业信息库"，完善信息管理系统，推动行业的诚信建设。

执笔人：漆云兰　刘卫民

参考文献

[1] 李勇主编. 经济鉴证类社会中介服务行业发展理论研究. 北京：中国财政经济出版社，2001

[2] 任兴洲，王微主编. 服务业发展制度、政策与实践. 北京：中国发展出版社，2011

[3] 石良平，沈桂龙等. 中国服务业扩大开放与服务贸易发展. 上海：上海交通大学出版社，2016

[4] 任兴洲主编. 建立市场体系：30 年市场化改革进程. 北京：中国发展出版社，2008

[5] 李晓西主编. 中国经济改革 30 年. 重庆：重庆大学出版社，2008
[6] 任兴洲. 影响我国经济鉴证类服务业发展的制约因素分析. 经济研究参考，2011（40）
[7] 李善同，侯永志，李云. 加入世贸组织：中国服务业发展的挑战与对策，国务院发展研究中心《调查研究报告》，2002
[8] 王焕岳. 对清理整顿经济鉴证类社会中介机构的思考. 财经理论与实践，2002（115）
[9] 我国法律服务市场对外开放的风险与机遇. http：//chinawto. mofcom. gov. cn/article/br/bs/201801/20180102694277. shtm
[10] 发展改革委　商务部令 2018 年第 18 号　外商投资准入特别管理措施（负面清单）（2018 年版）. http：//www. mofcom. gov. cn/article/b/f/201806/20180602760432. shtml

专题报告十六

我国市场经济法律体系建设

在我国实行改革开放，推进社会主义市场经济的40年中，市场经济法律体系建设经历了起步、发展、丰富、完善和全面提升的过程。特别是在党的十八大以来，市场经济法律体系建设进入了全面提升、日益完善的新时代。总结历史，我国的市场经济法律体系建设走出了一条与市场化改革同步、渐进式的道路。以政策为先导引领改革，地方先行先试，充分发挥法治对改革的引领、推动和保障作用，实现了发展中所需要的秩序和稳定，国家治理理念实现了由“法制”向“法治”的转变。

1　我国市场经济法律体系建设历程与主要进展

总体而言，可以将我国改革开放40年市场经济法律体系建设的发展进程分为以下几个重要阶段。

1.1　市场经济法律体系建设的起步阶段（1978～1992年）

20世纪70年代末，中国共产党总结历史经验，特别是汲取“文化大革命”的惨痛教训，在1978年12月召开的中央工作会议闭幕式上，邓小平在《解放思想，实事求是，团结一致向前看》的重要讲话里指出：“为了保障人民民主，必须加强法制。必须使民主制度化、法律化，使这种制度和法律不因领导人的改变而改变，不因领导人的看法和注意力的改变而改变。”明确了要靠法制治理国家的理念和原则。在1978年12月18日召开的中共十一届三中全会上，做出把党和国家的工作重心转移到经济建设上来，实行改革开放的伟大决策，并提出“有法可依，有法必依，执法必严，违法必究”的法制建设方针。这个阶段是我国经济体制改革的初始阶段，在发展社会主义民主、健全社会主义法制的基本方针指引下，我国开启了市场经济法律体系建设的历史进程，主要体现在以下几个方面。

一是宪法及宪法相关法律的建立和发展，为市场经济法制建设提供了制度基础和基本保障。1982年的五届全国人大第五次会议审议通过了现行的《中华人民共和国宪法》，随后1988年的宪法修正案规定国家允许私营经济在法律规定的范围内存在和发展。并且先后颁布实施了一批国家机构方面的法律，建立和完善了人民代表大会制度和国家机构体系。

二是调整了农村生产经营政策，开启了农村改革的进程。十一届三中全会后，一些重要的农业方面的文件相继制定和发布施行，有力地推动了农村改革的进程。比如1980年9月，中共中央印发了《关于进一步加强和完善农业生产责任制的几个问题》，全面推行“包产到户”的联产责任制。在农产品流通领域，自1985年开始，取消了粮食和棉花等农产品统购，农村集贸市场重新获得了合法地位。

三是初步建立了与经济体制改革和对外开放相适应的市场主体法律制度。改革开放初期，一方面为吸收利用外资，引进国外先进技术和管理经验，国家颁布了《中外合资经营企业法》《中外合作经营企业法》《外资企业法》等外商投资企业法律。另一方面，为推动国有企业改革，落实多种所有制经济共同发展，先后颁布了《全民所有制工业企业法》《全民所有制工业企业转换经营机制条例》《城镇集体所有制企业条例》等一系列反映改革开放要求的市场主体法律、法规。

四是初步建立了知识产权法律制度，鼓励知识创新，推进技术进步。国家先后颁布实施了《商标法》《专利法》《著作权法》等知识产权法律、法规，同时初步建立起了司法审判与行政执法协调运作的知识产权执法保护机制。

五是初步建立了适应对外开放、促进对外经贸和人员往来的法律制度。国家颁布实施了《海商法》《海关法》《外国人入境出境管理法》《公民出境入境管理法》等法律法规，适应了对外开放环境下对外经贸活动和人员交流的需要。

六是初步建立了资源和环境保护的法律制度。国家将资源节约和环境保护确立为基本国策，先后颁布实施了《土地管理法》《森林法》《草原法》《环境保护法》《水污染防治法》《大气污染防治法》等资源和环境保护方面的法律、法规，初步建立起了资源节约和环境保护方面的法律体系。

这个阶段的市场经济法律体系建设体现了经济体制改革和对外开放的基本要求，特别是颁布实施的企业法律制度、知识产权制度突出体现了我国从传统计划经济向市场化改革和转型的需要。但是，由于这阶段是我国经济体制改革的初始阶段，市场体系发育尚不健全，市场经济法律体系尚处于起步阶段，有关市场竞争和市场管理、宏观调控方面的法律制度尚不健全。

1.2 市场经济法律体系建设的发展阶段（1993～2000年）

1992年1月18日至2月21日，邓小平先后到武昌、深圳、珠海、上海等地视察，并发表了一系列重要讲话。邓小平南方谈话标志着我国改革开放第二次浪潮的掀起，对我国20世纪90年代的经济改革与社会进步起到了关键性的推动作用。1993年11月党的十四届三中全会做出《关于建立社会主义市场经济体制若干问题的决定》，正式确立了“建立社会主义市场经济体制”作为国家经济体制改革的目标。1993年宪法修正案明确规定了“国家实行社会主义市场经济”“国家加强经济立法，完善宏观调控”。1999年第九届全国人大把“依法治国，建立社会主义法治国家”写进宪法，使我国的民主法治建设达到新的高度，我国的市场经济法律体系建设进入了一个快速发展的新阶段。主要体现在以下几个方面。

一是实现了市场主体法律制度向以组织和责任形式为导向的立法转变，适应了市场经济对市场主体的基本要求。国家先后颁布实施了《公司法》《合伙企业法》《个人独资企业法》等有关市场主体法律、法规。特别是《公司法》为建立现代企业制度、保障公司投资者和利益相关人的合法权益奠定了制度基础。同时，国有企业改革也进入一个新的阶段，大量国有企业通过公司制改造，建立了现代企业制度。

二是不断加强民商事立法，符合社会主义市场经济要求的民商事法律制度基本形成。国家先后颁布实施了《合同法》《担保法》《保险法》《证券法》等重要立法，特别是“统一合同法”的颁布实施，健全了债权制度，确立了合同自由原则，成为商品流转关系的基本规范。

三是不断加强市场管理和宏观调控方面的法律制度建设。为了适应市场经济健康发展和国家干预经济活动的需要，国家一方面通过法律手段来维护市场公平竞争、规范市场管理，保障消费者合法权益。

另一方面，运用法律手段对经济进行宏观调控，有效地发挥国家发展规划和产业政策在宏观调控中的导向作用，提高了宏观调控水平。主要立法有《反不正当竞争法》《产品质量法》《消费者权益保护法》《食品卫生法》《广告法》《价格法》《人民银行法》《预算法》等等。

这个阶段的市场经济法律体系建设体现了我国的改革开放进入了新的历史阶段，现代企业法律制度、民商事法律制度基本形成，规范市场管理与宏观调控的经济法律制度初步建立，依法管理、依法治市，体现了国家实行社会主义市场经济的基本要求，也体现了我国市场经济法律体系建设理念从“法制”向“法治”的转变，为我国社会主义市场经济体制的建立和发展提供了制度保障。

1.3　市场经济法律体系基本形成阶段（2001～2011年）

这个时期，随着我国社会主义市场经济体制的日益完善和加入世界贸易组织，我国全面参与国际经济循环，经济制度不断与国际接轨，市场逐步全面对外开放。同时，以互联网为代表的信息技术发展促进了连锁经营、物流配送、电子商务等现代流通方式快速发展，新兴经济不断发展。为满足市场经济发展的需要，与之相应，我国的市场经济法律制度不断丰富，较为完善的市场经济法律体系基本形成。主要体现在以下几个方面。

一是对外贸易和对外开放的法律制度不断地丰富与完善。2001年加入世界贸易组织后，我国通过制定、修订《对外贸易法》等相关法律、法规，建立起符合中国特色的统一、透明的对外贸易制度。同时，按照入世承诺，我国对利用外资和对外经贸领域内的有关法律、法规、部门规章和其他规范性文件进行了清理，我国的对外开放水平进入一个全新的阶段，融入了新的全球化的浪潮。

二是保护市场竞争、维护市场秩序的法律体系不断完善。反对垄断、维护公平竞争的市场秩序是完善我国市场经济法制建设的重要领域。首先，《反垄断法》被称为“经济宪法”和市场经济的“大宪章”。我国2007年颁布的《反垄断法》，对于制止垄断行为，保护公平竞争，具有十分重要的意义。《反垄断法》实施后，相关政府部门和反垄断执法机构在执行层面上，针对其职责范围从实体规则和程序规则两方面进行了法律制度的细化，我国反垄断法律制度日趋完善。其次，在规范市场行为方面，2005年8月《直销管理条例》和《禁止传销条例》正式出台，为工商行政管理机关开展打击传销和监管直销工作提供了保证。2007年国务院通过了我国商业特许经营管理方面第一部行政法规《商业特许经营管理条例》。在食品药品监管方面，我国先后出台了《食品安全法》《药品管理法》等有关的法律、法规，使我国在市场秩序、食品、药品安全治理等方面取得明显成效。

三是民商事立法进一步完善，物权、债权、知识产权等各类产权保护法律制度不断地丰富和完善。2007年3月全国人大通过了《物权法》起到了明确物的归属，发挥物的效用，保护权利人物权的重要作用。2006年8月通过的《企业破产法》为规范企业破产程序，公平清理债权债务，保护债权人和债务人的合法权益起到了重要作用。为了与世界贸易组织的要求相一致，我国修改完善了《商标法》《专利法》《著作权法》的相关规定，提高了知识产权保护的水平。另外，我国先后颁布实施了《计算机软件保护条例》《信息网络传播权保护条例》《知识产权海关保护条例》等行政法规。最高人民法院、最高人民检察院制定了大量的司法解释，推动了知识产权刑事案件、行政案件和民事案件的审判工作。这些民商事立法为维护国家基本经济制度，维护社会主义市场经济秩序和各类产权保护提供了制度基础。

四是环境保护和绿色发展的法律制度日益完善。进入21世纪后，在我国经济转型发展的背景下，绿色经济、绿色发展的政策制度逐步完善，先后制定并实施了《循环经济促进法》《清洁生产促进法》《固体废物污染环境防治法》等一系列环境保护、绿色发展方面的法律、法规以及规章，为我国绿色发展和生态文明建设提供了法制保障。

五是加强了网络与电子商务方面的立法，为新经济发展保驾护航。跨入信息化、网络化的21世纪之后，网络经济和电子商务快速发展。为了网络经济和电子商务的健康、快速发展创造一个良好的法律环境，我国先后颁布实施了《关于维护互联网安全的决定》《电子签名法》《电信条例》《互联网信息服务管理办法》等法律、法规。其中《电子签名法》被称为“中国首部真正意义上的信息化法律”。另外，最高人民法院也发布了相关的司法解释，保障和推动了网络相关争议案件的司法解决。

这一阶段我国的市场经济法律制度不断丰富，不断完善，适应我国市场经济发展的具有中国特色的法律体系框架基本形成并不断发展和完善，为我国经济的全球化、国际化和现代化发展提供了制度支撑。

1.4　市场经济法律体系建设的全面推进和提升阶段（2012年以来）

党的十八大以来，统筹推进“五位一体”总体布局、协调推进“四个全面”战略布局，党的十八届三中全会审议通过了《中共中央关于全面深化改革若干重大问题的决定》，提出全面深化改革的总目标是完善和发展中国特色社会主义制度，推进国家治理体系和治理能力现代化。十八届四中全会出台了《中共中央关于全面推进依法治国若干重大问题的决定》，确立了建设社会主义法治国家的总目标。党的十九大做出了“中国特色社会主义进入新时代”的重大判断，明确了“两步走”战略的路线图与时间表。在新时代全面依法治国的战略方针指引下，法治中国建设驶入“快车道”。在此背景下，市场经济法律体系建设也进入一个全面推进、全面提升的新时代。其主要体现是在以下方面。

一是宪法制度不断修改完善，为我国经济社会发展提供了根本法的保障。2014 年 11 月，全国人大常委会通过关于设立国家宪法日的决定，将 12 月 4 日设立为国家宪法日。2015 年 7 月，全国人大常委会通过了关于实行宪法宣誓制度的决定，建立了宪法宣誓制度。2018 年 3 月，第十三届全国人民代表大会第一次会议通过了《宪法修正案》，完善了依法治国和宪法实施举措，增加有关监察委员会的各项规定。通过宪法修改，我国宪法又一次得到重大完善，同时也成为新时代市场经济法制建设的根本依据。

二是以公平为核心原则的产权保护制度不断加强，相关的民商立法日臻完善。2016 年 11 月中共中央、国务院发布了《关于完善产权保护制度依法保护产权的意见》，提出了加快推进民法典编纂工作，完善物权、合同、知识产权相关法律制度。党的十八届四中全会也提出编纂民法典，建立与全面小康社会相适应的民事法律制度。2017 年 3 月十二届全国人大第五次会议通过了《民法总则》，至此，我国完成了编纂民法典任务的第一步，也标志着我国的民事法律制度日臻完善。另外，修改完善了《商标法》《商标法实施条例》《植物新品种保护条例》《计算机软件保护条例》《著作权法实施条例》等知识产权法律、法规，加大了知识产权保护力度。

三是行政法制建设全面推进，法治政府建设取得重大进展。党的十八大以来，按照全面依法治国的战略布局，依法行政深入推进，法治政府建设加快。全国人大立法机关修改完善了《行政诉讼法》《行政复议法》等相关立法，同时不断加强重点领域政府立法，实现了立法和改革决策的统一和衔接，并建立起了行政法规、规章和规范性文件清理的长效机制。2015 年 12 月中共中央、国务院印发了《法治政府建设实施纲要（2015—2020 年）》，对法治政府建设的指导思想、总体目标、主要任务和具体措施、组织保障和落实机制做出了全面的部署。同时，大力推行权力清单、责任清单、负面清单制度并实行动态管理，正确地处理了政府与市场的关系，推进了国家治理体系和治理能力现代化。

四是完善和加强了宏观调控和市场监管方面的法律制度。在全面深化改革总目标之下，全国人大常委会先后修改了《预算法》《政府采购法》《药品管理法》《消费者权益保护法》《反不正当竞争法》等法律，充分发挥了立法对宏观调控和市场监管的引领、推动和保障作用，体现了立法与改革决策相衔接。

五是修改和完善了市场主体法律制度。为了激发各类市场主体创造活力，降低准入门槛，优化营商环境，转变监管方式。全国人大常委会 2013 年修改了《公司法》，2014 年 2 月国务院印发了《注册资本登记制度改革方案》，并相应修改了有关行政法规。另外，2016 年 9 月全国人大常委会做出了修改《外资企业法》《中外合资经营企业法》《中外合作经营企业法》《台湾同胞投资保护法》四部法律，决定对外商投资企业和我国台湾同胞投资企业不涉及国家规定实施准入特别管理措施的，不再实行审批管理，适用备案管理。

六是加强和完善了环境保护和生态文明法律制度。党的十八大把生态文明建设纳入“五位一体”的总体布局中，十八届三中全会、四中全会又进一步提出要加快生态文明制度建设，用严格的法律制度保护生态环境。全国人大新制定了《环境保护税法》《深海海底区域资源勘探开发法》，并修改完善了《环境保护法》《大气污染防治法》《水污染防治法》《环境影响评价法》等法律。特别是新修改的《环境保护法》，对环境违法行为加大了法律制裁，强化了政府对环境保护的监督管理职责和企业防治污染的主体责任，标志着我国的生态文明法律体系日趋健全和完善。

这一阶段我国的市场经济法律制度体现了全面深化改革开放和全面推进依法治国的总要求，体现了鲜明的新时代特色，正确处理了政府与市场的关系，推进了国家治理体系和治理能力现代化。

2 我国社会主义市场经济法律制度建设面临的主要问题

2.1 面对市场发展新需要，仍然存在立法不足和立法质量不高的问题

改革开放带来市场经济快速发展，我国法律制度建设取得卓越成就，这些法律法规为我国社会主义市场经济法治化建设提供了有力的保障和推动作用。但是从现状看，仍然不能满足当今市场经济发展需要，特别是共享经济、互联网、人工智能等虚拟经济、新兴市场的发展，市场的多样性、多变性，使得基于实体经济社会关系制定的法律制度应对不足，虚拟经济下的公平竞争、知识产权的保护等问题亟待解决。

在立法质量上，还存在着一定程度的立法冲突和矛盾问题，包括下位法和上位法相互抵触的问题，比如《公司法》和《企业国有资产监督管理条例》的不同规定就形成了国有控股公司治理和国资监管的

矛盾问题，制约了公司的自主发展和自主经营权。另外，部分地方性法规和部委规章在一定程度上存在着部门利益和地方保护主义的倾向和问题，也存在着重复立法和立法冲突的问题。比如许多地方大量存在重复立法的现象，一定程度上浪费了立法资源，且地方立法的特色和创新性不足，这在一定程度上也影响了立法的质量。“究其原因，主要还是将地方立法的任务局限于根据中央立法或上位法制定在本地贯彻落实的实施细则和配套措施这样狭隘的范围里，因而表现为地方立法不敢贸然进行自主性和创新性立法。”[①] 同时，改革发展对立法提出了新要求，需要以立法做好顶层设计、引领改革进程、推动科学发展。

2.2　在深化改革、进一步开放市场的背景下，行政执法和市场监管模式亟待转变

改革开放40年是一个制度变迁、制度框架重构的过程，也是市场放开与政府管制不断调整的过程。从计划经济向市场经济转轨过程中，市场监管主要是采用行政监管模式，然而在当今市场开放、新兴市场发展的背景下行政监管模式显得力不从心，面对商品多样化、交易复杂化、国际化，以及市场主体与市场行为实体与虚拟结合的现状，现有的法律、法规和市场监管制度，监管效果大大降低，以政府为主体的单一监管模式不能有效克服市场失灵，存在过度监管或“政府失灵”的风险，需要及时调整和创新监管思路，构建符合市场良性发展和监管规律要求的新型监管机制。

---

① 冯玉军：“中国法治的发展阶段和模式特征”，《浙江大学学报》（人文社会科学版），2016年3期，第108页。

2.3 与法治化营商环境和新时代发展相适应的司法制度和多元化纠纷解决机制尚需要进一步健全

改革开放40年也是我国司法体制改革不断推进的历史过程，司法作为维护社会公平正义的最后一道防线，公正、高效、廉洁的司法在化解民商事和经济纠纷中的作用毋庸置疑。但是，与其他社会领域的矛盾和纠纷类似，经济活动领域也出现了“诉讼爆炸”现象。案件数量的迅速增长，造成司法资源较为紧张，纠纷不能及时、妥善处理，纠纷解决成本居高不下，对纠纷当事人造成较大的诉累。同时，部分经济纠纷化解不当造成缠讼、信访等不良现象影响了司法公信力，降低了司法效率。另外，新一代信息技术革命带动新经济、新业态的出现，较为复杂的新型经济活动纠纷不断涌现，也对传统的纠纷解决机制提出了新的挑战。因此，深化多元化纠纷解决机制改革，完善和解、调解、仲裁、公证、行政裁决、行政复议与诉讼有机衔接、相互协调的多元化纠纷解决机制，为当事人提供高效、快捷、低成本、多元化的纠纷解决途径，仍然是我国市场经济法制建设中的一个重要问题。

3 我国市场经济法律体系建设的方向

经过改革开放40年的发展，我国的市场经济法制建设取得了历史性的成就，积累了丰富的成功经验，但仍存在一些急需解决的问题，在全面推进依法治国的新时代背景下，我国的经济社会发展也对市场经济法律体系提出了新的要求：一是贯彻落实社会主义法治理念和全面推进依法治国对我国市场经济法律体系建设提出了新的要求。这就要求我们必须坚持科学立法、民主立法、坚持法制统一、坚持体系完备，继续制定和完善起支架作用的市场经济基本法律，加强配套法规的制定工作，及时进行法律法规的清理，为我国市场经济健康发展提供制度保障。二是全面深化改革对我国市场经济法律体系建设提出了新的要求。一方面，要充分发挥立法对改革的引领和推动作用，做到重大改革于法有据。另一方面，经济体制改革的成果要依靠法律固定和保障。三是全面对外开放对我国市场经济法律体系建设提出了新的要求。“推动形成全面开放新格局”是以习近平同志为核心的党中央适应经济全球化新趋势做出的重大战略部署。这就要求我国的市场经济法律体系建设要与国际通行的经贸规则协调接轨，同时，面对目前以绿色壁垒、技术壁垒、反倾销和知识产权保护等为主要表现形式的贸易保护主义挑战，我们要主动应对，提高我国在国际经济规则领域的话语权。总之，我们认为，未来我国的市场经济法制建设应着力思考和解决以下几个主要问题。

3.1　继续推进科学立法、民主立法，提高立法质量，填补立法空白和不足

首先，科学立法、民主立法是全面推进依法治国的必然要求，也是实现善法良治的关键，同时也是保证立法质量的基础。随着我国市场经济法制建设的不断成熟和完善，我国的市场经济立法工作也逐步从过去的数量快速增长向提高立法质量转变。一方面，我们要进一步推进立法体制改革，合理配置立法权限，充分发挥人大及其常委会在立法中的主导作用，加强立法的审查监督，减少和避免立法冲突，维护法治权威，特别是要避免地方性法规和部委规章等重复立法和立法冲突问题，从体制机制和工作程序上有效防止部门利益和地方保护主义法律化；另一方面，也要尊重地方立法的自主权，鼓励地方创制性立法的开展。“目前地方立法的工作重心，已由实施性立法向创制性

立法转变，而创制性地方立法与实施性地方立法相比，更能发挥地方立法的积极性、自主性，更能反映地方立法的特色。”① 同时，也要完善重要立法的立法前评估、法律实施效果评估以及立法后评估制度，为提高立法质量提供有力的制度保障。

其次，要充分发挥立法对经济领域改革开放的引领、推动和保障作用。全面深化经济领域的改革开放，是我国面临新时代，新机遇做出的战略抉择，这要求我们要运用法治思维和法治方式，正确处理经济领域改革决策、政策与制定民商事法律、经济法律和对外开放法律的关系，确保在法治轨道上推进改革开放的新征程。比如，要修改完善财税体制、税收征管、所得税、对外贸易和对外投资等领域的立法，以适应我国改革开放的新形势。

最后，要加快相关领域立法，填补立法的空白和不足。比如在产权保护方面，要推动公有制经济和非公有制经济财产权的同等保护制度建设，落实平等保护原则。要健全新兴知识产权及其他各种无形财产权（如域名权、网络虚拟财产权、数据产权等）保护制度，落实全面保护原则；再比如，随着互联网、云计算、大数据和人工智能的迅猛发展，伴随着新技术进步和革命产生了大量的新经济、新业态，有必要加强互联网金融、共享经济、个人数据和个人信息、人工智能等领域的立法。

3.2 深化行政体制改革，推进依法行政，创新监管模式

一方面，要依靠法治手段处理好市场与政府的关系，深化行政体制改革，深化政府“放管服”改革，推进依法行政全面实施。依法行

① 刘风景：“‘摸着石头过河’立法的价值重估”，《北京联合大学学报》（人文社会科学版）2016 年第 7 期，第 38 页。

政是现代市场经济的基本要求，也是正确处理政府和市场关系的关键问题。这就要求我们既要依法规范政府行为，依法界定政府权力，全面推行政府权力清单制度，落实“法无授权不可为”原则。又要继续深化行政体制改革，深化政府“放管服”改革，将属于市场的权利真正地还给市场，落实市场主体“法无禁止即可为”的原则。同时“要打好放权、严管、优服组合拳，实施行政审批制度、商事制度、监管制度与政务服务制度的综合配套改革”①。另一方面，政府要围绕保护市场竞争，维护市场秩序，促进创新创造、激发经济活力等主要方面更好地发挥政府的作用，创新监管方式、监管方法和监管手段。要充分发挥行业组织、中介机构、消费者组织等在市场监管中的作用，实现社会共治，多元监管，将刚性监管与柔性监管有机结合。充分发挥运用互联网、大数据等手段创新监管方式，推动“智慧监管”，提高监管效率。

3.3　深化司法改革，构建公正、高效、低成本，多元化的经济纠纷解决机制

一方面，继续深化司法改革，体现司法公正和司法为民的宗旨，真正使司法成为社会公平正义的最后防线，提高司法活动的公信力。同时，加强司法信息化和“智慧法院”建设工作，创新在线纠纷解决方式，提高司法效率，降低司法成本。另一方面，深入推进多元化纠纷解决机制改革，构建具有中国特色的多元化纠纷解决体系。我国经济的转型发展和经济活动当事人在利益、价值观和各种实际需要等方面的多元化，客观上需要多元化的纠纷解决机制。正如日本小岛武司

① 李军鹏：“改革开放40年：我国放管服改革的进程、经验与趋势”，《学习与实践》2018年第2期，第33页。

教授指出的："裁判是一种很奢侈的纠纷解决方式，故欲让所有的民事纠纷都通过裁判来解决的想法是不现实的。"[①] 因此，合理配置和解、调解、仲裁、公证、行政裁决、诉讼等纠纷解决的社会资源，构建有机衔接、相互协调的多元化纠纷解决机制是我国市场经济法制建设的重要任务之一，特别是要充分发挥仲裁机构、商会、行业协会、中介服务机构等社会力量在化解纠纷中的重要作用。

3.4 为新发展理念提供更有力的政策与法律制度保障

党的十八届五中全会上提出了必须牢固树立并切实贯彻创新、协调、绿色、开放、共享的新发展理念。我国的市场经济法制建设也必须为新发展理念提供更有力的政策与法律制度保障，主要着力点是：一是加强和完善在促进新技术、新产业、新业态和促进大众创业、万众创新等领域的政策和法律；二是加强和完善在城乡区域协调发展、经济社会协调发展、经济建设和国防建设融合发展等方面的政策和法律；三是要加强和完善在生态文明以及全球生态安全合作等领域的政策和法律，特别是要建立健全用水权、排污权、碳排放权等制度，实行最严格的环境保护制度，落实大气、水、土壤污染防治行动计划；四是完善法治化、国际化、便利化的营商环境，全面实行准入前国民待遇加负面清单管理制度。在新的国际经济形势下，要积极参与全球经济治理，提高我国在全球经济治理中的话语权和规则主导权，维护全球自由贸易体系。同时，推进国际立法、执法和司法合作，为国家"一带一路"建设等重大活动的实施提供法律服务与保障；五是需要做出更有效的政策和制度安排，加强和完善就业、教育、医疗、扶贫

---

① 小岛武司：《诉讼制度改革的法理与实证》，陈刚等译，法律出版社 2001 年版，第 181 页。

等重点民生领域的政策和法律，使全体人民共享改革开放和经济发展的成果。

执笔人：尚　珂

参考文献

[1] 尚珂．市场经济下商品流通法制的建立与完善．中国流通经济，2008（11）

[2] 冯玉军．中国法治的发展阶段和模式特征．浙江大学学报（人文社会科学版），2016（3）

[3] 王彬．“先行先试”立法模式的经济分析．山东警察学院学报．2010（1）

[4] 小岛武司．陈刚等译．诉讼制度改革的法理与实证．北京：法律出版社，2001

[5] 李军鹏．改革开放40年：我国放管服改革的进程、经验与趋势．学习与实践，2018（2）

[6] 乔晓阳．党的十八大以来立法工作新突破．中国人大，2017（10）

[7] 朱宁宁．锻造治国重器，以良法促善治．法制日报，2017－08－22

[8] 吕倩雯．10年反垄断法，有效维护市场公平竞争．新民晚报，2018－08－07

[9] 中共中央关于全面深化改革若干重大问题的决定．2013年11月12日中国共产党第十八届中央委员会第三次全体会议通过

[10] 中共中央关于全面推进依法治国若干重大问题的决定．中国共产党第十八届中央委员会第四次全体会议审议通过，自2014年10月23日起实施

[11] 法治政府建设实施纲要（2015－2020年）．中共中央、国务院2015年12月23日印发，中发〔2015〕36号

[12] 中华人民共和国国务院新闻办公室．中国的法治建设（白皮书），2008年2月